項目來源：

　　教育部哲學社會科學研究後期資助項目"琉球官話課本整理與研究"（16JHQ042）

琉球官話課本考論

范常喜　著

中 華 書 局

圖書在版編目（CIP）數據

琉球官話課本考論/范常喜著. —北京：中華書局，2023.8
ISBN 978-7-101-16290-5

Ⅰ.琉… Ⅱ.范… Ⅲ.漢語-對外漢語教學-研究-中國-清代 Ⅳ.H195

中國國家版本館 CIP 數據核字（2023）第 145344 號

書　　名	琉球官話課本考論
著　　者	范常喜
責任編輯	張　可
責任印製	陳麗娜
出版發行	中華書局
	（北京市豐臺區太平橋西里 38 號　100073）
	http://www.zhbc.com.cn
	E-mail：zhbc@zhbc.com.cn
印　　刷	三河市中晟雅豪印務有限公司
版　　次	2023 年 8 月第 1 版
	2023 年 8 月第 1 次印刷
規　　格	開本/710×1000 毫米　1/16
	印張 16　插頁 3　字數 230 千字
印　　數	1-1200 冊
國際書號	ISBN 978-7-101-16290-5
定　　價	88.00 元

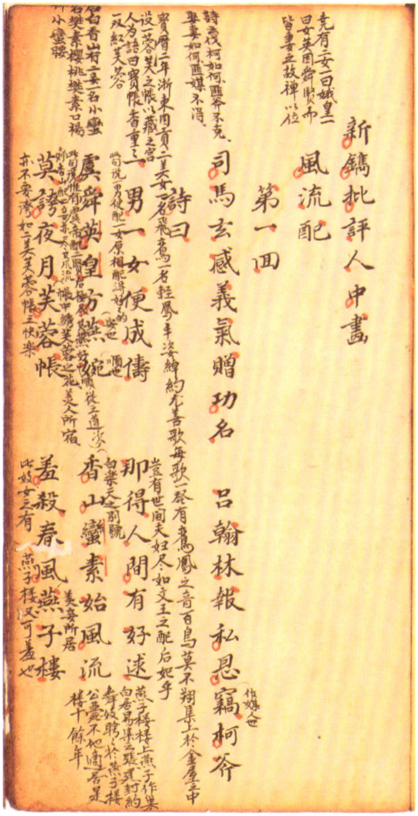

新鐫批評人中畫

風流配

第一回

司馬玄感義氣贈功名　呂翰林報私恩竊柯斧

詩曰

一男一女便成儔　那得人間有好逑

虞舜英皇方繾綣　香山蠻素始風流

莫誇夜月芙蓉帳　羞殺春風燕子樓

天理本《人中畫·風流配》

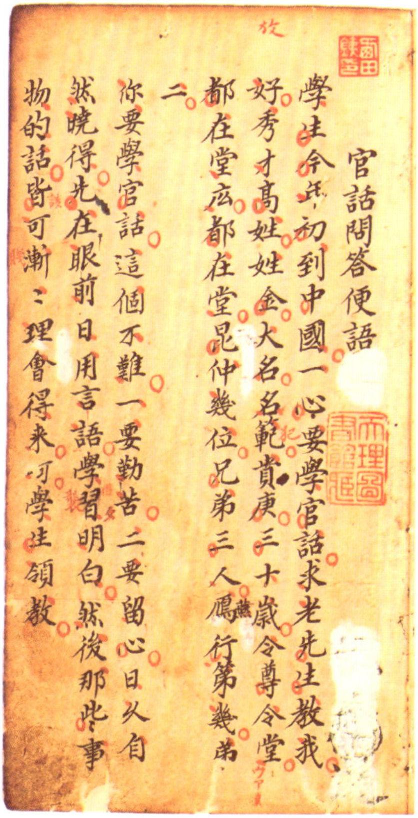

官話問答便語

學生今年初到中國一心要學官話求老先生教我

好秀才高姓　姓金　大名　名範　貴庚　三十歲　令尊令堂都在堂麽　都在堂　昆仲幾位　兄弟三人　鴈行第幾　第二

你要學官話這個不難一要勤苦二要留心日久自然曉得先在眼前日用言語學習明白然後那些事物的話皆可漸漸理會得来　學生領教

天理本《官話問答便語》

森槐堂本《白姓官話集》　　　　長澤本《中國語會話文例集》

白姓官話集

老兄貴處是那裡人　弟是山東人　山東那一府
那一路　是登州府萊陽縣　老兄尊姓　弟賤姓
白　尊諱　賤名世寶　尊號　賤字瑞臨　寶舟
是何處的船　是江南蘇州府常熟縣的　兄是山
東的人怎麼在他船上　因他的船在弟敝處做買
賣弟催他的船儎幾担豆子要到江南去賣故此在
他船上　呵兄們是幾時在那裡開船呢　是日年

如今大家相見時節要學官話好不好　你的意思
更好了這樣如今就到家生面前去講這個話求
敢先生罷　老兄請坐弟們還穌到中堂言語不
通請先們指點教我學得幾句也好有閒的時候到
這裡來說了千萬不要見外　不敢我也一樣我初
到貴國府更求你的事一来說還不知這裡的風俗
與求呢又不知這裡的路上雖聽見好玩的所在幾
去不得了幾時有閒庇同我去各處遊玩　⋯

目 錄

前　言

　　琉球國位於我國臺灣東北方向的琉球群島,是一個獨立的海上島國,明初即接受明朝皇帝的册封,是明清時期中國的藩屬國;1879 年,日本吞并琉球王國,將其設爲冲繩縣。從明代至清同治五年(1866)琉球國最後的國王尚泰(第 19 代國王)爲止,在長達 500 年之久的時間裏,中國與琉球國一直保持着册封和朝貢關係。在此期間,琉球人爲了維持正常的進貢及貿易關係,需要學習當時的中國官話,所以編寫了不少官話課本。這些課本均以抄本流傳,保存至今的有《官話問答便語》《學官話》《白姓官話》《條款官話》《廣應官話》《琉球官話集》《人中畫》等。從課本内容和琉球與中國的關係史推測,現存課本除了個别是明代晚期的抄本外,其他大部分課本應編寫於清代中葉 1750 年前後。

　　琉球官話課本是明清時期琉球人學習漢語官話的教材,屬於珍貴的域外漢文文獻。自 1917 年以來,琉球官話課本領域的研究已取得了大量優秀成果,但是以往主要集中在課本介紹和官話語言方面,對課本文獻的校理及國際漢語教育史、中琉交流史等方面的研究則較少涉及。有鑒於此,本書着力於從文獻學、國際漢語教育史、中琉交流史三個方面,對現存琉球官話課本作一考察。

一、文獻學方面

　　(一)現存課本文獻信息綜合考察。通過廣泛查考搜求,我們基本摸清了課本的種類、數量和現藏情況,并從國際漢語教材的角度對課本作了重新分類,共分爲會話課本、分類詞句手册、閱讀輔助課本、公文寫作課本四個大類。對每種課本作了文獻信息的介紹,包括名稱、異稱、數量、現藏地等基本文獻信息的説明以及課本内容簡介、編者信息、成書時代等事項的梳理。

（二）稀見課本的文獻學考察。這部分内容主要是對新發現的森槐堂本《學官話》《白姓官話》、長澤本《中國語會話文例集》以及學界較少關注的赤木本《廣應官話》作了文獻學考察，從不同角度揭示了這些課本的文獻價值。

（三）《琉球官話集》封面人名考。通過目驗原抄本，對《琉球官話集》封面自題人名作了重新考索，核實確認了該課本封面自題人名當爲“鄭于英”，以往所認定的“鄭干英”實爲誤讀所致。

（四）琉本《人中畫》校勘學價值考。以琉球寫本《人中畫》之《風流配》爲例，揭示了琉球寫本對現存嘯花軒本的校勘價值。這些價值主要體現在正訛文、補缺文、存異文三個方面。

二、國際漢語教育史方面

（一）琉球人的官話學習難點考察。通過考察會話課本《官話問答便語》中的各類注記材料，初步得出了琉球人漢語詞彙學習四個方面的難點。這些難點至今也是外國人漢語學習的困難所在，充分體現出古今漢語學習者所面臨的漢語學習難點的一致性。

（二）琉球官話課本使用過程中的校改研究。該部分内容以天理本《人中畫》之《風流配》爲例，梳理了 112 例校改材料，在分類描寫的基礎上，分析了各類校改材料中所用校改符號的差異和校改字迹的不同，同時結合京大本、東大本和嘯花軒本對所有校改内容作了逐條比勘疏證，最後總結歸納了當時琉球漢語學習者在使用過程中對該教材的具体修改情況，在一定程度上揭示還原了當時琉球人漢語學習的諸種細節。

（三）琉球官話課本語料來源考。琉球官話課本的語料來源較爲複雜：普通會話類課本中的語料多取自當時的交際對話片斷、聖諭宣講内容和曲辭等；專用會話課本多取自與飄風難人的對話實録和琉球人跟中國册封史之間的外交對話記録；副讀本式的課本語料源自中國的擬話本小説；公文寫作類範文集取自當時正在使用的各類呈稟公文。總體來看，琉球官話課本中的語料來源豐富多樣，實用性、趣味性很强，與同時代其他地域的國際漢語教材以及當下的對外漢語課本均有共通之處，充分展現出其世界漢語教育史研究價值。

（四）《文例集》所存明代琉球漢語教學史料考。由於史料匱乏，明代琉球的漢語教學情況一直相對模糊。《文例集》是明代晚期的抄本，其中有不少關於琉球漢語教學的對話片段。這些對話片段包括了久米村公塾天妃宫學堂的官話教學、疑似天妃宫學堂的官話教學、學堂外的官話學習、來華勤學人的官話學習等多類漢語教學史料，內容涉及教學對象、教學方法、教學內容、考試、教師等多個方面。課本中這些對話鮮活生動，展現了明代琉球漢語教學的許多細節，在一定程度上彌補了明代琉球漢語教學史料缺失的遺憾。

三、中琉交流史方面

（一）長澤本《文例集》所存中琉戲曲交流史料考。關西大學圖書館藏長澤文庫本《中國語會話文例集》末尾采擇收録了 11 首"曲座"唱詞，這些"曲座"唱詞當爲明代傳入琉球的民歌，爲研究中國戲曲在琉球的傳播提供了新資料。

（二）赤木本《廣應官話》所存閩琉交流史料考。赤木文庫本《廣應官話》中保留了三則清代閩琉交流史料：一則是見於《歷代寶案》的閩縣林合興商船杠槤清册，屬於雍正十年（1732）中琉海難救助史料；另一則是雍乾時期閩中進士劉敬與和琉球人的友好交往記録；最後一則是閩地流行的《新刻官音彙解釋義音注》等官話正音書的引文，屬於乾隆時期閩琉文化交流的史料。這些史料充分體現出其在閩琉交流史研究中的特殊價值。

（三）琉球官話課本方言語料重考。這部分內容以清代乾隆十三年（1748）福建漳浦人蔡奭所編官話正音書《新刻官音彙解釋義音注》以及此後編寫的《新刻官話彙解便覽》所收語料爲參照對象，對以往研究者所定琉球官話課本中的方言詞語作了重新審視，同時對琉球官話課本中的官話性質作了補論，認爲課本中的官話應定性爲帶有福州地方色彩、福州人自己所認定的官話。

　　除了上述研究之外，本書還全面搜集整理了百年來中日兩國學者發表的琉球官話課本研究文獻，附有國内外琉球官話課本研究文獻目録，希望能爲下一步的研究提供些許參考。

第一章　琉球與官話課本

第一節　琉球與中國的交往 [①]

一、琉球與中國

　　琉球是位於日本之南，中國臺灣東北方向的一個群島名稱，由太平洋上大大小小五十多個島嶼組成。14 世紀中葉，琉球由山南（又稱南山）、中山、山北三個獨立王國組成，中山國在 1429 年統一琉球全島，建立了一個獨立的琉球國。1879 年，日本吞并琉球王國，設爲冲繩縣。

　　琉球與中國之間很早就有交流往來。明洪武五年（1372），明太祖朱元璋派楊載把明朝建立一事昭告琉球諸國，中山、山南、山北相繼前往明王朝朝貢，從此，琉球成爲明王朝的藩屬國。清順治十一年（1654）琉球國繼續派遣使者到北京請封，琉球國王被封爲尚質王。明清時期中國與琉球這種册封和朝貢關係，一直持續到清同治五年（1866）琉球國最後的國王尚泰（第 19 代國王）爲止，長達 500 年之久。

　　在這 500 年間，中國與琉球除了政治交往，還進行了商品貿易和文化技術交流活動。通過與中國的交往，琉球不但得到了經濟上的利益，也受到了漢文化的深刻影響。明洪武年間"閩人三十六姓"從福建遷入琉球，定居於久米村（現那霸市久米町一帶，靠近那霸港口）。他們向琉球人民傳播先進技術和儒家、道家思想，對琉球國的發展做出了很大貢獻。

---

① 本節内容參見瀨户口律子：《琉球官話課本の研究》，榕樹書林，2011 年，第 7 ～ 23 頁；羅小東、瀨户口律子：《明清時期琉球國的漢語教育》，《世界漢語教學》2007 年第 1 期，第 136 ～ 142 頁。

二、琉球的漢語學習

明洪武二十五年（1392），琉球國爲了學習中國的禮節、文化、先進技術，實行了"官生"制度。"官生"指當時的公費留學生。第一次派赴南京國子監的官生都是琉球國王室及大官的子弟。到了清代，官生的名額逐漸增多，被選爲官生的人大多數是久米村的子弟。據史料記載，明清兩朝，琉球共派遣過 24 次官生，人數大約有 100 人。

除了"官生"以外，還有一些到福州留學的"勤學人"，屬於自費留學生。他們在福州學習天文、地理、醫學、音樂、繪畫、織布、農業等，都是和日常生產、生活有關的實用性知識。回國後，"官生"和"勤學人"多數擔任官員、學者等工作，其中擔任通事的比較多。

爲了弘揚和普及中國文化，康熙十一年（1672），清廷在久米村建立了孔子廟。康熙十五年（1676），在孔子廟中設置了"講解師"（講談師匠）和"訓詁師"（讀書師匠），他們的主要任務是給久米村的子弟們講授四書五經。康熙五十七年（1718）在孔子廟內創設了明倫堂，這是久米村子弟的一所公共教育場所。當時的久米村，初級教育在上天妃宮進行，對象是 7 歲以上的孩子，他們主要學習漢語、小學等。明倫堂則以培養"通事"爲主要教育目標，由從中國留學歸來的"官生"和"勤學人"任老師，推行更高級別的教育，除了教授漢語外，還學習經學、詩文、表奏文、咨文等外交文書，從而奠定了琉球官話和琉球漢學的教育基礎。明倫堂設立之後，作爲琉球王府所在的首里府士族們對漢文的興趣也逐漸增加，嘉慶三年（1798），首里府創設了"國學"學校，主要傳授"經書"方面的學問，他們的學問很快超越了久米村的水平。

"官生"和"勤學人"在出國之前都需要先學習一些官話，因此有了編寫官話課本的需要。從琉球與中國密切往來的情況看，當時編寫的課本應該不少，但是這些課本大多已經散失，目前祇能見到殘存的一些手抄本，保存至今的有《官話問答便語》《學官話》《白姓官話》《條款官話》《廣應官話》《琉球官話集》《人中畫》等。

除個別課本署有作者外,大部分琉球官話課本缺少成書時間與作者姓名等信息。從課本内容和琉球與中國的交流史推測,現存課本除了極個別是明代晚期的抄本之外,大部分課本應編寫於"官生"和"勤學人"活躍的時期,即清代中葉 1750 年前後。

第二節　琉球官話課本概覽

琉球官話課本分爲會話課本、分類詞句手册、閱讀輔助課本和公文寫作課本四個大類,其編成時代較早,成書形式多樣,編寫理念先進,足可視爲優秀的國際漢語教材。

會話課本多以情景功能爲綱進行編寫,包括日常會話課本與專用會話課本兩個小類。采用問答式對話體語言,生動有趣,極富針對性和實用性。現存日常會話課本共 3 種,分别是:《中國語會話文例集》《官話問答便語》《學官話》。專用會話課本共 2 種,分别是:《白姓官話》《條款官話》。

分類詞句手册或以"～字話"的形式編寫,或以分類詞彙集編輯,并間以實用對話的形式,極具實用性。現存此類課本共 7 種,分别是《廣應官話》《琉球官話集》《琉球二字官話集》《官話三字口》《官話(楚南家文書)》《官話(新本家文書)》《拾口》。

閱讀輔助課本改編自我國清代的擬話本小説,故事性强,趣味性十足。現存此類課本僅《人中畫》1 種,不過篇幅較大,共包括 5 個故事,分别是:《風流配》《狹路逢》《自作孽》《終有報》《寒徹骨》。

公文寫作課本實際上屬於應用公文範文集,由當時使用的呈文、禀文等應用文整合而成,具有很强的可模仿性和實用性。現存此類課本共發現 2 種,分别是:《呈禀文集》《漢文集》。

現存琉球官話課本以日本天理大學圖書館收藏最多,并且較早得到研究者關注,因此在學界影響較大。後來其他收藏單位也陸續發現了一些,如法政大學冲繩文化研究所、冲繩縣石垣市八重山博物館、東京

大學圖書館、京都大學文學部、冲繩縣立博物館、關西大學圖書館等。以
上這些單位的收藏無論是種類還是數量都無法與天理大學圖書館所藏相
比，但各有特色，其研究價值完全可以與天理本等量齊觀。

一、日常會話課本

（一）《中國語會話文例集》

《中國語會話文例集》殘本 1 册，共 16 葉，首葉僅剩反面一部分，末葉
則僅餘正面，每半葉 8 行，行 20 字，共約 4500 字。因遭蟲蝕，内文有些字
已被蝕脱。據現存其他琉球官話課本的篇幅推測，該殘本約爲原來整本
的三分之一。抄本原無書名，現名實爲圖書整理者所加，從其内容來看，
原名當作《官話》之類。作者不詳，從其中所録相關内容來看，該殘本應
是明代晚期的抄本，也是目前所見最早的琉球官話課本。該抄本僅發現
1 種，藏於關西大學圖書館長澤文庫。抄本的彩色影印件見於内田慶市
編著的《関西大学長澤文庫蔵琉球官話課本集》。

此抄本内容分爲兩部分：前一部分是會話集，内容基本上都是官話問
答，形式上同於《官話問答便語》《學官話》《白姓官話》等會話課本。後
一部分是“曲座”唱詞 11 首，從内容來看，與我國明代的民間戲曲以及琉
球御座樂有關。

（二）《官話問答便語》

《官話問答便語》抄本 1 册。現存抄本共 2 種，分別藏於天理大學圖
書館和法政大學冲繩文化研究所赤木文庫。這兩個抄本的黑白影印件均
見於高津孝、陳捷主編《琉球王國漢文文獻集成》第 33、34 册。此外，瀨
户口律子《官話問答便語全訳》書末也附有天理本的黑白影印件。

天理本《官話問答便語》共 52 葉，每半葉 8 行，每行 20 字。赤木本
大體内容基本相同，但仍存在一定數量的異文[1]。該課本作者不詳，成書

---

[1]　參見木津祐子：《赤木文庫蔵『官話問答便語』校》，《冲繩文化研究》第 31 號，2004
年，第 543 ～ 657 頁。

時代有兩種觀點：一種認爲是 1703 年至 1705 年之間，另一種認爲成書於 1710 年之後但不晚於 18 世紀末。

《官話問答便語》是一部琉球人學習官話口語的教材，根據話題内容的不同可以將全書分成 45 節，各節長短不一，有的較長，有的短至兩三行。主要内容除了請教老師、學習官話、訪問、約會、購物、游覽外，話題還涉及宗教，喪儀，進貢、接貢實況和中琉交流歷史，閩人三十六姓移居久米村始末，琉球官制，琉球社會情況和福州傳統風俗習慣等。

（三）《學官話》

《學官話》亦題作《尊駕》，抄本 1 册。現存抄本共 4 種，其中 3 種藏於天理大學圖書館，另外一種藏於關西大學圖書館長澤文庫。這 4 種抄本的内容差别無幾，祇是各自保留的使用者注記多有差異。天理大學圖書館所藏 2 種《學官話》抄本的黑白影印件見於高津孝、陳捷主編《琉球王國漢文文獻集成》第 33 册。此外，瀬户口律子《学官話全訳》書末附有一種天理本《學官話》抄本的黑白影印件。長澤文庫所藏抄本彩色影印件見於内田慶市編著《関西大学長澤文庫藏琉球官話課本集》。

天理本《學官話》共 46 葉，每半葉 8 行，每行 20 字。作者不詳，成書時代或爲 1797 年，是一部官話口語教材。該課本在内容上與《官話問答便語》有相同之處，同樣是描述琉球人在福州的各種生活場景。本書有近 100 個語段，每一語段都很短，有的祇有四五句，基本是一個話題一段對話。當場景或話題變换時，一律重起一行，這爲學習者提供了一定的便利。《學官話》的話題内容涉及面較廣，大致可分爲以下諸種：訪問、約會、郊游、請願、讀書學習、飲食生活、辦公、貿易、賞景游覽、時令病情、買賣情况、酒席宴會、傳統儀式。

二、專用會話課本

（一）《白姓官話》

《白姓官話》亦題作《白姓問答》《白姓》《白姓官話集》《百姓話》等，抄本 1 册。現已發現的抄本共 8 種，分别是：天理大學圖書館藏

《白姓官話》與《白姓官話集》,冲繩縣立博物館藏《白姓》,八重山博物館藏新本家文書《白姓》,武島利子家文書《白姓問答》,京都大學文學研究科藏《白姓》,京都大學文學部(日本史)藏《白姓》(收藏單位題作《白姓支那人琉球來航譚》),關西大學圖書館長澤文庫藏《百姓話》。天理大學圖書館所藏《白姓官話》的黑白影印件見於瀨户口律子《白姓官話全訳》。京都大學文學研究科藏《白姓》的黑白影印件見於木津祐子編《京都大学文学研究科蔵琉球写本『人中畫』四卷付『白姓』》,又見於高津孝、陳捷主編《琉球王國漢文文獻集成》第 32 册。關西大學圖書館長澤文庫所藏《百姓話》彩色影印件見於内田慶市編著《関西大学長澤文庫蔵琉球官話課本集》。

　　8 種抄本的《白姓官話》内容基本一致,但使用者注記文字多有不同,部分抄本前面無林守超序文。天理本《白姓官話》共 58 葉,每半葉 8 行,每行 20 字。根據其他抄本中所載福州府閩縣老儒林啓陞(字守超)的序言可知,《白姓官話》的作者是清朝的白世蕓(字瑞臨)[1],是山東登州府萊陽縣的商人。序言作成年份爲乾隆十八年(1753),結合書中所述史實推測該課本應成於 1750 年。

　　《白姓官話》基於真實的歷史事件編寫而成,是琉球人爲了救助中國海上飄風難人而編寫的專用漢語口語教材。主要敘述了山東省登州府商人白世蕓雇船前往江南賣黄豆,旅途中不幸遭遇颱風,漂流到了琉球國後受到上至琉球國王,下至琉球通事等人熱情款待和幫助,一年後乘貢船返回福州一事。課本故事性、趣味性較强。此教材以對話體的形式,介紹了琉球國的政治和法律制度、傳統節日、風俗習慣以及琉球與中國間的交流,爲世人描述了當時琉球社會的全貌。因此,它不僅是一部漢語教材,更是研究中琉交流史的重要參考資料。

---

[1]　不過也有研究者認爲該課本的作者并非白世蕓,而是當時琉球久米村鄭氏爲首的通事集團。參見木津祐子:《『白姓』の成立と傳承——官話課本に刻まれた若き久米村通事たち》,《東方學》第 115 輯,2008 年,第 123 ～ 140 頁。

(二)《條款官話》[1]

《條款官話》抄本 1 册,共 17 葉,每半葉 7 行,行 20 字。目前僅發現 1 種抄本,現藏冲繩縣那霸市歷史博物館。黑白影印件見於高津孝、陳捷主編《琉球王國漢文文獻集成》第 35 册。

《條款官話》是指導琉球通事對答中國使節的問答手册,具有指南書的性質,與《白姓官話》性質相似。該書作者不詳,從書中内容、書後記載(同治五年丙寅六月)以及當時琉球的社會情况綜合判斷,其成書時代應在趙新、于光甲等清朝册封使一行前往琉球的同治五年(1866)以前。

1609 年,日本薩摩藩入侵琉球後,將琉球作爲該藩的附庸國納入統治之下,并推行"隱蔽政策",對中國隱瞞統治琉球的事實,通過琉球的進貢貿易獲得所需中國物品。另一方面,爲了維持王國體制,不讓受統治於薩摩的事實被中國發覺,琉球國首里王府也自發性地貫徹實施"隱蔽政策"。有清一代,中國遣使往封琉球八次,使節一行人數多達四五百人,逗留期間也長達四五個月,首里王府爲了防止日琉關係敗露進行了種種隱蔽工作,對敕使(册封正副使)可能問及的有關琉球外交内政的種種問題進行設想,并將提問的標準回答向通事作出書面指示。該抄本末尾寫有"右は勅使樣御尋之節御返答之條 官話組仕候事"等字句,這正説明本書是爲應對清廷册封正副使的種種提問而編寫的。因此,《條款官話》是一本學官話的課本,更是一部意在對通事做出隱蔽應對指示的問答指南。

三、分類詞句手册

(一)《廣應官話》

《廣應官話》抄本 2 册,上下兩卷。現存抄本共 2 種,分别藏於天理大學圖書館和法政大學冲繩文化研究所赤木文庫。兩種抄本的黑白影印件均見於高津孝、陳捷主編《琉球王國漢文文獻集成》第 34、35 册。

---

[1]　關於該課本的情况詳參赤嶺守:《〈條款官話〉初探》,馮明珠主編《盛清社會與揚州研究》,遠流出版事業有限公司,2011 年,第 117 ～ 130 頁。

　　天理本《廣應官話》共 149 葉,每半葉 8 行,每行 20 字。上卷首葉寫明"唐榮梁允治永安氏彙定,同學蔡銓玉臺氏幫彙",可見此書作者是梁允治和蔡銓。"唐榮"説明作者是華裔寄居久米村人的後代。"梁允治"是作者的姓名,"永安氏"是作者的字。據琉球古籍《中山世譜》等記載,梁允治是官費留學生,同金型、鄭孝德、蔡世昌四人於乾隆二十五年(1760)到清朝國子監留學,同年梁允治病死北京,享年僅 23 歲,這部課本是他離開那霸之前編寫的。法政大學赤木文庫藏本也是上下兩卷,共 2 册,其編寫體例和主體内容與天理本基本一致,但未署作者信息①。

　　《廣應官話》是一部分類語彙集,與後世詞典類工具書相類。此書共分兩卷,每卷各有 15 個門類。上卷包括:天文門、時令門、地理門、珍寶門、人品門、身體門、飲食門、衣服門、彩色門、船身門、船上杠棋、福建省、官名、打對稱呼、邊頭字類;下卷包括:宫室門、人事門、下棋言語、文史門、印插方、永字八法、器用門、馬器類、發拳言語、蘇州馬子式、魚蟲門、禽獸門、花木門、果菜門、俗語門。每個門類先寫出單字詞語,其後列出注解,然後再列詞語、短句等。有些門類還附列了一些簡單的日常會話和短文。粗略統計,《廣應官話》所收詞句約 6500 個,内容十分豐富,分類也比較細緻,雖然它屬於分類語彙集,但同時完全可以兼作課本之用。另外,此書的編寫方法(單字→注解→有關詞語→短句→完整句子和簡單對話)也頗具特點,已具備了國際漢語教材"生詞→句型→課文"的雛形。

　　(二)《琉球官話集》

　　《琉球官話集》抄本 1 册,有《官話集》《官話》《拾口》等異名,現名是後來研究者對這類課本的統稱。作者不詳,成書年代大致推斷爲 18 世紀中期至 19 世紀中期。現在發現的抄本共 6 種,分別是:天理大學圖書館藏《琉球官話集》《官話三字口》,法政大學冲繩文化研究所赤木文庫藏《琉球二字官話集》、楚南家文書《官話》,八重山博物館藏新本家文

---

① 參見范常喜:《法政大學冲繩文化研究所赤木文庫藏琉球官話課本〈廣應官話〉述略》,《域外漢籍研究集刊》第 13 輯,中華書局,2016 年,第 53 ～ 70 頁(收録於本書第 87 ～ 101 頁)。

書《官話》《拾口》。天理本、法政本的黑白影印件見於高津孝、陳捷主編
《琉球王國漢文文獻集成》第 33 冊。此外,天理本的黑白影印件還見於
《宮良當壯全集 10:琉球官話集》。

　　《琉球官話集》是一種官話語彙集抄本,6 種抄本內容、篇幅各有異
同,但以天理本《琉球官話集》內容最爲豐富,收詞量最大,下面僅以此本
爲代表略作介紹。該抄本封面自題《官話集》,現名實爲書商所加。整個
抄本共 130 葉,每半葉 8 行,前 20 葉是以分類詞彙的形式編寫,後 110 葉
以“～字話”形式編寫。整書所收詞語超過 4000 個,分爲稱呼類、內外親
族稱呼之類、向人回答類、人物死後稱呼之言、應答人物死後之類、身體之
類、食物之類、二字官話、三字官話、四字官話、五字官話、北京俗語、琉球
國三十六島、地圖、唐榮八景、本國俗并漢字呼、冠船冊封座處名記 17 個
部分。每一句都用當時的琉球語(片假名書寫)作了音釋,因而,這本書不
但是研究漢語官話詞彙的重要資料,也是研究當時琉球語的重要語料。

四、閱讀輔助課本

《人中畫》

　　《人中畫》抄本 5 冊,包括《風流配》《狹路逢》《自作孽》《終有報》
《寒徹骨》5 個故事。現存抄本共 6 種,天理大學圖書館藏有全部 5 冊,京
都大學文學研究科藏本缺《狹路逢》,東京大學圖書館藏本缺《自作孽》,
八重山博物館藏本僅存《自作孽》,天理大學圖書館藏另一種抄本僅存
《狹路逢》,關西大學圖書館長澤文庫藏本僅存《終有報》。京都大學藏本
的黑白影印件見於木津祐子編《京都大学文学研究科蔵琉球写本『人中
畫』四卷付『白姓』》。關西大學圖書館長澤文庫藏本的彩色影印件見於
內田慶市編著《関西大学長澤文庫蔵琉球官話課本集》。

　　《人中畫》本爲明末清初我國的擬話本小說,共有 5 個故事,現存最
早的版本爲嘯花軒刻本。琉球人將其改編爲課本用於當時的官話學習,
其改編保留了原話本的故事情節,主要是將其中的古白話語言改編爲更
利於口語交際的官話對話。至於改編的年代及作者,研究者多認爲可能

是18世紀中期,琉球的通事們根據《人中畫》的最初刊本修改而成①。改編以後的《人中畫》可能作爲副讀本或閱讀課本用於官話教學,但也有資料證明《人中畫》還用於當時的口語教學。在所有現存琉球官話課本當中,《人中畫》篇幅最大,字數最多,故事情最强,是一種十分特殊的官話課本。

五、公文寫作課本

(一)《呈稟文集》

《呈稟文集》抄本1册,現存抄本共發現2種,分別爲冲繩縣立博物館藏本和法政大學冲繩文化研究所藏楚南家文書本。

冲繩縣立博物館藏本《呈稟文集》共67葉,末尾有缺②。所收文書有呈文48份,稟文15份,報單3份,照會7份,領狀1份,口詞1份,祭文1份。封面標題下方有"在唐公用"四字和署名"梁必達"。梁必達曾於道光六年(1826)以存留通事身份隨進貢與謝恩的紫巾官馬開基(幸地親方)和正議大夫梁文翼(崎山親雲上)渡海到福州,翌年回國。《呈稟文集》可能即當時梁必達帶往福州供處理公務時參考所用。

《呈稟文集》所收文書據其内容可細分作19類,即:(1)漂流別地方求口粮呈;(2)漂流別地方求水梢呈;(3)漂流別地方求撥兵看守呈;(4)進貢船摘回歸國逆風暫泊閩安鎮呈;(5)二號船先到請先安插呈;(6)二號船先到不見頭號船撥兵船查探呈;(7)二號船先到不見頭號船求通詳酌議先摘發事呈;(8)館牆被水冲倒求修理呈;(9)呈請給示禁止兵丁騷擾事呈;(10)請委百總看館稟;(11)貨物被人搶去呈;(12)求禁新充館

---

① 參見木津祐子:《『白姓』の成立と傳承——官話課本に刻まれた若き久米村通事たち》,《東方學》第115輯,2008年,第123~140頁;木津祐子:《琉球本『人中畫』の成立——併せてそれが留める原刊本の姿について》,《中國文學報》第81號,2011年,第36~57頁。

② 參見糸數兼治:《〈呈稟文集〉小議》,《第五屆中琉歷史關係學術會議論文集》,福建教育出版社,1996年,第29~57頁。

夫呈;(13)求入京進貢事呈;(14)求給示嚴禁騷擾館驛事呈;(15)求門官討回燒酒呈;(16)咨文互異弁明呈;(17)請變賣土產呈;(18)請修整軍器呈;(19)貿易呈。這一分類或許是考慮到當時使用方便的緣故。

文中除標點符號外,還對難讀部分加了標記,并對特殊用語作了注釋,這些詞語注釋極有用處。《呈稟文集》所收文書絕大部分取自康熙至嘉慶年間的實際用例,其中以康熙乾隆朝的文書占多數。道光年間的文書(第64～71號)是梁必達所撰,都是用行書抄寫。其他則以楷書抄寫,以示不同。

呈稟是下級官衙官員向上級官衙官員提交的文書,屬上行文。存留通事等因在福州要處理各種遭遇到的現實問題,故而需要熟練掌握寫作呈稟文的技巧,爲此在琉球時曾進行過專門的訓練。儘管如此,如《呈稟文集》這樣的範文集也還是需要的。

法政大學冲繩文化研究所藏楚南家文書本《呈稟文集》共73葉,每半葉6行,行22字[1]。抄本用紙爲"花巷口雲林閣"紅格箋紙,其中"花巷口"應即位於今福州"三坊七巷"之南後街,是明清時期福州最熱鬧的街市區。"雲林閣"應是書肆文具店之名。

該抄本無自題之名,共錄呈稟文38篇,抄本首葉云:"林先生曰,在中國館驛,凡有事情或稟帖或呈子,都要投海防大老爺衙門替你轉詳,布政司大老爺又據文轉,督/撫兩院大老爺候文批下,布政司轉行海防廳又轉行琉球知悉遵行。公事呈子用長文紙寫,私事稟帖用白全摺子寫,或白手本寫,稟帖外皮寫稟字,呈子不用寫,加級(爲官俱有加級,加至十級即陞一品)、紀錄(若加至十次即等一級)。皇上用奏乃係公事,又私事用密摺。"據此可知,該書應當是在中國館驛的琉球人向中國衙門官員的稟帖和呈子的結集。

值得注意的是,楚南家文書本《呈稟文集》所錄呈稟文絕大部分都見

---

[1]　參見木津祐子:《乾隆二年八重山難民浙江省漂着事件における官話訊問について——『呈稟文集』及び「八重山家譜」を中心に》,《アジア文化交流研究》第3號,2008年,第33～50頁。

於冲繩縣立博物館藏本所録,但從書中所收呈稟文自題年號來看,楚南家文書本《呈稟文集》基本上都屬於康熙、雍正、乾隆三世,應當是較早期呈稟文的選本。冲繩縣立博物館藏本爲梁必達在福州時的自用本,其中除了康熙、雍正、乾隆三世的呈稟文之外,還收録了幾篇嘉慶和道光時期的公文,而道光時期的公文正是梁必達在閩自書之文。據此亦可以看出,這類公文寫作範文會根據使用者個人的需要進行增删加工,這也是課本文獻注重實用性的一個表現。

(二)《漢文集》

《漢文集》或名《漢文》,抄本 1 册,現存抄本共發現 3 種,分别爲八重山博物館藏竹原家文書本《漢文》、同館藏慶田城家文書本《漢文集》、琉球大學附屬圖書館藏宫良殿内文庫本《漢文集》。

《漢文集》是當時琉球人遭到海難時,爲請示清政府地方官員救護而備集的各類文書範例。文書中包括説明難民的身份、船隻貨物情况、遭風遇難的原因,請求官員給予安頓、發給粮米、醫治疾病、修理船隻,并請送到福州返鄉等,它是琉球人來華時常備的公文寫作範本。

現存三種抄本内容有所差異[①],竹原家文書本《漢文》所含内容最爲豐富,包括四個部分。第一部分是在華琉球人向中國官吏提交的各類文書 11 篇,每篇文書先用漢文楷書體寫成,然後再用日文草書體略作解釋,説明用途。這部分文書當中有 "同治六年" 的年號,故研究者據此推測該部分内容當成於同治六年(1867)。第二部分是 "詞集",共收 "燦爛" "慧眼" "還魂紙" 等詞語 30 多個。前兩部分内容均見於慶田城家文書本和宫良殿内文庫本,祇不過第二部分 "詞集" 收詞有所差異。第三部分是在中國的琉球人回覆中國官員們各類質問的公文 13 篇,每篇文書同樣先用漢文楷書體寫成,然後再用日文草書體略作解釋,説明用途。第四部分題作 "旅行之人心得之條々",全用日文草書體寫成,内容是第三部分的日

---

① 　參見木津祐子:《慶田城家文書「漢文集」について》,《石垣市立八重山博物館紀要》第 18 號,2001 年,第 66～80 頁;得能壽美:《竹原家文書「漢文」の内容と異本》,《石垣市立八重山博物館紀要》第 18 號,2001 年,第 55～65 頁。

文翻譯。據研究,這部分内容又見於八重山博物館藏新本家文書《唐國江漂着之時漢文認様呈書集》。

慶田城家文書本《漢文集》與宮良殿内文庫本《漢文集》内容基本相同,含文書範文 11 篇、"詞集" 170 多個,形式和内容與竹原家文書基本相同,衹是詞集部分多列了 140 餘詞。此外,這兩個抄本 "詞集" 之後附有對聯兩副和七言詩四首,同時均有蔡德昌序文一篇。因序文内容較爲重要,兹録之如次:

> 屬島八重山耕作筆者慶田城,性質敏捷,好學不倦,曾經從遊世爵林先生門下,學習聖經賢傳,曉其意義,惟是未知繕修文章之法耳。兹奉在番頭目等官之命,請余習之。一日袖帶島人擬作稟文一卷,給我示之。披閲之下,知係中華難人姚恒順改正,其後島人觀光上國之時,再請本鄉伊良皆鄭先生潤色。而其稟文意義不解,言詞無序,殊失作文之法,想必有傳寫之悞乎。余欲廣文章教化,不憚一筆煩勞,逐細刪改,著意教習,庶乎該城業竣回島之後,轉教島人,以達臨時辦事之用矣。同治六年丁卯秋九月重陽前三日,賜科甲出身中議大夫通家景文蔡德昌序并書。

可見,此書成於同治六年(1867),是蔡德昌在 "八重山耕作筆者慶田城" 原本上修改而成,因此慶田城家文書本《漢文集》當是此類寫作課本的祖本。不過從序文中亦可知,該書最早是由八重山島人擬作,并由中華難人姚恒順修改,久米村鄭先生潤色而成。據考證,姚恒順飄風到琉球八重山是乾隆三十四年十二月二十八日(1770 年 1 月 24 日)之事,因而序文中提及的 "中華難人姚恒順改正" 之事,必是 1770 之時事。由此可見,此類教習公文寫作的《漢文集》教材産生較早。值得注意的是,宮良殿内文庫本《漢文集》書末還附有 11 篇稟呈範文,其中乾隆年間 3 篇,道光年間 8 篇。這 11 篇稟呈範文所述事迹與前面所列 11 篇全同,而每篇後的草書體日文解説亦同。這顯然當是慶田城本《漢文集》所據之本,亦即蔡德昌更改之前的早期本子,由此更可以説明此類公文寫作範本産生較早。

第二章　研究綜述與展望

　　自 1917 年至 2016 年,百年來國内外學者從不同角度對琉球官話課本進行了多方位的研究,已經取得了豐碩的成果,同時也存在着一定的不足。本章旨在全面搜集百年來中外學者發表的琉球官話課本研究文獻,并對其進行分類綜述與評介,總結經驗,反思不足,展望未來,以期能爲將來的研究提供些許借鑒。

　　需要指出的是,本章考察的文獻範圍在 1917 ～ 2016 年之間,包括已經通過答辯的博碩士論文。部分學術會議論文因未正式刊出,故未予涉及。研究文獻總目録附於書末。正文中述及的所有文獻,其詳細出處皆請參見書末附録一、附録二,正文中不再一一注明。

第一節　國外研究綜述 [①]

　　國外對琉球官話課本的研究主要集中在日本,如果從研究的深入程度來看,日本的研究又可以分爲兩個時期,分別是 1917 ～ 1989 年、1990 ～ 2016 年。成果主要集中在文獻學、官話語言、琉球語和官話教育四個方面。下面根據上述分期和分類對相關成果略作述析。

一、1917～1989 年

(一)文獻學方面

　　1990 年以前,日本對琉球官話課本的研究主要集中在課本的介紹方

---

① 此處的“國外”和“國内”基本上僅據研究者的國籍區分,而不涉及研究成果的文種以及發表刊物的國別,中外聯名發表的成果按第一作者的國籍歸類。

面。最早關注琉球官話課本的學者是武藤長平，他曾於 1916 年赴沖繩訪書，旋即寫成（1917）《琉球訪書志》、（1918）《薩藩及び南島の支那語學獎勵》二文，後來這兩篇文章均收入作者所著（1926）《西南文運史論》一書，并附上了一些課本的照片。文中根據作者的實地考察，對首里府、久米村、宮古島、八重山島、石垣島等地所藏琉球官話課本作了介紹，同時作者根據當地唐通事後人所述，對官話課本的使用順序作了説明。後來沖繩經歷"二戰"，所存古書多被毀壞，武藤長平文中所記琉球官話課本的名稱和種類成爲後來研究的基礎，其史料價值頗高。除此之外，島倉龍治、真境名安興合著的（1923）《沖繩一千年史》第六章"教育"部分，對琉球的官話教育和所用教材等也有所述及。

天理圖書館（1940）《天理圖書館稀書目録》和（1961）《天理圖書館稀書目録·和漢書之部第三》對館藏的琉球官話課本作了基本文獻信息的描述和介紹。

武藤長平於 1938 年逝世之後，其藏書多散佚。倉石武四郎得到其舊藏《白姓官話》一部，伊地智善繼據之寫成（1942）《琉球寫本官話問答》，對其基本内容、語言特點、用途等作了概括性的介紹。據其中所述内容來看，該文所説的《官話問答》即《白姓官話》。文中認爲課本的語言基本上可稱之爲"北京官話"。

魚返善雄（1943）《南島語學資料管見》介紹了自己所藏的《水晶香墜》《官話琉球漂流記》《琉球館遺文》三部琉球官話課本。根據其文中所述，《水晶香墜》與後來發現的新本家文書本《官話》相類，也應當是《琉球官話集》一類的詞句手册。《官話琉球漂流記》即《白姓官話》。《琉球館遺文》并不知所指爲何，從其定名推測可能即《學官話》，因爲該課本首句爲"尊駕到敝館貴幹？ 答：我到貴館要見你們老爺"。魚返善雄在（1957）《人中画と琉球人》一文中着重介紹了琉球官話課本的副讀本《人中畫》。作者在文中明確指出，琉球本《人中畫》是根據原話本小説改寫而成的，改寫之後語言更符合當時的官話表達，這一改寫之本是研究現代漢語的珍貴語料。作者還利用東京大學圖書館所藏武藤長平舊藏本

《人中畫》與母本作了舉例性對比,進一步指出了琉球本的語料價值。此外,作者還對琉球本《人中畫》的改寫年代與作者進行了推測,認爲改寫的時間可能是乾隆年間,改寫者應當是熟悉官話的中國人。

宫良當壯(1948)《『琉球官話集』について》一文對天理大學藏《琉球官話集》基本文獻信息及琉球語研究價值作了介紹,并且認爲此書作者是封面墨書所記“鄭干英”,書内所鈐“敦厚堂”當爲鄭氏之號。“鄭干英”應當是琉球學者的漢名。作者還推測,此書當成於江户時代中前期。現在看來,“鄭干英”應是此抄本的使用者或收藏者,并非作者。“敦厚堂”印又見於京都大學所藏《人中畫》和《白姓》,研究者已指出,應是真榮里家鄭氏九世良弼(乾隆五十四年生)家族的堂號[1]。

平和彦(1970)《近世奄美諸島漂着の中国人と朝鮮人の護送》一文中提及了《白姓官話》,并指出該課本所述事迹即見於《歷代寶案》所記乾隆十五年二月二十一日喜界島漂着唐船事件,從而奠定了《白姓官話》的史料地位,同時作者在文中還認爲,琉球官話課本與長崎、薩摩等地的唐話課本相比也毫不遜色。

村上嘉英(1971)《近世琉球における中国語学習の樣態》是這一時期日本琉球官話課本研究中最爲重要的一篇論文。全文分成“朝貢與官話”“官話學習體制”“官話教材與辭書”“近代琉球官話學習的特色”四個部分,全面介紹了琉球的官話學習情況。在“官話教材與辭書”部分,作者首先將琉球官話課本分成了會話問答式、分類語彙集形式、“～字話”形式、副讀本四個大類,然後對天理大學圖書館收藏的《尊駕》《官話問答便語》《白姓》《廣應官話》《琉球官話集》五種琉球官話課本進行了介紹,在介紹這些課本時還對以往研究者所提及的相關課本異稱作了考證説明。此外,作者在文末根據《琉球官話集》《廣應官話》中的相關記述推測,當時琉球人學習的官話應當主要是北京官話。還有一點值得注意,

---

① 木津祐子:《『白姓』の成立と傳承——官話課本に刻まれた若き久米村通事たち》,《東方學》第115輯,2008年,第137頁。

即作者利用《琉球官話集》中的一些注釋指出,當時琉球人學習官話時充
分利用了同時期傳入琉球的中國韻書和字典,如《五方元音》《康熙字典》
《玉篇》等,這説明作者已充分認識到琉球官話課本中使用者所做注記的
重要性。該文可以説奠定了琉球官話課本研究的基礎,此後學者大都據
該文所介紹的天理大學圖書館所藏琉球官話課本進行研究,而且研究内
容也大都受到此文的影響。

（二）官話語言方面

太田辰夫(1950)《清代の北京語について》、(1951)《清代北京語語
法研究の資料について》二文中,已經意識到琉球官話課本的語料價值,
并在文中將其視爲北京話語料加以利用。

佐藤晴彥(1978)《琉球官話課本研究序説——写本〈人中画〉のこ
とば(1)》、(1979)《琉球写本官話課本のことば》、(1980)《琉球官話課
本研究序説——写本〈人中画〉のことば(2)》三文,充分利用《官話問答
便語》《學官話》《白姓官話》《廣應官話》四種琉球官話課本,對其反映
的官話語言特點進行了詳盡的考察分析,最後得出的結論是:琉球官話課
本所反映的語言事實最符合下江官話的特點,而非北京官話。作者還在
文中指出,總體上看,琉球官話課本語料的時代可定爲 1750 年前後,而琉
球本《人中畫》的改寫可能在乾隆初年,其依據的刊本當是嘯花軒本《人
中畫》系統。此外,作者在文中還提到在研究過程中,除了主要利用天理
大學圖書館所藏之外,還利用了京都大學文學部所藏《人中畫》和《白姓》
以及長澤規矩也所藏《白姓官話》和《尊駕》。

矢放昭文(1982)《『琉球官話集』の反切について》則是對《琉球官
話集》中的反切注音用字作了分析,并且證實了此書所用反切出自北方官
話韻書《五方元音》的事實。

瀨户口律子(1988)《琉球写本官話課本——〈白姓官話〉につい
て》對《白姓官話》的作者、課本故事脈絡、詞彙和語法特點進行了考
察,并指出此課本中的官話帶有南方官話的特點。瀨户口律子(1990)
《關於琉球官話課本的研究》一文中又再次對琉球官話尤其是《白姓官

話》的官話性質作了探討,得出的結論是:《白姓官話》是以南京官話爲基礎的語言,同時也受到閩語的影響,這一點從課本中的一部分詞彙、語法和聲調可以看出。

(三)琉球語方面

宮良當壯早在 1946 年已完成對《琉球官話集》的拍照複製,同時對其所録官話及琉球語譯文作了逐條解説,并對其反映的琉球方言特點作了分析和總結。但當時日本正處於"二戰"後的動蕩時期,書稿未能及時出版。直到 1981 年,書稿才由喜舍場一隆重新整理,作爲《宮良當壯全集 10:琉球官話集》正式出版。此書包括了宮良當壯原書稿,書前是天理本《琉球官話集》的抄本黑白影印件,書末還附有喜舍場一隆所作的《解題》。在此書出版的同時,出版社還刊出了《宮良當壯全集月報》,在《月報》第 7 號中載有平和彦所作《近世琉球の官話》。文中根據其他三種與《琉球官話集》相類的抄本,對宮良當壯的研究結論提出了不同意見。平和彦認爲,此書成書可能較晚,因爲收有"乒乓"(桌球)這類新詞,所以此書在明治三十年(1897)前後有可能修改增補過。

崎山理(1962)《「琉球官話集」を紹介す》對該課本中保留的琉球語資料所體現的語音特點進行總結,共歸納爲十個方面,同時作者還在文中指出,此書不會早到江户中前期,應當定在江户末期至明治初年。顯然,崎山理的意見更爲允當。此後,《琉球官話集》中保留的琉球語語料逐漸得到日本學者的重視,相關研究成果陸續推出,如中松竹雄(1979)《琉球官話集にあらわれたる近世琉球語》、多和田真一郎(1986)《琉球官話集の語彙》二文均是對《琉球官話集》中保留的琉球語料的整理研究成果。

二、1990～2016 年

(一)文獻學方面

池宮正治(1990a)《『琉球官話集』補注追勘》利用其他三種相類課本《官話三字口》《琉球二字官話集》《官話》,并結合琉球方言和漢語用例,針對宮良當壯對《琉球官話集》中琉球語注文的解説又作了詳細的補注。本文還通過對書中所收新詞語的溯源,認爲該課本的成書年代當爲 1840～1850 年之間。隨後池宮正治又連續發表了四篇相關成果,分別是:(1990b)《『琉球官話集』補注追考》、(1991a)《『琉球官話集』補注追記》、(1991b)《『琉球官話集』補注追論》、(1991c)《『琉球官話集』補注追攷》。以上四文中,(1991b)《『琉球官話集』補注追論》利用相關史料對此書封面所題"敦厚堂"和"鄭干英"作了新的考證。作者認爲"敦厚堂"應當是久米村通事鄭良弼(1789～1851)的堂號,而其重孫名"文華"字"于英",因此所謂的"鄭干英"可能是"鄭于英"之誤讀[①]。鄭文華生於咸豐九年(1859),因此該抄本年代應當在 1864 年。

兒玉啓子(1995)《古琉球における中国語教育序論——「白姓官話」について》對琉球各層次的官話教育及所用課本情況作了介紹,同時對《白姓官話》出現的歷史原因、作者以及現存抄本情況作了簡要論述,并對《白姓官話》的幾種抄本及其不同點進行了説明。

小川英子(1996)《琉球官話の由来とその特質》對已發現的琉球官話課本作了分類介紹,同時對這些課本的特點作了簡單總結。文中介紹的琉球官話課本包括了新發現的幾種抄本,如八重山博物館藏新本家文書本《白姓》與武島利子家文書本《白姓問答》,以及冲繩縣立博物館藏《白姓》等。此外作者還在那霸調查到《白姓官話》中所述飄風難人朱三官的墓地,并附有照片和移録的墓碑文字,進一步印證了《白姓官話》中的史料。

糸數兼治(1996)《〈呈稟文集〉小議》介紹了冲繩縣立博物館藏本官話公文寫作範文集《呈稟文集》的情況。據介紹,此抄本封面標題下方有"在唐公用"四字和署名"梁必達",共收文書 70 餘份。作者不僅詳列了

---

① 2016 年 5 月,我們赴天理大學圖書館考察該館所藏琉球官話課本時,核實確認了《琉球官話集》封面自題人名確當爲"鄭于英",池宮正治的這一推測完全可信,以往宮良當壯所認定的"鄭干英"實為誤讀所致。參見范常喜:《天理本〈琉球官話集〉封面人名補述》,《國際漢語教育史研究》第 1 輯,商務印書館,2020 年,第 100～103 頁(收録於本書第 102～105 頁)。

各份文書的標題,同時還對成書過程以及作者梁必達作了考證。文中指出,梁必達曾於道光六年(1826)以存留通事身份隨進貢與謝恩的紫巾官馬開基(幸地親方)和正議大夫梁文翼(崎山親雲上)渡海到福州,翌年回國。《呈稟文集》可能就是當時梁必達帶往福州供處理公務時參考所用。

喜舍場一隆(1997)《『条款官話』について》對新發現的官話課本尚家文書本《條款官話》作了介紹,同時轉録了全文并作了日譯和説明。石崎博志(2002)《琉球官話訳『人中画』と白話『人中画』風流配》,將琉球寫本《人中畫》之《風流配》與嘯花軒本作了對比羅列,使得琉球本的具體改寫情況一目瞭然。

木津祐子(2001)《慶田城家文書「漢文集」について》對八重山博物館藏慶田城家文書本《漢文集》作了介紹,同時結合相關史料對《漢文集》的成書以及八重山島的官話傳承作了考證。得能壽美(2001)《竹原家文書「漢文」の内容と異本》,對八重山博物館藏竹原家文書本《漢文》的内容及其異本——琉球大學附屬圖書館藏宮良殿内文庫本《漢文集》,作了介紹和相關考證。

木津祐子(2004a)《赤木文庫藏『官話問答便語』校》將法政大學冲繩文化研究所藏赤木文庫本《官話問答便語》與天理本作了對校。文中首先利用課本中所記銀兩換算、清政府對"迎闖神"活動的禁止、課本開頭所記人名"金範"三項內容,對該課本的成書年代作了考證,認爲課本應成於1710年之後,1800年之前。接着是對赤木文庫本《官話問答便語》基本情況的介紹,最後是兩個本子的逐條對校。

木津祐子(2004b)《「官話」の漂着——乾隆年間八重山における「官話」の伝播》根據相關史料記述,對乾隆年間八重山島人從中國飄風難人姚恒順學習官話的情形作了介紹,同時也對當地的公文寫作課本《漢文集》的成書過程作了推測與還原。

瀨戸口律子、李煒(2004)《琉球官話課本編寫年代考證》采用歷史學的考證方法并結合歷時語法,對四種琉球官話課本的編寫年代進行了考證。認爲《官話問答便語》應作於1703年或1705年,《白姓官話》作於 1750 年,《學官話》作於 1797 年,《廣應官話》作於 1797 年到 1820 年之間。

　　兼本敏(2006)《琉球における「中国語官話集」の比較》對現存五種《琉球官話集》類課本作了綜合對比研究,指出這些抄本的相異之處在於各本都有一些學習者補充進去的學習筆記內容,這説明此類課本可能是自用的官話學習參考書。天理本《琉球官話集》收詞語最多,更像是詞典式用書。此外,此文還認爲,此抄本末尾所引《総訳亜細亜言語》可能是後來所補,不能用於判定抄本的具體年代。

　　木津祐子(2007)《清代琉球の官話課本にみる言語と文献》從語言接觸和文獻接觸的角度分析了琉球官話課本中語料的複雜性,由於語言接觸,課本中保留了許多閩語的成分,由於文獻接觸,課本中有《聖諭廣訓》和《六諭衍義》的影子。

　　木津祐子(2008a)《『白姓』の成立と傳承——官話課本に刻まれた若き久米村通事たち》根據久米村家譜材料對課本中所涉及的諸姓通事的身份和關係作了詳細考證,并據此對《白姓官話》的編寫過程作了非常細緻的推考,認爲此課本草稿當成於鄭姓通事爲中心的諸通事之手,後由鄭鳳翼帶到福州,請當地儒士林啓陞作了校改并賜序。

　　木津祐子(2011)《琉球本『人中畫』の成立——併せてそれが留める原刊本の姿について》首先對現存琉球寫本《人中畫》作了介紹,接着將琉球寫本與嘯花軒本、尚志堂本等刊本《人中畫》作了舉例性對比,指出琉球寫本《人中畫》當是根據已佚的刊本改寫而成,這個刊本與現存嘯花軒本相近。此文同時還結合京都大學文學部藏本與《白姓》同帙的情況,以及其與《白姓》中一些相同的語言特點,推測琉球寫本《人中畫》的改寫也應當由鄭姓通事集團的人完成。

　　以上木津祐子所撰三文均被收入其於 2012 年完成的博士學位論文《琉球·長崎の通事書研究——「官話」の渡海》當中。

　　赤嶺守(2011)《〈條款官話〉初探》在喜舍場一隆(1997)的基礎上,又對《條款官話》進行了介紹和移錄。作者根據該書内容、書後的記載

（同治五年丙寅六月）以及當時琉球的社會背景綜合判斷，其成書時期應在趙新、于光甲等册封使赴琉（1866 年）以前。作者還認爲，此書是在琉球王國有意向清朝册封使隱瞞日琉關係（1609 年琉球已置於日本薩摩藩統治之下）的大背景下産生的。作者還指出，與其説《條款官話》是一本學官話的課本，倒不如説是一部授權用問答形式編集而成的指南書，意在對通事作出隱蔽的應對指示，其爲指南書的濃厚色彩比起《白姓官話》而言，完全是有過之而無不及。

内田慶市（2013）《琉球官話の新資料——関西大学長澤文庫蔵『中国語会話文例集』》，着重介紹了新發現的關西大學長澤文庫所藏明代琉球官話課本《中國語會話文例集》，文中不僅考證了該抄本的時代爲明末到清初，同時也對其中的官話語言特徵作了介紹。

木津祐子（2013a）《『廣應官話』と乾隆年間の琉球通事》通過對現存兩種《廣應官話》的對比分析，討論了清代琉球通事的學門，以及其中的語言現象所反映的官話當地化色彩問題。作者認爲，《廣應官話》應該也是在久米村鄭、蔡二家一脈學統中成書的。

木津祐子（2014）《琉球稿本『官音簡要揀選六條』について》對法政大學冲繩文化研究所藏楚南家文書中的《官音簡要揀選六條》作了考證，認爲該抄本是琉球人魏掌政模仿清代福建地區的正音書而作的官話課本，其内容相對粗糙簡略，是魏氏尚未完成的自編自用之稿本。

瀬户口律子（2015a）《〈廣應官話〉的編者以及若干相關問題》對《廣應官話》的内容、編者，以及其詞彙、語法特點作了介紹。作者在文中指出，此書一部分是當時琉球官話課本中已經使用的詞句，而且是把最有用的詞語整理出來編成一部詞彙集課本。整體來看，《廣應官話》的確應當既是學習官話的課本，又是學習者必攜的一本詞典。

除上述研究成果外，琉球官話課本的影印、轉録、日譯、索引、文獻目録等也陸續産生。瀬户口律子（1994b）《白姓官話全訳》、（2003）《学官話全訳》、（2005）《官話問答便語全訳》，分別將天理大學圖書館所藏三部官話課本作了影印和日譯。高橋俊三、兼本敏（2001）《『拾口』の翻字および注釈》、（2004）《新本家文書『官話』の翻字および注釈》二文，分別對新本家文書本《拾口》和《官話》作了轉錄、整理與注釋。赤嶺守（2008）《「條款官話」第170號について》對《條款官話》作了介紹、轉錄、日譯、注釋。高津孝、陳捷（2013）《琉球王國漢文文獻集成》第32～35冊，影印了現存琉球官話課本中的12種。木津祐子（2013b）《京都大学文学研究科蔵琉球写本『人中畫』四卷付『白姓』》，影印了京都大學文學研究科所藏的《人中畫》與《白姓官話》。内田慶市（2015）《関西大学長澤文庫蔵琉球官話課本集》，影印了關西大學長澤文庫所藏的琉球官話課本四種，分別是：《中國語會話文例集》、《百姓話》（即《白姓官話》）、《學官話》、《人中畫》之《狹路逢》。法政大學冲繩文化研究所（2015）《楚南家文書「呈稟文集」》，將法政大學冲繩文化研究所藏官話公文寫作例文集《呈稟文集》進行了整理和轉錄。

瀨户口律子、佐藤晴彦（1997）《琉球官話課本〈白姓官話〉〈学官話〉〈官話問答便語〉語彙索引》對天理大學所藏三部官話課本所收官話詞語作了索引，同時附有相應課本的縮小影印件。大島吉郎（1999）《『琉球官話集』語彙索引・附翻刻四種》，對天理本《琉球官話集》《官話三字口》和法政大學赤木文庫本《琉球二字官話集》及新本家文書本《官話》四種課本中所收官話詞句作了索引并附有轉錄。高津孝、榮野川敦（1994）《琉球列島宗教関係資料漢籍調查目録》、（2005）《增補琉球関係漢籍目録》，對日本現藏與琉球有關的漢籍資料作了全面考察和記錄，其中也基本上囊括了現今所能見到的絕大多數琉球官話課本。石崎博志（2001a）《漢語資料による琉球語研究と琉球資料による官話研究について》，對漢語書寫的琉球語資料與琉球保存的官話研究資料作了提要性介紹。石崎博志（2001b）《「外国語による琉球語研究資料」および「琉球における官話」文献目録》，是研究琉球語和琉球保存的官話資料的研究文獻目録。

（二）官話語言方面

日本學界對琉球官話課本中所記錄官話的探討，主要集中於瀨户口律子和木津祐子兩位學者。瀨户口律子主要着力於課本官話的特點方面,如(1991a)《關於琉球官話課本的研究(2)〈尊駕——學官話〉》、(1991b)《從聲調上推測〈琉球白姓官話〉的方言性質》、(1994c)《琉球官話課本の言語——課本の中の福州語》、(1994d)《琉球官話課本〈広応官話〉の言語》、(2002b)《談琉球官話課本的詞彙》、(2008a)《琉球〈官話問答便語〉及其語言的考察》、(2010)《關於〈條款官話〉的語言》等等,均是對課本所記官話特點的考察與研究。這些成果從不同角度論證了琉球官話課本所記錄的官話是受南方官話尤其是福州話影響下的官話。瀨户口律子的相關論文甚衆,後來基本上都經過修改收錄於(1994a)《琉球官話課本研究》、(2011a)《琉球官話課本の研究》二書當中。

　　木津祐子則將琉球官話課本置於整個東亞官話圈範圍内考察,在課本官話的性質特點與内部差異、官話傳播、官話的當地化等諸多方面均頗有建樹。木津祐子(2002)《ベッテルハイムと中国語——琉球における官話使用の一端を探る》,介紹了琉球人用改寫本《人中畫》教授在琉球傳教的英籍猶太人傳教士伯德令(Bernard Jean Bettelheim,1811 ～ 1870)之事,從而説明當時的漢語官話是東亞最爲重要的媒介語。

　　木津祐子(2004c)《琉球編纂の官話課本に見る「未曾」「不曾」「没有」——その課本間差異が意味すること》通過三種琉球官話課本中否定副詞的用法分析,推斷清代琉球通事學習官話的系統最少有兩個。其一是以《白姓》爲代表的官話,不用“不曾”或“未曾”表示否定,另外還有一些帶下江官話或吳語色彩的語法特點;其二是《學官話》《官話問答便語》系統,所使用的否定副詞主要是“不曾”或“未曾”,“没有”尚未充分獲得否定副詞的功能,其内容多描述福州風俗習慣,有不少福州方言詞語。琉球官話課本之所以有如此不同的系統,是爲了適應實際應用而不斷修訂其文本的結果。

　　木津祐子(2008b)《「官話」文體と「教訓」の言語——琉球官話課本と『聖諭』をめぐって」》對琉球官話課中的“官話”與“白話”作了區分,并且根據《人中畫》琉球改寫本和《六諭衍義》認爲,琉球官話課本中的“官話”在很大程度上受到了《聖諭廣訓》《六諭衍義》類“教訓”體官話的影響。

　　木津祐子（2008c）《乾隆二年八重山難民浙江省漂着事件における官話訊問について——『呈稟文集』及び「八重山家譜」を中心に》對《呈稟文集》和八重山家譜中所記乾隆年間的漂着難民官話問訊記録作了介紹，指出這些官話問訊記録口語性很強，應當視爲當時的官話記録。此外，本文還對官話在八重山島的傳播作了梳理。

　　木津祐子（2012a）《「官話」の現地化——長崎通事書の二重他動詞「把」と琉球通事書の処置文》對琉球官話課本中的處置式表達句式作了分析，并認爲這些處置式表達方式是受到了南方話的影響所致。

　　以上木津祐子所撰五文均被收入其於 2012 年完成的博士學位論文《琉球・長崎の通事書研究——「官話」の渡海》當中。

　　除了上述兩位學者之外，還有幾位學者的成果也屬於官話研究的範疇。渡邊ゆきこ（2000）《『琉球官話集』の反切——北方官話としての一側面》，利用此書中的音注材料，與《五方元音》作了對比，得出的結論是此書用的是北方官話音。金城ひろみ（2008）《〈琉球官話集〉音注字之同音分析》，主要探討了《琉球官話集》中的聲母清濁相混及零聲母化演變問題。金城ひろみ（2013）《琉球官話課本における語彙の分類方法——『琉球官話集』「五字官話」を例に》，考察分析了《琉球官話集》的詞彙分類方法和理念。金城ひるみ（2015）《琉球官話課本的詞彙分類——以〈琉球官話集〉爲例》，以《琉球官話集》爲着眼點，對其大量的詞作了具體的分類分析，探討了這些詞彙所涉及的主要内容及其側重點，從而體會到《琉球官話集》編撰者用意，以及他們爲琉球人在中琉交往中面臨各式問題所提供的各種應對措施。

（三）官話學習、琉球語方面

　　瀨户口律子（2002a）《明清時期日本琉球的漢語教學》對琉球人通過何種途徑學習漢語、漢文化，以及學習的内容及方式與課本等作了介紹。瀨户口律子（2008b）《18 世紀琉球的漢語教學——以"琉球官話課本"爲中心》以琉球官話課本中的《官話問答便語》和《學官話》爲主要材料,通過課本所描述的當時留學生的學習生活場景,介紹了久米村官話學習的一些情況,進而就久米村的官話教育與長崎唐通事所受教育的不同之處作了考察。瀨户口律子(2015b)《琉球國的漢文教育》介紹了琉球國社會和久米村明倫堂的一些情況,在此基礎上介紹了琉球國久米村和首里府的漢文教育。作者在文中指出,《六諭衍義》在明倫堂很可能被當作了漢文以及漢語課本使用。

兼本敏(2004)《教本としての『琉球官話集』について——動詞を中心に》以動詞的編排爲例,探討了《琉球官話集》作爲官話課本的特點,通過分析後指出,《琉球官話集》前半部分可能是當作辭書使用的。整個課本收詞衆多,如果要用作教本,不排除教師利用這些詞語進行再加工的可能。兼本敏(2008)《「琉球官話の資料集成」における"了"に関する考察》以漢語學習難點"了"爲例着重分析了《琉球官話集》作爲官話教科書的性質和特點。

這一時期利用課本進行琉球語研究的成果較爲少見,高橋俊三(2002)《「拾口」における動詞の形態》、(2003)《『官話』(新本文書)における動詞の形態》二文分別考察分析了《拾口》和新本家文書本《官話》中所錄琉球語注文語料所體現的琉球語動詞形態特點。

三、國外研究小結

通過以上對日本相關研究成果的梳理可以看出,1917 ～ 1989 年間,文獻學方面的研究主要集中在課本的收集和介紹方面,如武藤長平(1917)、魚返善雄(1943)、村上嘉英(1971)等。這些成果基本上均爲琉球官話課本文獻信息、内容、成書等的介紹和考證。官話語言研究方面,這一時期的學者已開始注意到課本的口語語料價值,佐藤晴彦(1978、1979、1980)三篇文章即是這一方面的代表。這一時期琉球語研究方面也產生了十分有價值的成果,如宫良當壯(1948、1981)、崎山理(1962)、中松竹雄(1979)等。這些成果均利用《琉球官話集》中保留的琉球語注釋,對當時的琉球語特徵作了歸納分析。

　　與前一時期相比,1990 ～ 2016 年間,日本對琉球官話課本的研究已逐漸走向深入。文獻學方面,喜舍場一隆(1997)、内田慶市(2013)、木津祐子(2014)等對新發現的三種琉球官話課本作了介紹。此外,學者們還對課本的成書時代、作者信息、深層結構等問題作了更爲深入的研究,如池宫正治(1990a、1991b),木津祐子(2004abc、2008ab、2011),瀨户口律子、李煒(2004)等,都是這一方面的代表性著作。這一時期在官話語言研究方面,主要以瀨户口律子和木津祐子兩位學者爲代表。瀨户口律子(1994acd、2002b、2008ac、2010)的研究主要集中在課本官話的特點方面。木津祐子(2004c、2008ab、2012ab)則將琉球官話課本置於整個東亞官話圈範圍内考察,在課本官話的性質特點與内部差異、官話傳播、官話的當地化等諸方面均多有建樹。值得注意的是,這一時期日本學者已經注意到從官話教育的角度對琉球官話課本進行專門的研究。瀨户口律子(2002a、2008b、2015b)以官話課本爲依托專門對琉球的漢語教學作了介紹。兼本敏(2004、2008)從漢語學習的角度着重分析了《琉球官話集》作爲官話教科書的性質和特點。

　　總體看來,日本學者在琉球官話課本研究方面不僅重視文獻本身的挖掘,而且同時對課本所記官話語料的複雜性、多樣性、現地化等問題都作了全方位的研究,無論是深度還是廣度都代表着當今琉球官話課本研究的最高水平。

第二節　國内研究綜述

　　國内對琉球官話課本的研究相對較晚,正式開始也是 20 世紀 80 年代以後的事情。相關的研究成果主要集中在官話語言、官話教育、文獻學、歷史學四個方面。

一、官話語言方面

　　國内從語言學角度對琉球官話課本進行研究的成果相對集中,李煒及其所指導的碩士生王勇、李曉雪、梁静、謝明、陳文哲,以及博士生李丹丹、王琳等,在該領域的表現最爲突出。該研究團隊主要側重於從語法學角度,對課本語料進行南方官話系統下的歷時與共時比較研究。具體來說:

王勇(2005)《從〈人中畫〉明清兩個寫本看"把"對"將"的句型取代》,在對嘯花軒刻本《人中畫》和琉球官話課本《人中畫》中出現的"把/將"字句進行窮盡性考察的基礎上,運用語法、語義相結合的方法,并從社會語言學的角度對兩版本《人中畫》"把/將"字句的功能特點進行了分析,同時通過對兩種版本"把/將"字句使用情况的歷時比較,着重考察了明清時期"把/將"字句的歷時更替狀况。本文認爲琉球本"把"字句不僅發展出了新的形式和用法,而且在事實上取代了"將"字句,成爲漢語處置式的主要形式。

李曉雪(2005)《琉球官話課本〈人中畫〉與嘯花軒寫刻本〈人中畫〉否定標記的歷時比較》,通過對《人中畫》琉球課本與清初擬話本總集《人中畫》嘯花軒寫刻本否定標記的封閉性考察,對比了兩個版本的否定標記在語法功能層面的異同,基本理清了《人中畫》琉球課本對嘯花軒寫刻本否定標記的改寫替換規律,從而對近代漢語到現代漢語否定標記的演變軌迹作了較爲深入的描寫研究。另外,本文結合現代閩語、粵語等南方方言對琉本中出現的特殊語法現象進行考察,嘗試確定了琉球寫本的地域特徵。

李煒、瀬户口律子(2007)《琉球官話課本中表使役、被動義的"給"》指出,琉球官話的主要特色之一就是用"給"來表達使役義和被動義,但《官話問答便語》中的"給"祇出現了給予義和使役義兩類用例,没有出現被動義的用例;而晚於《官話問答便語》半個世紀和近一個世紀的《白姓官話》和《學官話》中的"給"則出現了被動義的用例。據此認爲:清代北京官話用使役動詞兼表被動義,漢語南方方言和琉球官話用給予動詞兼表使役義和被動義,這是他們的差異;而在先有使役義、後有被動義這一點上,三者是一致的。

　　梁静（2007）《從兩種版本〈人中畫〉看關聯副詞從近代漢語到現代漢語的演變》，在對嘯花軒刊本《人中畫》和琉球官話改寫本《人中畫》中的關聯副詞進行窮盡性考察的基礎上，對兩種版本《人中畫》關聯副詞的功能特點作了分析，并通過對兩版本關聯副詞使用情況的歷時對比研究，着重考察了關聯副詞從近代漢語到現代漢語的歷時更替狀況。本文認爲約作於18世紀中葉的琉球寫本《人中畫》具有顯著的現代漢語特徵，爲現代漢語始於18世紀説提供了一項重要證據。

　　李丹丹、李煒（2008）《琉球官話課本的"官話"性質》一文將琉球官話課本與同時期北方官話作品《清本老乞大》進行比較，發現兩者在語法上存在一系列的差異；與吳、閩、粤、客的方言材料進行比較，發現兩者在語法上存在一系列的對應。本文認爲，琉球官話課本的"官話"是吳、閩、粤、客四大南方方言在"官話"層面上的投射，即南方官話。

　　李丹丹（2008a）《〈人中畫〉琉球寫本的"自家"——兼論漢語南北雙方反身代詞發展軌迹》指出，天理圖書館藏《人中畫》琉球寫本編寫於18世紀中葉，其反身代詞主要形式爲"自家"。從共時的角度看，這與同時代的《紅樓夢》庚辰本的情況有較大的不同，與其他琉球官話課本及多種南方方言的情況較爲一致；從歷時的角度看，近代漢語反身代詞在南北雙方的發展進度和演變模式并不一致，這與北方第一人稱複數排除式和包括式對立的出現關係密切。

　　李丹丹（2008b）《清琉球官話課本〈人中畫〉語法研究——兼論"南方官話"及其相關問題》，對天理大學藏琉球官話課本五種中的《人中畫》與代表其母本系統的嘯花軒本《人中畫》作了歷時語法比較，證明早期現代漢語的上限應爲18世紀中葉，并提出24條18世紀中葉的語法特徵作爲文學作品斷代的標準；對琉本與同時代的北方官話作品、南方方言作品、其他琉球官話課本等作了共時語法比較，證明琉本的語法特徵與北方官話、下江官話等之間存在一系列的語法差異，而與南方吳、閩、粤、客四大方言之間存在整體的語法對應，從理論層面來講，琉本《人中畫》的語言可稱爲"南方官話"。同時在這些歷時與共時的研究之上，探討了明清時期"官話"一詞的内涵與外延。

　　王琳（2010）《清中葉琉球官話的反復問句研究》指出,琉球官話的反復問句有一種具有南方方言特色的反復問格式"有 +VP+ 没有"。從"官話"層面的角度,琉球官話中選取各種不同形式的傾向性表明其"官話"層面的取向;但"有 +VP+ 没有"這種反復問格式的存在,説明琉球官話與閩、粤、客等各大方言相一致,具有南方方言特色。

　　王琳（2011）《琉球官話課本中的"得""替""給"及相關問題研究》對琉球官話課本中的"得""替""給"及相關問題作了研究,從而再次印證了琉球官話課本具有"南方官話"性質。文中指出,"得""替""給"三大範疇在南北方言及少數民族語言中存在類型差異。琉球官話課本和南方方言與"得""替""給"相關的能性範疇、與事範疇、給予—使役—被動範疇的表現與南方少數民族語言有着類型上的一致,而與北方方言及阿勒泰語表現類型上有所不同。

　　李丹丹（2011）《從兩種版本〈人中畫〉的雙音節化看近代漢語的下限》,從兩種版本《人中畫》中大量、全方位的雙音節詞替換以及替換後雙音節詞的整體構詞狀況分析得出,作於 17 世紀中葉的嘯花軒本還具有較爲顯著的近代漢語特徵,而作於 18 世紀中葉的琉球寫本已具備顯著的現代漢語特徵了。因此本文認爲,從詞的雙音節化程度看來,現代漢語的上限應該在 18 世紀中葉,而近代漢語的下限則在 17 世紀中葉與 18 世紀中葉之間。

　　李煒、王琳（2011）《琉球寫本〈人中畫〉的與事介詞及其相關問題——兼論南北與事介詞的類型差異》指出,琉球寫本《人中畫》的與事介詞"替"可表達與事範疇的受益、相與和指涉三種關係,這與當時的北京官話不同,而與今天的吴、閩、粤、客等典型的南方方言與事介詞的功能分布相平行。典型南方方言保留了古代漢語使用一個介詞通表與事範疇三種關係的用法,北京話、西北方言和普通話却不存在這種現象,而用不同的介詞來表達,這是一個值得注意的具有方言類型學意義的問題。

　　謝明（2011）《琉球官話課本量詞研究》對琉球官話三種對話體課本

《官話問答便語》《白姓官話》《學官話》以及副讀本《人中畫》琉球寫本中的量詞進行了窮盡描寫及系統分類,分析了琉球官話課本量詞的語法特徵。在靜態描寫的基礎上,將琉球官話課本量詞系統與歷代小說、現代漢語的量詞系統進行動態比較,發現量詞系統由近代漢語向現代漢語轉變的部分規律,進一步證明了琉球官話課本的南方官話性質。

陳文哲(2011)《從介詞的角度考察琉球寫本〈人中畫〉的現代語法性質——與嘯花軒本〈人中畫〉和〈紅樓夢〉的對比》,以時空介詞和工具介詞爲參照項,對兩個版本中具有相同功能的不同介詞進行了歷時對比,比較清晰地反映了現代漢語語法與近代語法在介詞上的歷時演變規律。最後得出的結論是:琉球寫本《人中畫》的語法特徵區別於之前嘯本《人中畫》的近代漢語語法,與今天的現代漢語語法接近。

王琳、李煒(2013)《琉球官話課本的使役標記"叫""給"及其相關問題》指出,琉球官話系列課本表達使役的"叫"和"給"分工有別,互補分布,琉球官話課本中的使用情況與清中葉以降的南方文獻一致,而與北方文獻存在差別;這種類型上的差別也存在於現代南北方言中,即南方方言與給予動詞同形的詞表示容任類使役,不表令致類使役;北方方言則令致類、容任類使役使用同一語法標記。在此基礎上,提出使役範疇二分爲令致類和容任類使役的必要性,同時這也是一個值得注意的具有方言類型學意義的問題。

王琳(2013)《清中葉琉球官話課本使役與被動範疇的考察》指出,清中葉琉球官話系列課本中表使役範疇的下位範疇容任類使役的"給"兼表被動,而表使役範疇的另一下位範疇致令類使役的"叫"則不表被動。在具有南方方言特徵的語料和現代南方方言中,給予動詞兼表容任類使役及被動,但却不表致令類使役。琉球官話課本與具有南方方言特徵的語料和現代南方方言在使役與被動關係的問題上存在着一致性,而與具有北方方言特徵的語料和現代北方方言使用同一個標記表示使役、被動存在差異。在此基礎上,本文討論并解釋了現代漢語使役範疇下位範疇容任類使役與被動範疇的密切關係。

　　王琳（2014a）《琉球官話課本的能性範疇——兼論南北能性範疇的表達差異》指出，琉球官話課本中能性範疇的使用情況與同時期北方文獻存在差別。這種類型上的差別也存在於現代南北方言中，即南方方言能性述補結構可以表示能性範疇的所有下位義，北方方言則使用助動詞表示能性範疇的所有下位義。另外在肯定式、否定式的比率，賓語的位置等方面，南北方言也存在差異。

　　李煒等（2015）《清代琉球官話課本語法研究》以現代漢語多功能詞“給”爲研究主綫，考察了琉球官話課本給予、與事、使役、被動等幾個重要語義語法範疇，展現了琉球官話課本的語法特點。書末附有天理大學藏《官話問答便語》《白姓官話》《學官話》《人中畫》四種抄本文字的迻録。此書也是李煒及其研究團隊成員李丹丹、王琳等前述研究論文的整理結集。

　　除了上述李煒及其團隊所取得的成果之外，郭芹納、李葆嘉、陳澤平、張全真、孟子敏等學者也發表了一些研究成果，涉及課本語料的詞彙、語音、文字多個方面，具體來説：

　　郭芹納（2000）《對〈日本琉球的中國語課本《廣應官話》〉一文的一點商榷》對瀨户口律子的論文提出了一些商榷意見，認爲瀨户口律子將一些本應視爲北方官話的詞語歸入了“受閩語影響的詞彙”之列，如“垢堺”“早起”“禮數”“真真”“精肉”“生理”等，這些均欠妥當。

　　李葆嘉（2000）《清代琉球官話課本南京音系説》認爲瀨户口律子的《琉球官話課本研究》“材料真而結論僞”。作者根據瀨户口律子書中所提供的材料，斷定琉球官話課本中所記官話當爲清代南京話爲代表的江淮官話。

　　陳澤平（2004）《試論琉球官話課本的音系特點》指出，琉球官話課本中所體現的官話音系是在福州方言的框架中納入北方官話而形成的“福州的官話”。

　　張全真（2009）《〈白姓官話〉所記録的南京方言及山東方言現象發微》在前輩學者研究的基礎上，補正了《白姓官話》中所記録的南京話特點,并例舉了其中反映的山東方言特别是膠遼官話的一些發音和詞語。從而得出結論:直到十八世紀中葉,南京話依然被琉球的漢語學習者視爲主要學習對象,從而可見當時南京話的地位。當時的官話并没有完全統一的標準,不同的教材編寫者夾雜有本地的方言色彩。

張全真(2010a)《〈白姓官話〉的語言》認爲,《白姓官話》有其特殊的成書背景,取材於真實的歷史事件,記録的流水帳式的對話以及人物身份基本真實可靠。其中所使用的官話就是那條漂流船與琉球通事交流時所采用的一種官話,學習者在學習過程中遵循南京語音,該書詞彙除帶有前輩學者提到的下江官話、吴方言、福建話的色彩外,還有一些受山東方言影響的痕迹。

張全真(2010b)《〈官話問答便語〉〈學官話〉〈廣應官話〉〈白姓官話〉四種琉球漢語課本中的注音字考》將四種官話課本中反映出與今天漢語普通話中讀音差異的注音字分類整理,發現了當時一些聲韻調方面的特點,如前後鼻音不分、尖團音絶不相混、送氣不送氣不别、平翹舌不分等。

孟子敏(2010)《琉球漢語教科書〈官話問答便語〉的文字分析考察》對《官話問答便語》中的文字使用情況作了窮盡性統計,并在此基礎上分析考察了這本教科書中的高頻字、中頻字和低頻字的出現狀態。這一研究對當下的漢語教學具有一定的啓示,同時也有助於我們瞭解當時的語言使用情況。

二、官話教育方面

徐恭生(1987)《琉球國在華留學生》對明清時期琉球來華國子監"官生"和在福州當地自費學習的"勤學人"學習情況進行了研究,同時也對這些留學生對琉球社會的貢獻作了考察。

董明(1996)《明清兩代漢語在琉球的傳播》、(2001)《明清時期琉球人的漢語漢文化學習》二文指出:明初琉球始與中國建交,當時漢語和部分漢語書面語在該國已然有所傳播。此後琉球對漢語漢文化的需求愈加迫切,曾先後至少16次派人到中國留學,并在國內興辦教育,推廣漢語漢字,以改變文化的落後面貌。入清之後,琉球一如既往地重視漢語漢字的學習,除繼續大力興辦各類學校外,也像明代一樣不斷向中國派遣留學生。琉球留學生除官生以外還有勤學人。這些留學生成了維繫中琉友好關係和在琉球繼續傳播漢語漢字與中國文化的中堅力量。

王慶雲(2003)《古代朝鮮、琉球漢語教學及教材研究引論——以〈老乞大〉〈朴通事〉〈白姓官話〉爲例》認爲,古代朝鮮、琉球都是漢文化圈國家,其漢語教學和教材建設既具有漢文化圈中的共同性,又各具特點,其中古代朝鮮的漢語教材《老乞大》和《朴通事》,古代琉球的漢語教材《白姓官話》,最爲著名且特色突出,對我們今天作爲外語的漢語教學和教材建設仍具有重要的借鑒意義。尤其是面對韓國、日本如此大量的漢語教學需求量,加強這方面歷史的借鑒研究更爲必要。

吳麗君(2003a)《〈琉球官話課本研究〉評述》、(2003b)《一部研究琉球人漢語教育的專著——瀨戶口律子的〈琉球官話課本研究〉》二文認爲,瀨戶口律子所著《琉球官話課本研究》一書爲對外漢語教學史的研究,特別是對日漢語教學史的研究提供了重要資料。瀨戶口教授這種由史料入手的研究,對於我國學者研究近代官話史、中國方言史,以及近代共同語與方言間的相互融合、相互影響,無疑都具有重要的史料價值。

林少駿(2003)《清代琉球來華留學生之研究》以清代琉球來華留學生爲研究中心,考察了清代琉球留學生從選拔,到入北京國子監讀書,以及最後回國報效的整個過程。該文着重分析了薩摩藩在留學生派遣中的影響、官生的選拔考試、琉球留學生的中國教師,以及琉球留學生回國對琉球社會發展所做的貢獻等方面問題。

羅小東、瀨戶口律子(2007)《明清時期琉球國的漢語教育》一文對明清時期琉球國的漢語教育情況作了介紹,包括琉球國人通過何種途徑學習漢語、漢文化,以及學習的內容、課本及方式等。

李丹丹(2012)《清代翻譯、改編的漢語口語課本類型》介紹了清代包括中國人在内各國譯者翻譯改編的 5 種漢語口語課本類型及其代表作品,并討論了其在漢語第二語言教學史和中國翻譯史上的地位。文中認爲,《學官話》是以《官話問答便語》爲底本改寫的,《學官話》的篇幅較短,語言也更淺白。《人中畫》則改寫自以清擬話本小説嘯花軒本《人中畫》爲代表的母本系統,在改寫爲琉球人學漢語的課本時按照當時的實際語言進行了修改。

王琳(2014b)《琉球官話系列課本的價值、特徵及其歷史影響》,在着重分析了琉球官話課本作爲對外漢語教材基本特徵的基礎上,探討了其在漢語第二語言教材發展史上的意義及影響。文中認爲琉球官話課本的教科書價值體現在:琉球官話課本的編撰貫徹了 "會話中心主義" 的原則,并開始形成日本漢語課本編撰的傳統。日本明治時期北京官話 "會話" 課本的大量出現,可以認爲是琉球官話課本編寫傳統的延續。

潘鈃鈃(2015)《乾隆時期中國教習對琉球學生教育之探微》利用文獻檔案,以乾隆年間中國教習(國子監教習、福建教習、福建師傅)爲切入對象,分别探討了官學與私學兩種教育模式下,不同教習對琉球學生的教育及其影響。

三、文獻學、歷史學方面

徐藝圃(1994)《乾隆年間白氏飄琉獲救敘事述論》從朝貢制度、進貢航程、貢物、飄風海難救助、貿易制度、文化交流、民俗風情等諸方面揭示了八重山博物館藏《白姓問答》官話課本的歷史價值。文中認爲,《白姓問答》所反映的内容十分豐富和生動,中國難民白世雲、瞿張順以親身經歷、感受,記載下了琉球國王、地方官民對一介中國平民百姓體貼入微的關懷,歌頌了中琉兩國人民的深厚友誼。該課本在民間以手寫本的形式保存至今,成爲我們今天研究中琉歷史關係時與官文書相互印證的寶貴史料。

林萬菁(1994)《讀〈琉球官話課本研究〉》、葉青(1995)《〈琉球官話課本研究〉評介》二文對瀨户口律子的《琉球官話課本研究》作了介評。

　　徐藝圃（1996a）《新發現的研究中琉關係的重要史料——梅孫著〈漢文〉》、（1996b）《來華琉球難民的"急救篇"——〈漢文集〉内容評述》二文，分别對八重山博物館藏官話公文寫作例文集《漢文》（即竹原家文書本）和《漢文集》（即慶田城家文書本）作了介紹，肯定了這些公文範本在歷史研究上的價值。

　　李煒、李丹丹（2007）《從版本、語言特點考察〈人中畫〉琉球寫本的來源和改寫年代》一文，對《人中畫》琉球寫本的來源和改寫年代進行了研究，認爲《人中畫》琉球寫本來源於《人中畫》嘯花軒本；《人中畫》琉球寫本的語言特點與《白姓官話》非常相似，與《人中畫》嘯花軒本差異較大，其改寫年代應與《白姓官話》的編寫年代（1750年）相近。

　　王振忠（2009）《清代琉球人眼中福州城市的社會生活——以現存的琉球官話課本爲中心》認爲，從迄今尚存的琉球官話課本來看，清代琉球人以琉球館爲中心，生動描繪了福州城市的社會生活，其中涉及諸多側面，可以從獨特的角度瞭解清代中小城市民衆的日常生活。琉球官話課本不僅是方言研究的珍貴資料，而且對於清代城市生活史的研究，亦具有相當重要的史料價值。從社會文化史的角度對琉球官話課本歷史内涵的發掘，亦能更好地理解清代的琉球官話。

　　張全真、比嘉清松（2010）《〈白姓官話〉所載史實考》將《白姓官話》課本記載的故事與《歷代寶案》《清代中琉關係檔案續編》記載作了列表對比，同時對其中的進貢史料作了羅列。

　　范常喜（2016a）《法政大學冲繩文化研究所赤木文庫藏琉球官話課本〈廣應官話〉述略》，對琉球官話課本《廣應官話》兩種抄本作了比較研究。通過比較發現，赤木本《廣應官話》與天理本同屬琉球寫本，但有部分内容彼此所無。兩抄本共有内容的部分，其用字、用詞、語序、注釋等方面也均存在不少差異。赤木本不僅可以糾正天理本的一些訛誤，而且還可以借此窺見《廣應官話》在使用過程中的種種增减删改情形，爲研究者更好地利用琉球官話課本提供了更多的參考視角。

范常喜（2016b）《赤木文庫藏琉球官話課本〈廣應官話〉中三則清代閩琉交流史料考述》，詳細考辨了赤木本《廣應官話》中保留的三則清代閩琉交流史料：一則是見於《歷代寶案》的閩縣林合興商船杠棋清册，屬於雍正十年（1732）中琉海難救助史料；另一則是雍正時期閩中進士劉敬與和琉球人的友好交往記録；最後一則是閩地流行的《新刻官音彙解釋義音注》等官話正音書的引文，屬於乾隆時期閩琉文化交流的史料。這些史料一方面説明了琉球官話課本語料來源的複雜性，另一方面也體現出其在閩琉交流史研究中的特殊價值。

四、國内研究小結

綜合以上梳理可知，國内對琉球官話課本的研究集中在官話語言方面，語音、詞彙、語法、文字諸方面均有所涉及，但以語法類成果爲多。如李煒、瀬户口律子（2007），李丹丹、李煒（2008），李丹丹（2008ab），李煒、王琳（2011），李煒等（2015）等等。上述成果在對琉球官話課本語言事實細緻描寫的基礎上，將琉球官話課本置於縱向的歷時坐標及横向地域坐標進行考察，注意與同時期的官話、方言材料對比，同時參照當今方言田野調查所得的語言事實，采用歷史比較法和類型學兩種方法，進行了多維度的比較研究。

國内對琉球官話課本的研究還體現在官話教育方面，如王慶雲（2003）、王琳（2014b）。這些成果大都是在當前國際漢語教育大背景下產生的。此外，還有一些成果着力於琉球的官話教育體制和官生、勤學人的赴華學習等教育史方面，如徐恭生（1987）、董明（1996、2001）、林少駿（2003）、羅小東、瀬户口律子（2007）等。相對來説，國内從文獻學、歷史學角度對課本的研究比較少見，僅見李煒、李丹丹（2007），徐藝圃（1994、1996ab），王振忠（2009），范常喜（2016ab）數篇論文。

與日本學者的研究相比，國内學者一般不易目驗課本原件，所以研究主要集中在官話語言方面，研究視野相對狹窄，對課本諸種異本的認識不夠深入，也尚未能對課本的編撰過程、深層文獻結構、課本語料的承襲與改換等複雜文本問題進行探討。此外,課本中的大量使用者注記材料尚未引起國内學者足夠的重視。而且由於缺乏琉球語知識背景,國内學者對遍布其中的琉球語注釋大都視而不見。這些局限都在一定程度上影響了國内研究的進一步深入。

第三節　研究展望

綜上所述,從 1917 年至 2016 年,百年來在中日學者的共同努力下,琉球官話課本的研究已取得了豐碩的成果,同時也涌現出許多優秀的研究專家,如佐藤晴彦、瀨户口律子、木津祐子、李煒等。但是整體看來,以往對某一收藏機構的某些課本影印較多,全面的搜集整理校注少;對課本的一般性介紹多,深入的文獻學研究少;官話語言方面的成果多,國際漢語教育史、歷史學等方面的研究少。因此,我們認爲,將來對琉球官話課本的研究可以在以下五個方面繼續深入。

一、搜集與影印方面

由於各家統計的標準不一,同時也不斷有新的課本被發現,關於現存琉球官話課本的種類、名稱和數量等,諸家統計結果多有出入,至今仍無一個準確數字。對於各抄本的收藏信息及具體内容的介紹,各家也存在不少抵牾之處。因此,摸清現存課本的種類、數量和現藏情況,編成目録索引,并對各抄本撰寫詳細的文獻提要,仍將是目前需要完成的首要任務。

在上一步工作的基礎上,聯繫各地收藏機構,通過拍照複製將現存全部課本影印出版。目前,部分琉球官話課本已經得到影印,如關西大學長澤文庫所藏《中國語會話文例集》等四種,京都大學文學部所藏敦厚堂本《人中畫》與《白姓》,天理大學圖書館所藏《官話問答便語》《學官話》《白姓官話》《琉球官話集》等。但是仍有大量十分重要的課本抄件尚待影印,如:天理大學所藏《人中畫》五種,新發現的森槐堂本《白姓官話集》與《學官話》;東京大學所藏《人中畫》四種;冲繩縣立博物館藏《呈稟文集》；八重山博物館藏竹原家文書本《漢文》、慶田城家文書本《漢文集》；琉球大學附屬圖書館藏宮良殿内文庫本《漢文集》等等。

　　現存課本雖然多爲同一種課本的別抄本，主體内容基本一致，但是因當時課本抄寫者或者使用者的不同，不僅導致課本正文部分存在不少差異，而且還保留了大量使用者各自的筆記和注釋，所以現存任何一個課本的抄件都有其獨特性，均應得到影印出版。此外，由於許多課本中保留的使用者注記多有朱、墨兩種顏色，同時所注文字也都比較細小模糊，因此建議將來影印出版時需用彩色，并將小字以及模糊之處作放大處理後附於當頁之中。

二、整理與校注方面

　　現存絶大多數琉球官話課本都有多個抄本，如《白姓官話》有 8 個抄本，《學官話》有 3 個抄本。各抄本間不僅都存在不同程度的異文、錯訛等問題，而且每個抄本的天頭、行間等位置還保留着不同使用者所作的各種中日文注記與標識符號。因此，如果不對每種課本作一番全面細緻的校理工作，仍然不方便各領域的研究者使用。以往已有學者對部分課本做過解説、轉録、索引等工作，如宮良當壯對天理本《琉球官話集》的整理；瀬戸口律子對天理本《官話問答便語》《學官話》《白姓官話》的翻譯和解説；木津祐子對法政大學赤木文庫本《官話問答便語》的校勘等等。但以上所做整理相對簡單，除了木津祐子的成果外基本上不包含應有的校勘與注釋工作。此外，以往的整理也大都未能包括抄本的天頭、行間保留下來的大量使用者注記文字與符號。

　　因此，搜集齊全現存各種課本的異本，擇其善者爲底本，在全面比勘的基礎上，整理出版每種課本的校注本仍是將來研究的重要基礎工作。將來在整理過程中，不僅應當充分注意不同抄本間的異文信息，而且還要對課本中的錯訛、難點字詞、各類專名、背景史料等進行校注説明。此外，將來的整理工作還要將課本行間、頁眉等處保留下來的各類使用者注記與符號納入其中，争取能爲研究者提供最爲完整的文獻信息。

三、深層次文獻學研究方面

以往從文獻學角度對課本所做研究主要集中在基本文獻信息的介紹方面,事實上課本自身的文獻問題仍然很多。譬如,課本在使用過程中留下的大量使用者校改與注釋材料,以往研究者較少關注。這些校注材料是當時琉球人在使用該教材時的真實記錄,我們不僅可以據之瞭解當時琉球人在使用過程中對課本的修改,深入瞭解課本文獻生成的複雜性,而且通過對字詞的注釋內容還可以反觀當時琉球人學習漢語的重點與難點等等。因此,將來應該加大對課本中保留下來的校改與注釋材料的研究。

又如,琉球官話課本《人中畫》所據母本爲近於嘯花軒刻本的刊本系統,雖然絕大多數文字經過了改寫,但琉本《人中畫》未作改寫的回目名稱、詩詞等內容可以直接用作嘯花軒本的校勘;經過改寫的敘述性語句和人物對話,也可以經過比對找出其改寫規律後用於校勘;琉球寫本保留的一些使用者注記也可以用作對嘯本的校勘。因此琉本《人中畫》對現存嘯花軒本《人中畫》仍有多方面的校勘價值。通過琉本的比勘,可以令嘯花軒本《人中畫》中的部分錯訛得到糾正,部分缺文得到補足。

此外,各種課本異本之間的比較,深層文獻結構的細緻分析,課本中的識語、雜頁等內容的重新整理和發掘,均應成爲今後從文獻學角度進行研究的重點。

四、國際漢語教育史研究方面

琉球官話課本本即琉球人學習漢語官話的教材,因此理應從國際漢語教育史角度進行深入研究。從國際漢語教材的編寫角度來看,琉球官話課本已經是體系完備的系列教材,詞彙手册、會話課本、閱讀課本、寫作教程四類課本構成了一個完整的教材體系。就單種課本來説,《廣應官話》已具備了國際漢語教材"生詞→句型→課文"的結構雛形;《漢文集》《呈稟文集》均屬應用文寫作課本;《白姓官話》是專門用於救助飄風遭難到琉球的中國人而編寫的應急救難漢語教材,《條款官話》是專門的外交漢語教材,二者均當歸入專用漢語教材,是教材細化和成熟的表現。

琉球官話課本內容具有較强的科學性、實用性、真實性和趣味性,語言點設置循序漸進、話題長短有序、文化知識多少適中,整體上表現出編者比較先進的編寫理念和較高的編寫水準,足可爲當下的教材編寫提供參考。與明清時期朝鮮半島的官話教科書以及日本長崎的唐話課本等同時期國際漢語老教材相比,琉球官話課本呈現出許多本土化的地域性特色,具有很高的教材史研究價值。

除此之外,明清時期琉球的官話教育史料相對缺乏,官方的記載也多失於籠統,當時官話教學的具體細節并不清楚。琉球官話課本中則保留了許多鮮活的官話教學史料,可以在一定程度上彌補官方失記的缺憾。這些教學史料包括嚴厲的官話教師、種類多樣的官話教材與參考書、福州琉球館內勤學人的官話教學情況、琉球國內久米村天妃宮的學堂教學情形、琉球國內的官話考試等內容。

可見,從國際漢語教育史、官話教學史等角度對琉球官話課本進行研究,也將是今後應當尤其注意的領域。

五、相關史料考證方面

琉球官話課本中許多內容取材於真實的歷史事件,其中所涉及的人物、故事等多有可考。譬如,《白姓官話》所述事迹即見於《歷代寶案》所記乾隆十五年的唐船漂着事件,平和彦、徐藝圃、木津祐子等學者都已據此作了多方面的考證與研究,揭示了《白姓官話》的史料價值。王振忠也認爲,《學官話》等琉球官話課本以琉球館爲中心,生動描繪了福州城市的社會生活,其中涉及諸多側面,對於清代城市生活史的研究亦具有重要意義。

此外,課本中包涵的科舉、民俗、貢船、地震、移民、中琉交流等方面的史料仍然尚多,都非常值得進一步深入考索。將來應當爭取更多不同學科背景的學者參與到課本的研究中來,切實加强其中所存諸種史料的考證與探研,以進一步充實和豐富課本的研究內涵。

第三章　文獻學考察

第一節　新見森槐堂本琉球官話課本考述

　　2016 年 5 月 8 日，我們利用在大阪參加"東亞文化交涉學會第八屆年會"之機，赴天理圖書館考察了該館所藏琉球官話課本。本次考察除了核查以往研究中所用各複本之原件以外，還意外發現了兩冊未見研究者注意的琉球官話課本抄本，即森槐堂本《學官話》和《白姓官話》。下面將這兩冊抄本略作考述，望能引起學界的注意。由於新發現的這兩冊課本封面上均有"森槐堂"題記，爲了與以往發現的其他課本抄本相區別，姑且以"森槐堂本"稱之。

一、森槐堂本《學官話》

（一）基本文獻信息

　　《學官話》亦題作《尊駕》，成書時代或考定爲 1797 年①。以往發現的《學官話》共有三種抄本，天理大學圖書館藏兩種，分別題作《學官話》和《尊駕白文》②。關西大學圖書館長澤文庫藏一種，題作《學官話》③。

---

①　瀨戶口律子、李煒：《琉球官話課本編寫年代考證》，《中國語文》2004 年第 1 期，第 77～84 頁。按：課本中的語料相對複雜，有些語料顯然來源較早，故將《學官話》整個課本的成書時代推定爲 1797 年不一定合適，很可能許多語料遠在此之前已經進入了課本，晚期的語料爲後來使用者所增補。

②　天理圖書館編：《天理圖書館稀書目録·和漢書之部第三》，天理大學出版部，1961 年，第 271 頁；高津孝、榮野川敦編：《增補琉球関係漢籍目録》，斯文堂，2005 年，第 55 頁。

③　奧村佳代子：《『學官話』の語彙概観——関西大学長澤文庫蔵琉球官話資料『學官話』について》，內田慶市編著《関西大學長澤文庫蔵琉球官話課本集》，關西大學東西學術研究所，2015 年，第 15 頁。

本次考察中新發現的森槐堂抄本《學官話》,紙捻螞蟥絆裝 1 册,23cm×13cm,首尾完具。書根墨書"尊駕"二字,館藏編號爲 827-181。封面呈深褐色,左肩墨書題名"尊駕",左下角"全",右上"本紙",中間偏下"森槐堂"。扉葉正面右下角鈐贈書章一枚,其上文字爲"昭和廿年十二月三十日寄贈中山正善氏",反面上部中間位置墨書"四拾六牧"①。正文首葉正面天頭位置分別鈐有橢圓形入藏章和方形收藏章。入藏章中文字爲"天理圖書館昭和廿一年七月三日",中間編號爲"166547",收藏章爲"天理圖書館印"(篆書陽文)。正文首葉正面右側單獨一行題名"學官話",下部鈐方形小朱印二枚,印文分別是"述勃"(篆書陰文)和"珠園"(篆書陽文)。正文最後一葉反面尾端鈐"月明莊"(篆書陽文)方形朱印一枚。該抄本正文共 47 葉,每半葉 8 行,每行 20 字。内文均施朱書圈點,標記聲調和句讀,天頭、行間留有不少使用者注記。具體參見節末附錄一。

根據抄本上所鈐寄贈章、入藏章可知,森槐堂本《學官話》於昭和二十年(1945)12 月 30 日由中山正善寄贈,昭和二十一年(1946)7 月 3 日正式入藏天理圖書館。中山正善(1905~1971)是天理教的第二代"真柱"(繼承教祖血統的最高領導人),對天理圖書館的發展起了決定性作用。此人曾在東京大學修習宗教學,是一位極具學者氣質的人物。他個人藏書也十分豐富,主要着眼於各類宗教書籍,同時廣泛選擇人文書籍,以此構成天理圖書館的藏書基礎。"二戰"後 1945~1950年間,日本國内典籍流散,天理教作爲新興宗教獲得政府財力支持,因此得以購置大量各類珍本書籍,遂使天理圖書館在短短幾十年間一躍成爲日本藏書最爲豐富、珍藏寶物豐碩的大圖書館②。在中山正善大力搜求書籍期間,反町茂雄(1901~1991)的協助和指點起到了關鍵作用。反

① 按:此處"牧"當爲"枚"之誤寫,另外,正文共計 47 葉,故知此處"四十六枚"少計了 1 枚。

② 參見嚴紹璗:《漢籍在日本的流布研究》,江蘇古籍出版社,1992 年,第 326~329 頁;黄仕忠:《日本所藏中國戲曲文獻研究》,高等教育出版社,2011 年,第 73 頁。

町茂雄是日本著名舊書店"弘文莊"的主人，同時也是著名的文獻學家、漢學家，與中山正善"同氣相求"，保持了四十餘年的良好私人關係，爲其成功搜購各類稀見珍本圖書提供了巨大幫助①。森槐堂本《學官話》卷末所鈐"月明莊"印即爲反町茂雄"弘文莊"書店的用印②。此外，天理大學圖書館所藏《琉球官話集》抄本卷末也鈐有該印。據宮良當壯介紹，此書也是經由反町茂雄的"弘文莊"舊書店購入③。綜合這些信息可知，森槐堂本《學官話》是由中山正善從弘文莊主人反町茂雄處購得後，又轉贈給了天理圖書館。

　　森槐堂本《學官話》正文首葉正面右下角所鈐"述勃"和"珠園"二印，可以爲抄本使用年代的推定提供綫索。查核琉球久米系家譜可知，王姓家譜（上運天家）第九世有名"述勃"者。家譜中關於此人的記述如次："九世述勃，童名思平藏，字珠園，行一，嘉慶四年己未（1799）四月初七日生。父景禄，母鄭氏。……嘉慶十五年庚午（1810）二月十三日升若秀才，嘉慶十八年癸酉（1813）二月初三日結欵髻升秀才，道光四年甲申（1824）十二月初一日連通事升若里之子。道光五年乙酉（1825）三月爲讀書習禮事，奉憲令隨在船都通事毛超敍奧間里之子親雲上坐駕接貢船，九月十二日那霸開船，十七日到閩從師習業。"④ 據此可知，"述勃"和"珠園"二印應即琉球久米村王述勃（1799～1825後）的私印，森槐堂本《學官話》很可能即王述勃曾經使用的官話課本。

①　西田毅：《昭和初期の古典籍移動史——反町茂雄「古書肆の思い出 1 修業時代」を讀む》，《同志社法學》第 37 卷第 6 號，1986 年，第 109 頁；高田時雄：《近代日本之漢籍收藏與編目》，《2004 年古籍學術研討會論文集》，輔仁大學，2004 年，第 10 頁。

②　鈴木德三、柴田光彦、雲英末雄編：《增訂版弘文莊待賈古書目総索引》卷首所附"弘文莊印譜・1"，八木書店，1998 年；渡邊守邦、後藤憲二編：《新編藏書印譜》，青裳堂書店，2001 年，第 261 頁；金程宇：《日本藏書印索引稿（印文篇）》，《域外漢籍叢考》，中華書局，2007 年，第 331 頁。

③　宮良當壯著，喜舍場一隆編：《宮良當壯全集 10：琉球官話集》，第一書房，1981 年，第 143～146 頁。

④　那霸市企畫部市史編集室編集：《那霸市史・資料篇・第 1 卷之 6・家譜資料二（下）・久米系》，那霸市企畫部市史編集室，1980 年，第 21 頁。

此外,抄本封面所書“森槐堂”也可以爲此提供旁證。據家譜記載可知,琉球久米村的王姓始祖爲福建漳州瀧溪縣人王立思,明代萬曆十九年(1591)奉聖旨遷往中山以補三十六姓。漳州王姓族譜中常見的堂號爲“三槐堂”和“勅槐堂”[①],遷到琉球久米村王姓各支系的堂號也沿襲了這一命名傳統,其堂號中間均嵌以“槐”字,如大宗國場家“三槐堂”,上運天家“敕槐堂”,グシ宮城家“茂槐堂”,大田家“巨槐堂”等[②]。由此亦可證明,抄本封面所書“森槐堂”應即久米村王姓支系的堂號。不過需要説明的是,王述勃屬小宗上運天家這一支系,其堂號本應是“敕槐堂”,但該支系第八世有長子王景福和次子王景禄二人,而第九世王述勃爲次子王景禄之長子,估計後來繁衍分出,故而另立了“森槐堂”的新堂號。

(二)文獻價值

與以往發現的其他三個抄本相比,森槐堂本《學官話》在内容方面并無實質性不同,祇不過因抄手的不同在異體字、簡俗字使用方面有所差異。與以往抄本的最大不同在於其天頭、行間等位置所留下的大量注記,這些注記主要是當時使用者用同音字對課本中的疑難字詞所標注的讀音,共有 161 處,具體參見節末附録二。以往發現的天理本《尊駕白文》因屬白文本,故其上除了一些校改痕迹外,留下的使用者注記祇有 10 處,而且基本上都是注釋詞義或標明抄本異文,無一處標注讀音。原天理本《學官話》保留的使用者注記相對較多,但所注内容與森槐堂本大都不同。關大本《學官話》則無任何使用者注記。相對而言,森槐堂本《學官話》中保留了大量的官話注音材料,而且這些注音很可能即王述勃(1799 ～ 1825 後)在 1815 年前後學習官話時所加。這些年代信息相對明確的注音材料正是研究當時官話音的珍貴語料。

[①]　楊玉華:《琉球與福建的歷史文化情結——物與文化認同的人類學研究》,福建師範大學碩士學位論文,2015 年,第 28 頁。

[②]　參見:王姓門中會(槐王會)網站,http://www.ouuji.jp/ 世系圖トップ/。

　　經初步考察發現,這些注音材料首先體現了北方官話的一些特點,如見系細音字已經齶化,音注例字如"鞋(舌)、義(詩)、綢(求)、挣(見)、圈(船)"等。同時更多地體現出受福州方言音系影響的語音特點,如中古曉匣紐字與輕脣音相混,例字如"縫(紅)、混(分)、灰(非)"等。齒頭音聲母與正齒音聲母不分,例字如"催(吹)、粗(初)、酸(雙)、慘(昌)、攙(參)、灑(要)、摘(則)、逐(足)、粟(叔)"。中古的日母字變讀爲零聲母,例字如"軟(遠)、饒(要)、贏(人)"。三種鼻音韻尾混而爲一,例字如"嗳(青)、頑(王)、磚(莊)、竟(近)、賓(兵)、鴒(林)"等。三種入聲韻尾没有分別,例字如"寂(集)、割(各)、曆(立)、跌(帖)"。以上反映出的這些語音特點説明,當時琉球人學習的官話是清代帶有濃厚地方色彩的福州官話音,這與以往通過分析其他琉球官話課本中此類注音材料所得出的研究結論基本一致[①]。

　　值得一提的是,以往琉球官話課本中的音注材料反映出的官話語音系統中尖團音涇渭分明[②],但森槐堂本《學官話》中所保留的注音材料中見系細音字與精組細音字已無區別,即不分尖團音,例字如"鉗(錢)、慶(青)、具(取)、井(今)",體現出更多的北方官話色彩。前文已指出,王述勃生於1799年,加注到課本上的時間可能在其學習官話的1815年左右。清代雍正、乾隆時期在閩地大力推廣官話正音[③],北方官話的影響力也越來越大,這勢必會影響到當地的官話學習。森槐堂本《學官話》中保留的注音材料體現出更多的北方官話特點可能正與此有關。

---

①　陳澤平:《試論琉球官話課本的音系特點》,《方言》2004年第1期,第47～53頁。

②　陳澤平:《試論琉球官話課本的音系特點》,《方言》2004年第1期,第50～51頁。按:陳先生在文中也提到有兩例例外,分別是"欠(前)"和"簪(講)"。陳先生認爲這兩例"應該可以看作是偶然的誤讀"。現在看來,琉球人所學官話音可能本來已呈現出尖團不分的趨勢。

③　雍正六年(1728),清政府重點針對閩粵兩省不通官話的官員們,頒布了"諭閩廣正鄉音"諭令,這促使閩粵兩地遍設教授官話的正音書院,正音讀本也隨之應運而生,官話正音在當地得到大力推廣。參見鄧洪波:《正音書院與清代的官話運動》,《華東師範大學學報(教育科學版)》1994年第3期,第79～86頁。

二、森槐堂本《白姓官話》

（一）基本文獻信息

《白姓官話》或題作《白姓》。該書基於真實的歷史事件編寫而成[①]，是一部琉球人爲了救助海上飄風遭難的中國人而編寫的專用漢語課本。以往發現的《白姓官話》共有七種抄本[②]。新發現的森槐堂本《白姓官話》，紙捻螞蟥絆裝 1 册，23.5cm × 13cm。書根自書脊至書側寫"白姓學生"，但"學生"二字已被塗掉，館藏編號爲 827-179。封面呈深褐色，左肩題"白姓"，左下角"全"，右上"本紙"，中間偏下"森槐堂"。封裏上部中間墨書"五拾四牧"[③]。封面、封裏上的字迹與前述《學官話》相應位置上的字迹相同，顯爲一人所書。扉葉正面右下角鈐贈書章一枚，其上文字爲"昭和廿年十二月卅日寄贈中山正善氏"。卷前林守超序文及卷末瞿張順呈文全，首尾完具。林守超序言首葉天頭位置鈐有橢圓形入藏章，其上文字爲"天理圖書館昭和廿一年七月三日"，中間編號爲"166546"。正文首葉天頭右側鈐方形收藏章"天理圖書館印"（篆書陽文）朱印，右側單獨一行題名爲"白姓官話集"。正文最後一葉尾端鈐"月明莊"（篆書陽文）朱印。抄本正文共計 57 葉，每半葉 8 行，每行 20 字，共約 18000 字。內文均施朱書圈點，標記聲調和句讀，天頭位置留有不少使用者注記，基本上都是用同音字對課本中疑難字的注音。具體參見節末附錄三。

根據抄本上所鈐入藏章可知，該抄本同樣於昭和二十年（1945）12 月 30 日由中山正善寄贈，昭和二十一年（1946）7 月 3 日正式入藏天理圖書

---

① 參見乾隆十六年（1751）八月二十日福建巡撫潘思榘爲琉球國進貢事題本，中國第一歷史檔案館編：《清代中琉關係檔案續編》，中華書局，1994 年，第 176 ～ 184 頁。

② 木津祐子：《『白姓』の成立と傳承——官話課本に刻まれた若き久米村通事たち》，《東方學》第 115 輯，2008 年，第 123 ～ 140 頁；高津孝、榮野川敦編：《增補琉球関係漢籍目録》，斯文堂，2005 年，第 20、47、54、53 頁。

③ 按：此處"牧"當爲"枚"之誤寫，另外，正文共計 57 葉，故知此處"五拾四枚"少計了 3 枚。該抄本最後 3 葉內容是瞿張順呈文，估計未將此 3 葉計入。

館。抄本末尾所鈐“月明莊”印説明,該抄本也是中山正善從弘文莊主人反町茂雄處購得後,又轉贈給了天理圖書館。這些信息均與前述《學官話》相同。雖然此抄本未見“述勃”與“珠園”二印,但從其封面、封裏及内文天頭所存注記文字的字迹來看,顯然與前述《學官話》相同,因此森槐堂本《白姓官話》應該也是王述勃使用過的課本。

（二）文獻價值

與前述《學官話》情况相似,森槐堂本《白姓官話》在内容方面與以往發現的七個抄本并無實質性不同,衹是在一些異體字、簡俗字使用方面因抄手的不同而有所差異。該抄本與以往諸本最大的不同同樣在於其天頭所存注音材料,共有 248 處,具體參見節末附録四。以往發現的七個抄本中,以八重山博物館藏武島利子家文書《白姓》中保留的漢字注記最多,但注記内容多以釋義爲主,而且該本殘破過甚,不便利用,其他六個抄本所保留的注記都非常稀少。前文已指出,從字迹來看這些注記很可能也是王述勃所作,那麼其施加的具體年代可能也是在1815 年左右,因此同樣屬於珍貴的官音研究語料。通過考察發現,其體現的官話語音特點與前文對《學官話》注音字的分析相一致,故此不再贅述。

此外,該抄本正文首葉自題名爲“白姓官話集”,非常值得注意。此名雖然與以往發現的七個抄本都不同,但曾見於早期研究者的記述。武藤長平(1879 ～ 1938)於日本大正五年(1916)赴冲繩訪書,旋即寫成《琉球訪書志》《薩藩及び南島の支那語學獎勵》兩篇文章,文中根據作者的實地考察,將他在首里府、久米村、宫古島、八重山島、石垣島等地見到的琉球官話課本一一作了介紹。隨後這兩篇文章又收入作者所著《西南文運史論》一書,并附有一些課本的照片[①]。“二戰”之後,冲繩古書所存無幾。武藤長平著作中保存的課本資料成爲以後研究的重要參考。

武藤長平在文中談到:“采訪首里的普天間氏,宫古島的某氏,石垣島

---

① 　武藤長平:《西南文運史論》,岡書院,1926 年,第 60 ～ 62、185 ～ 203 頁。

的金城、宮城、大濱氏（唐通事世家）各家，看到的主要支那語學習書，不外乎是《二字話》《三字話》《四字話》《五字話》等抄寫本，或久米村人爲學官話特編的《官話集》。該《官話集》曾在冲繩縣的縣立圖書館看過。另外，還有在宮古島和首里看到的被稱爲《白姓官話集》和《尊駕》的琉球特有的支那語教習古本官話集。"[1]

　　根據武藤長平上述記述可知，他曾在宮古島和首里府看到過《白姓官話集》，但以往從未發現名爲"白姓官話集"的琉球官話課本，所以這一記載頗令人生疑，現在森槐堂本的發現證明武藤長平的這一記述準確可信。武藤長平在冲繩訪書之時還購買了不少官話課本，《白姓官話集》很可能也在其中。1938 年武藤長平逝世後，其所購藏的部分課本轉賣給了反町茂雄的弘文莊舊書店。現在法政大學冲繩文化研究所赤木文庫所藏三種琉球官話課本《官話問答便語》《廣應官話》《琉球二字官話集》均爲武藤長平的舊藏，其上都鈐有"武藤"私印，這三種課本的求售信息都曾出現在《弘文莊待賈古書目》第 14 號上[2]。由此推測，題名作"白姓官話集"的森槐堂本《白姓官話》不排除也是武藤長平舊藏的可能。武藤長平逝世後，此書售予了反町茂雄的弘文莊舊書店，最終又經中山正善入藏於天理圖書館。

三、本節結語

　　以上我們對新發現的森槐堂本《學官話》和《白姓官話》作了介紹和考述，通過考證可知，這兩册抄本極可能是琉球久米村王述勃（1799 ～ 1825後）所用的官話課本，封面上所題"森槐堂"應即王述勃家族的堂號。兩個抄本中留下了大量使用者的注音材料，這些材料反映出更多的北方官話語音特點，是研究清代官話音的寶貴語料。

---

[1]　原文參見武藤長平：《西南文運史論》，岡書院，1926 年，第 60 ～ 61、199 ～ 200 頁；譯文參見六角恒廣著，王順洪譯：《日本中國語教育史研究》，北京語言學院出版社，1992年，第 282 頁。

[2]　反町茂雄編：《弘文莊待賈古書目》第 14 號，弘文莊，1940 年，第 169 頁。

　　森槐堂本《學官話》和《白姓官話》首尾完具,字迹嚴整,封面標有明確的使用者堂號"森槐堂"。《學官話》正文首葉還鈐有兩枚使用者王述勃的私印,使用年代比較明確。《白姓官話》首葉自題名爲"白姓官話集",印證了20世紀初武藤長平著作中相關記載的可靠性。此外,與以往學界常用的天理本《白姓官話》相比,森槐堂本完整地保留了卷前林守超序文及卷末瞿張順呈文,比原來的本子更加完整。由此可見,森槐堂本《學官話》和《白姓官話》與本館所藏其他琉球官話課本一樣均應視作善本古籍。但是天理大學圖書館將其誤置於"準善本"書庫,遂致《天理圖書館稀書目録》未予收録,因而學界也一直未能留意到這兩個抄本。

　　琉球官話課本的研究已逾百年,經過學者的不懈努力,以往已經發現的課本抄本也不足40個,其中還包括不少殘本和劣質抄本。現在又發現了兩册新抄本,而且抄寫精良,保存完整,這無疑將會進一步充實琉球官話課本的研究内容。這同時也啓示我們,將來仍有發現新的琉球官話課本的可能。

本節附録一:森槐堂本《學官話》基本文獻信息截圖

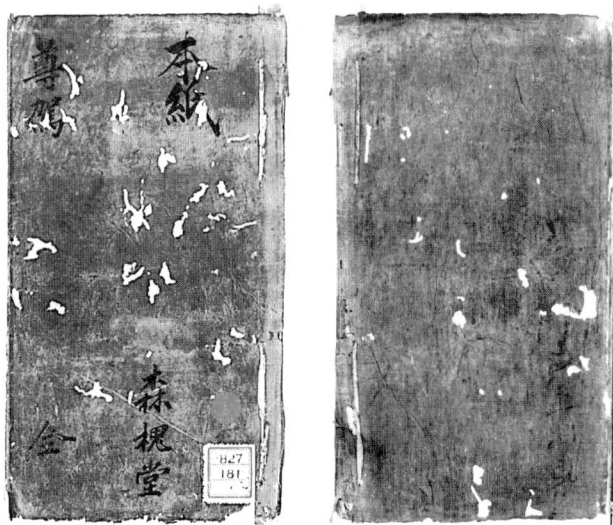

封面與封底

扉葉正面及所鈐寄贈章

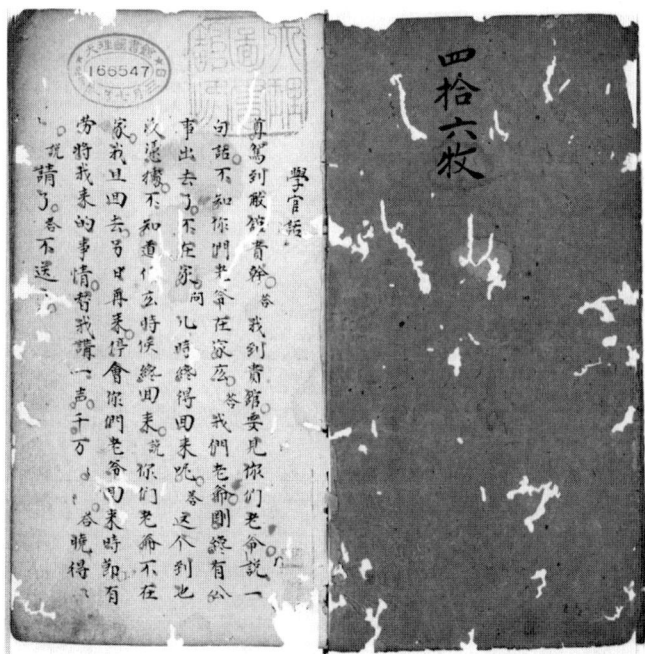

扉葉反面和正文首葉正面

正文首葉正面天頭所鈐天理圖書館入藏章和收藏章

正文首葉正面右下角所鈐"述勃""珠園"二印

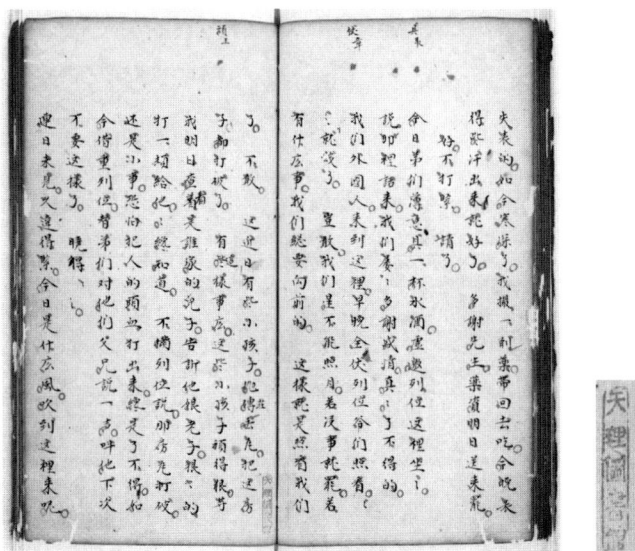

正文內葉及天頭所存使用者注記及藏書章

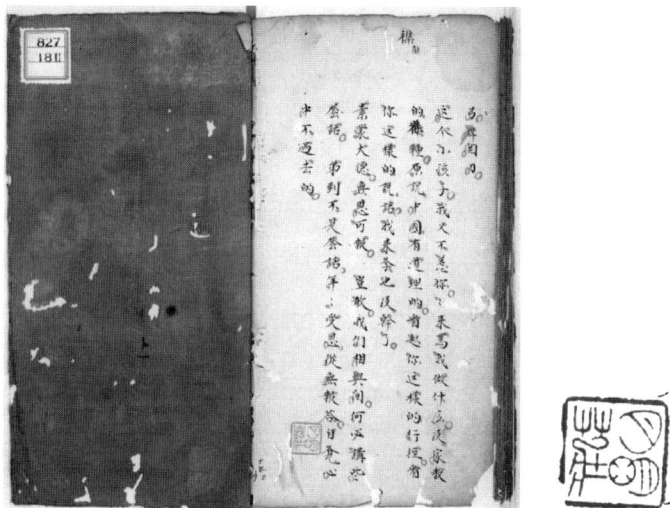

封裏、正文尾葉反面及其上所鈐"月明莊"朱印

本節附録二：天理圖書館藏森槐堂本《學官話》注音文字整理表 [1]

序號	被注音字	注音字	位置	頁碼
1	篩	衰晒	天頭	3a
2	碧	比	天頭	5b
3	稳	问	天頭	7a
4	暑	去	天頭	8a
5	慶	青	天頭	10a
6	賀	和	天頭	10a
7	椿 [2]	莊	天頭	12b

[1]　本表不包括少量校勘性質的增字、删字、改字、釋義等内容,抄本中的簡俗字儘量保留了原字形。課本抄本原無頁碼,爲引述方便,我們按今人閱讀習慣給正文編了頁碼,將原抄本一葉的正反兩面分別用 a、b 表示,如"1a"即正文第一葉正面,"1b"即正文第一葉反面。

[2]　"椿"當爲"椿"之訛。

續表

序號	被注音字	注音字	位置	頁碼
8	渾	紅	天頭	13b
9	遞	地	天頭	14a
10	催	吹	天頭	14a
11	支	之	天頭	15b
12	盛	成	天頭	16a
13	旋	選	天頭	17a
14	施	詩	天頭	17b
15	拔	八	天頭	17b
16	赴	富	天頭	18a
17	設	舌	天頭	18b
18	捭	朋	天頭	19a
19	碎	歲	天頭	19b
20	粗	初	天頭	20a
21	争	挣見	天頭	20a
22	撬	潮	天頭	20b
23	密	米	天頭	20b
24	賭	都	天頭	21a
25	嗄	青	天頭	22a
26	踏	苔	天頭	22b
27	義	詩	天頭	22b
28	觴	商	天頭	22b
29	晏	暗	天頭	22b
30	披	波	天頭	22b
31	圈	船	天頭	23b
32	研	眼	天頭	24b
33	絮	書	天頭	24b

續表

序號	被注音字	注音字	位置	頁碼
34	恙	樣	天頭	25a
35	肢	支	天頭	25a
36	暈	運	天頭	25a
37	癉	善	天頭	25a
38	痠	双	行間	25a
39	軟	遠	行間	25a
40	灢	堂	行間	25a
41	具	取	天頭	25b
42	仗	章	天頭	25b
43	頑	王	天頭	26a
44	磚	莊	行間	26a
45	拙	絶	行間	28a
46	讀^①	豆	行間	28b
47	綢	求	行間	29a
48	縫	紅	行間	29a
49	袄	傲	行間	29b
50	夾	甲	行間	29b
51	燥	哨	行間	30a
52	悽	妻	行間	30b
53	慘	昌	行間	30b
54	彝	夷遺也	行間	30b
55	搽	叅	行間	31a
56	舀	攪	行間	31a
57	秤	字典音稱去声	天頭	31b

---

① 按:據正文可知,此處"讀"爲"句讀"之"讀"。

續表

序號	被注音字	注音字	位置	頁碼
58	鞋	舌	行間	32b
59	襪	瓦	行間	32b
60	透	頭	行間	32b
61	怨	願	行間	32b
62	宵	消	行間	32b
63	跌	帖	天頭	33a
64	喇	蠟	行間	33a
65	伹	且	行間	33a
66	稤	納	天頭	33b
67	艾	礙	行間	33b
68	裹	果	行間	33b
69	碓①	兄	行間	33b
70	鵲	酌	天頭	34a
71	井	今	天頭	34a
72	瞧	樵	行間	34a
73	乞	吃	天頭	34b
74	寂	即音集	天頭	34b
75	携	喜詩	行間	34b
76	挿	雜	行間	34b
77	苪	予	行間	34b
78	梭	所	行間	35a
79	廹	百	行間	35b
80	駁	泊	行間	35b

---

① 按：據正文可知，此處"碓"當爲"雄"之誤。

序號	被注音字	注音字	位置	頁碼
81	叚	断	行間	36a
82	割	各	行間	36a
83	綹	栁	天頭	36b
84	龡	入	天頭	36b
85	竟	近	天頭	36b
86	拍	白	天頭	36b
87	乖	怪	天頭	37a
88	灶	造	天頭	37a
89	降	江	天頭	38a
90	除	取	天頭	38a
91	妗	近	天頭	39a
92	嬸	身	天頭	39a
93	斂	臉	天頭	39b
94	混	分	天頭	40a
95	紐	牛	天頭	40a
96	跟 ①	郎	行間	40a
97	蹡	將	行間	40a
98	欺	其	天頭	41a
99	廠	昌	天頭	41b
100	矮	愛	天頭	41b
101	瀟	消	行間	41b
102	洒	耍	行間	41b
103	墊	殿	天頭	42a

---

① 按:據正文可知,此處"跟"當爲"跟"之誤。

續表

序號	被注音字	注音字	位置	頁碼
104	匙	時	行間	42a
105	燄	更	行間	42a
106	瓶	平	行間	42a
107	摘	則	行間	42a
108	炉	禄	天頭	42b
109	鉗	錢	天頭	42b
110	葉	也	天頭	42b
111	逐	足	天頭	42b
112	粟	叔	天頭	42b
113	洶	兄	行間	42b
114	湧	永	行間	42b
115	滔	桃	行間	42b
116	涯	挨	行間	42b
117	朝	招	天頭	43a
118	迅	信	天頭	43a
119	寸	村	天頭	43a
120	歷	立	行間	43a
121	險	現	行間	43a
122	志	致	行間	43a
123	圖	土	天頭	43b
124	賓	兵	天頭	44a
125	慳	间	天頭	44a
126	吝	寧	天頭	44a
127	恨	狠	天頭	44b
128	捐[①]	孫	天頭	44b

① 按:據正文可知,此字當爲"損"之誤。

序號	被注音字	注音字	位置	頁碼
129	縱	象①	天頭	45a
130	饒	要	天頭	45a
131	鵲②	即	行間	45a
132	鴿	林	行間	45a
133	鴻	洪	行間	45a
134	雁	眼	行間	45a
135	頸	景	行間	45a
136	春	鐘	天頭	45b
137	鳥	傲	行間	45b
138	堵	都	行間	45b
139	堅	間	行間	45b
140	撞	狀	行間	45b
141	鳴	明	行間	45b
142	蛋	旦	行間	45b
143	麝	舍	天頭	46a
144	仔	宰	行間	46a
145	扐	傲	行間	46a
146	贏	人	行間	46a
147	逆	迎	行間	46a
148	射	麝	行間	46a
149	牖	友	行間	46b
150	龕	揕	行間	46b
151	袖	秀	行間	46b

---

① 按：此處"象"似當爲"总"之誤。

② 按：據正文可知，此字當爲"鵲"之誤。

序號	被注音字	注音字	位置	頁碼
152	線	先	行間	46b
153	虱	色	行間	46b
154	刷	耍	行間	46b
155	肩	間	天頭	47a
156	澡	早	天頭	47a
157	鐔	談	行間	47a
158	灰	非	行間	47a
159	箍	苦	行間	47a
160	掇	多	行間	47a
161	襍	雜	天頭	47b

本節附錄三：森槐堂本《白姓官話》基本文獻信息截圖

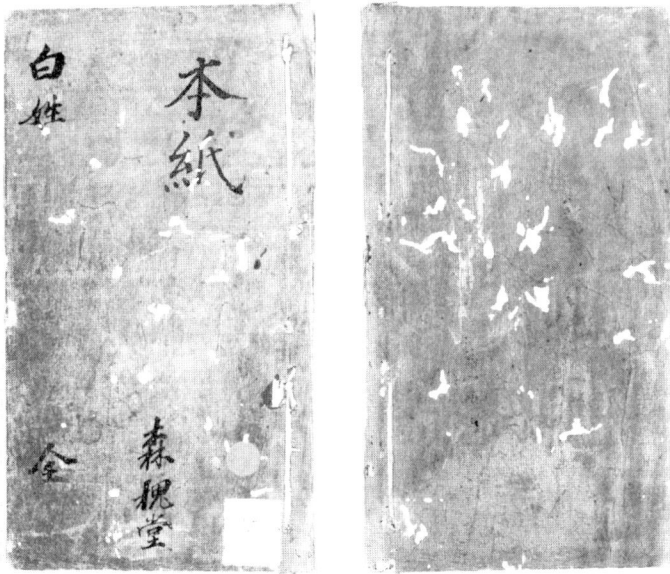

封面與封底

封裏、扉葉正面及其上所鈐寄贈章

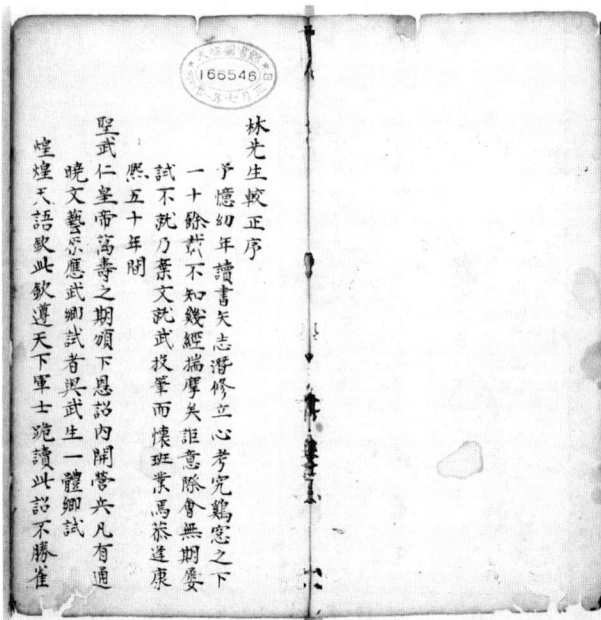

扉葉反面、序言首葉正面及其上所鈐入藏章

白姓官話集

老兄貴處是那裡人。弟是山東人。山東那一府。
是登州府萊陽縣。老兄尊姓。弟戴姓。
我名世寶。尊諱。賤字瑞昿。尊兄
是江南蘇州府常熟縣的。兄是山
東的人怎麼在他那上。因他的紳在弟歇處做買
賣年價他的紳儓戴卫了要到江南去賣故此在
他舖上。可兄們是幾時任那裡開舖呢。是旧年

扉葉反面、正文首葉正面及其上所鈐收藏章和自題書名

先生費心不要嫌煩多謝盛情邊煩到這理來承各
位先生不棄早晚看顧教事世人擅一則消解愁
悶把我想家的心腸却是大道明言記我冒狀心腸也竟怪瞭
所講的話卻是大道明言今日天承名發送下這樣東西卻
在這理並沒有一照東西
怎心理不勝感激若是不狀恐怕們見怪
發是收了自己又見那忙裡其實不安說那理
端弟門止是涯涯見寮聞並沒有明師友實我

見識你兄們都是大和人物礼義之鄉言動舉止卻
一件不是給人可勞的弟本發天心來顧教固家事
那裡不便前來欲然不狀的止略有
保潤特意來到這理請欵兄門友說領我門的教道
話又從那理說起記送那一般的小可不過是弟門
家理裁的可消掛意兄門又走被風打來没有東
西卿个不如道如已朋友不棄的那礼数事門一照
所心理吁狀下不消做這个客否。弟還有一言吾

正文內葉及其天頭所存使用者注記

腸長減間
月毛 姨妹
賒了 勝負 激及

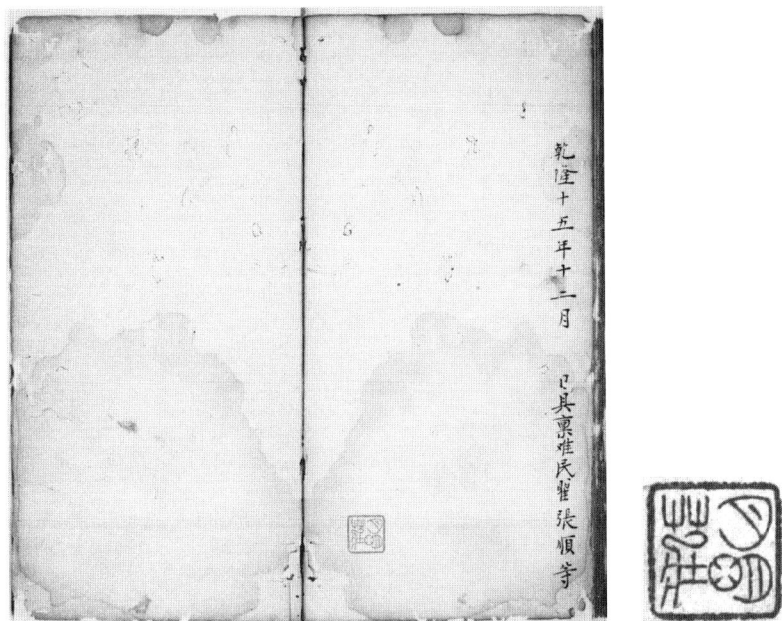

乾隆十五年十二月

已具稟姓氏雀張順筆

正文尾葉反面及其上所鈐"月明莊"朱印

本節附録四：天理圖書館藏森槐堂本《白姓官話》注音文字整理表 [①]

序號	被注音字	注音字	位置	頁碼
1	儎	音在	天頭	1a
2	桅	音為	天頭	1b
3	蓬	音朋	天頭	1b
4	勢	音世試	天頭	2a
5	典	音点	天頭	2b
6	塩	音言	天頭	3a
7	酸	音双	天頭	3b

---

① 本表不包括一些校勘性質的增字、删字、改字等内容,抄本中的簡俗字儘量保留了原
　字形。

續表

序號	被注音字	注音字	位置	頁碼
8	悲	音杯	天頭	3b
9	凶	音兄	天頭	3b
10	患	音放	天頭	4a
11	寡	瓜	天頭	4b
12	剩	圣	天頭	4b
13	賜	音事	天頭	5a
14	餘	音予	天頭	5a
15	途	徒	天頭	5a
16	遙	堯	天頭	5a
17	奔	本	天頭	5a
18	艱	見	天頭	5a
19	詳	音祥	天頭	5b
20	奏	音走	天頭	5b
21	旨	音知	天頭	5b
22	況	音放	天頭	5b
23	逢	風	天頭	5b
24	曾	前	天頭	6b
25	調	音條	天頭	6b
26	諭	預	天頭	7a
27	慚	藏	天頭	7a
28	怠	代	天頭	7a
29	屈	苦	天頭	7b
30	辱	正①	天頭	7b

① 按：估計此處注音用"正"是誤將"辱"誤識作了"辰"或"震"，正文作"辱"。

續表

序號	被注音字	注音字	位置	頁碼
31	茅	毛	天頭	7b
32	塞	色	天頭	7b
33	牆	祥	天頭	8a
34	拘	居	天頭	8a
35	炎	言	天頭	8b
36	鬭	豆	天頭	9a
37	粗	初	天頭	9a
38	旗	期	天頭	9b
39	鎗	祥	天頭	9b
40	帮	邦	天頭	9b
41	棒	半	天頭	9b
42	犯	放	天頭	10a
43	嘗	長	天頭	10b
44	撩	了料	天頭	11a
45	裁	才	天頭	11a
46	偷	頭	天頭	11b
47	齒	起	天頭	11b
48	厦	夏	天頭	12a
49	潘	盤	天頭	12b
50	菴 ①	安	天頭	13b
51	克	客	天頭	13b
52	楫	則	天頭	13b

---

① 按:即"庵"字異體。

序號	被注音字	注音字	位置	頁碼
53	岳	若	天頭	14a
54	諒	亮	天頭	14a
55	僻	必	天頭	14a
56	性	姓	天頭	14a
57	痴	知	天頭	14a
58	隅	愚	天頭	14a
59	究	旧	天頭	14b
60	及	極	天頭	14b
61	孤	古	天頭	14b
62	单	当	天頭	14b
63	崇	從	天頭	15a
64	基	知	天頭	15a
65	昆	空	天頭	15a
66	任	認	天頭	15b
67	耽	直	天頭	15b
68	哀①	笃②	天頭	15b
69	止	只	天頭	16a
70	級	及	天頭	16b
71	頓	凍	天頭	16b
72	恍	反方	天頭	16b
73	惚	忽	天頭	16b

---

① 按：據正文可知，此處“哀”當爲“衰”之誤。

② 按：該字不識。

續表

序號	被注音字	注音字	位置	頁碼
74	像	相	天頭	16b
75	兮	詩	天頭	16b
76	撇	廹	天頭	17a
77	怜	凉	天頭	17b
78	悯	民	天頭	17b
79	美	每	天頭	17b
80	席	失	天頭	17b
81	庙	妙	天頭	17b
82	哨	梢	天頭	18a
83	吴	無	天頭	18a
84	讓	樣	天頭	18b
85	新	心	天頭	19a
86	恕	寿	天頭	19b
87	應	音	天頭	19b
88	最	醉	天頭	20a
89	棄	氣	天頭	20a
90	嫌	閑	天頭	20a
91	属	叔	天頭	21a
92	妄	萬	天頭	21a
93	針	真	天頭	21a
94	毡	间	天頭	21a
95	吝	寧	天頭	21a
96	野	也	天頭	21a
97	識	失	天頭	21a

續表

序號	被注音字	注音字	位置	頁碼
98	淅①	則	天頭	21b
99	塊	快	天頭	21b
100	遲	其	天頭	22a
101	鈞	君均	天頭	22a
102	兼	間	天頭	22b
103	吵	草	天頭	24a
104	橺	間	天頭	24a
105	左	做	天頭	24b
106	匠	醬	天頭	25a
107	胆	當	天頭	25a
108	傳	船	天頭	25a
109	刻	客	天頭	25a
110	套	討	天頭	25a
111	參②	生	天頭	25a
112	沉	成	天頭	25b
113	沿	言	天頭	25b
114	穿	窓	天頭	26a
115	裳	長	天頭	26a
116	渴	可	天頭	26a
117	借	襯	天頭	26b
118	腿	退	天頭	26b

---

① 按：據正文可知，此處"淅"當爲"浙"之誤。

② 按：據正文可知，此處"參"用作"人參"之"參"。

續表

序號	被注音字	注音字	位置	頁碼
119	瘗	双	天頭	26b
120	樹	受	天頭	26b
121	歇	捨	天頭	26b
122	差①	綷	天頭	27a
123	劈	鼻	天頭	27a
124	懊	傲	天頭	27b
125	悔	回	天頭	27b
126	辜	古	天頭	27b
127	塢	長	天頭	27b
128	康	堪	天頭	28a
129	熙	詩	天頭	28a
130	埋	買	天頭	28a
131	寺	事	天頭	28a
132	院	願	天頭	28a
133	灘	談	天頭	28a
134	屯	同	天頭	28b
135	禁	正	天頭	28b
136	趑	轻	天頭	28b
137	堆	推	天頭	29a
138	碑	杯	天頭	29a
139	豎	寿	天頭	29a
140	樑	凉	天頭	29b

---

① 按:據正文可知,此處"差"用作"差遣"之"差"。

續表

序號	被注音字	注音字	位置	頁碼
141	戚	七	天頭	30a
142	戀	連	天頭	30a
143	褒	包	天頭	30a
144	獎	將	天頭	30a
145	甘	干	天頭	31a
146	蔗	这	天頭	31a
147	薯	須	天頭	31a
148	舳	今	天頭	31a
149	盛	興	天頭	31b
150	腸	長	天頭	31b
151	減	间	天頭	31b
152	冐	毛	天頭	31b
153	昧	妹	天頭	31b
154	瞭	了	天頭	31b
155	勝	興	天頭	31b
156	激	及	天頭	31b
157	淺	争	天頭	31b
158	茫	瞞	天頭	32a
159	反	恍	天頭	32a
160	栽	哉	天頭	32a
161	芹	成	天頭	32a
162	窐 ①	掛	天頭	33a

① 按:該字爲“窒”之俗寫。

續表

序號	被注音字	注音字	位置	頁碼
163	姐	借	天頭	33a
164	瘡	窗	天頭	33b
165	煮	曲久	天頭	34a
166	線	先	天頭	35a
167	食	实	天頭	35b
168	掩	言	天頭	35b
169	偷	頭	天頭	35b
170	鈴	林	天頭	35b
171	欲	油	天頭	35b
172	稀	詩	天頭	37a
173	碗	徃	天頭	37a
174	鍾	終	天頭	37a
175	伺	事	天頭	37a
176	員	元	天頭	38a
177	欽	称	天頭	38a
178	穷	春	天頭	38b
179	硫	琉	天頭	38b
180	磺	黃	天頭	38b
181	銅	同	天頭	38b
182	鋼	剛	天頭	38b
183	撫	虎	天頭	38b
184	院	願	天頭	38b
185	題	陡	天頭	38b
186	表	婊	天頭	38b

續表

序號	被注音字	注音字	位置	頁碼
187	週	周	天頭	39b
188	洪	紅	天頭	40a
189	武	五	天頭	40a
190	歷	立	天頭	40a
191	隆	龍	天頭	41a
192	測	則	天頭	41b
193	度	托	天頭	41b
194	護	咐	天頭	41b
195	抛	跑	天頭	42a
196	椗	定	天頭	42a
197	敘	恕	天頭	42a
198	危	为	天頭	42b
199	預	諭	天頭	42b
200	虞	于	天頭	42b
201	呈	成	天頭	42b
202	棺	官	天頭	42b
203	衾	今	天頭	42b
204	殯	病	天頭	42b
205	殮	怜	天頭	42b
206	葬	贊	天頭	42b
207	任	認	天頭	44b
208	憑	平	天頭	44b
209	祭	済	天頭	44b

續表

序號	被注音字	注音字	位置	頁碼
210	奠	点	天頭	44b
211	魂	紅	天頭	45a
212	饗	賞	天頭	45a
213	土	秃	天頭	45b
214	憧①	東	天頭	45b
215	烛	足	天頭	45b
216	紙	只	天頭	45b
217	酉	有	天頭	46a
218	薄	泊	天頭	46a
219	弔	吊	天頭	46a
220	齊	七	天頭	47a
221	佳	家	天頭	47a
222	瀉	寫	天頭	49a
223	肚	度	天頭	49a
224	献	限	天頭	49a
225	佛	福	天頭	49a
226	聊	了	天頭	49a
227	毒	讀	天頭	51a
228	蛇	歇	天頭	51a
229	咬	挠	天頭	51a
230	窩	呵	天頭	51a
231	舖	部	天頭	51a

① 按：據正文可知，此處"憧"爲"懂"之誤。

續表

序號	被注音字	注音字	位置	頁碼
232	匪	悔	天頭	51a
233	揀	減	天頭	52a
234	尾	委	天頭	52a
235	暫	賺	天頭	52a
236	吹	追	天頭	52a
237	牟	見	天頭	52b
238	躲	朵	天頭	52b
239	蹋	達	天頭	52b
240	篱	离	天頭	52b
241	笆	巴	天頭	52b
242	刮	寡	天頭	52b
243	啓	起	天頭	53a
244	重	從	天頭	53a
245	呀	壓	天頭	53a
246	途	塗	天頭	53b
247	廢	費	天頭	53b
248	涵	含	天頭	54b

第二節　長澤本《文例集》的文獻價值

2013 年 1 月 21 日，蒙日本關西大學圖書館館長内田慶市教授惠助，我們得睹該館長澤文庫收藏的幾種琉球官話課本，包括《百姓話》《學官話》《人中畫·終有報》《中國語會話文例集》四種。前三種課本已有學者作過零星介紹[①]，但《中國語會話文例集》（後文簡稱《文例集》）一直未被學界所知。我們看過之後發現，《文例集》中有明確的明代語料，可以將琉球官話課本的編寫年代提前到明代，從而改變我們對琉球官話課本編寫年代的既有認識，是一份十分重要的研究資料。

2013 年 9 月 22 日，在天津召開的"漢語國際傳播歷史"國際學術研討會上，内田先生介紹了這一資料。同年 10 月，又以《琉球官話の新資料——関西大学長澤文庫蔵『中国語会話文例集』》爲題將此資料介紹發表在《中國語研究》第 55 號上[②]。内田先生文介紹了該資料的基本信息，討論了其成書年代、語言特徵、與《學官話》的關係等問題。文中附有《文例集》抄本照片多幅，文末還附了該資料的全部轉録文字，爲學界提供了很大的研究便利。

新發現的琉球官話課本《文例集》意義重大，有着多方面的研究價值。本節擬在内田先生大作基礎上結合先前目驗原抄本時所作筆記，着重圍繞課本的編寫年代、語料的複雜性、久米村的漢語教育、中琉戲曲交流史四個方面談一下此抄本的文獻價值，以期能引起更多研究者的關注。

需要説明的是，本節所引琉球官話課本内容重加新式標點，原文中的重文符號補寫出所重文字，朱筆圈號標點及五聲標記符號等均略去。所引例文用阿拉伯數字加注頁碼出處，并以 ab 字母代表每葉的正反面。

---

① 分別參見：長澤規矩也：《明清俗語詞集成·序言》，上海古籍出版社，1989 年；佐藤晴彦：《琉球写本官話課本のことば》，《中國語學》第 226 號，1979 年，第 88 ～ 98 頁；木津祐子：《『白姓』の成立と傳承——官話課本に刻まれた若き久米村通事たち》，《東方學》第 115 輯，2008 年，第 123 ～ 140 頁；瀬户口律子：《琉球官話課本〈學官話〉兩種抄本的比較》，《外國語學研究》第 7 號，2006 年，第 15 ～ 21 頁；李丹丹：《〈人中畫〉琉球寫本的"自家"——兼論漢語南北雙方反身代詞發展軌迹》，《中國語學》第 255 號，2008 年，第 89 頁。

② 内田慶市：《琉球官話の新資料——関西大学長澤文庫蔵『中国語会話文例集』》，《中國語研究》第 55 號，2013 年，第 1 ～ 22 頁。本節所引内田先生的意見均出自此文，後文不再一一出注。按：《文例集》現已全部影印件出版，參見内田慶市編著：《関西大学長澤文庫蔵琉球官話課本集》，關西大學東西學術研究所，2015 年。

一、基本文獻信息

《文例集》實爲殘本，綫裝 1 册，共 16 葉，首葉僅剩反面一部分，末葉則僅餘正面。每半葉 8 行，行 20 字，共約 4500 字。因紙遭蟲蝕，内文有些字已被蝕脱。據現存其他琉球官話課本的篇幅推測[①]，《文例集》殘本約爲原來整本的三分之一。抄本原無書名，現名實爲圖書整理者所加，從其内容來看，本當命名作"官話"之類。

從内容來看，《文例集》分爲兩部分，前一部分是會話集（第 1 葉反面至第 13 葉正面），後一部分是題作"曲座"的唱詞（第 13 葉正面最末一行至第 16 葉正面）。前一部分内容基本上都是官話問答，形式同於《官話問答便語》《學官話》《白姓官話》等會話課本。"曲座"部分共存唱詞 11 首，從内容來看，應當與我國明代的民間戲曲以及琉球御座樂有關。

據其内容含有大段"人生哲理"，以及"曲座"唱詞來看，殘本當是該課本的後半部分。《學官話》《官話問答便語》中同樣有"人生哲理"這類内容，也均處在課本的後半部分。"曲座"唱詞不是一般的對話，文學色彩較濃，學習難度較高，似是作爲附錄而置於書末。語言難度較高的内容一般會放在簡單對話的學習之後，如此處理也正合乎一般教材的編寫規律。

抄本中以朱筆圈號斷句，并於每字四角用朱筆圈點符號標示陰平、陽平、上聲、去聲、入聲。行間與天頭位置存有一些墨筆和朱筆注釋，主要是對内文難字難詞的注音和釋義。内文中也時有朱筆、墨筆删改之處。這些現象也都與以往發現的琉球官話課本相一致。

此外，内田先生還談到，該抄本字迹與同文庫收藏的《學官話》《百姓

---

① 以天理大學圖書館藏本爲例，《學官話》共 46 葉，《官話問答便語》共 50 葉，《白姓官話》共 54 葉。本節所用此三種天理本琉球官話資料據瀨户口律子：《学官話全訳》，榕樹書林，2003 年；《官話問答便語全訳》，榕樹書林，2005 年；《白姓官話全訳》，明治書院，1994 年。

話》《人中畫·終有報》均不同。他憑印象覺得與京都大學藏《人中畫》和
《白姓官話》抄本的字迹相類,祇是字體右斜程度没有京大本那麼明顯。
不過,我們將該抄本字迹與京大本《人中畫》和《白姓官話》仔細比對後
發現[①],抄本字迹與京大本并不相同,可排除同一人所抄的可能性。具體
常見字例比較如下表所示:

例字	《中國語會話文例集》	京大本《白姓官話》《人中畫》
上	上	上
在	在	在
我	我	我
不	不	不
來	来	来
去	去	去

　　從上列代表性例字可知,《文例集》與京大本《白姓官話》《人中畫》
字迹不同,顯非同一書手所抄。與他處所藏琉球官話課本抄本比對後亦
未發現相同字迹者[②],因此單從字迹來看,《文例集》也當是一個不同於以
往發現的任何一個琉球官話課本的抄本。
　　至於《文例集》抄本的時代,内田先生在文中定爲明末清初,在文末
結語部分又認爲是明代。從内容來看,定爲明代爲妥(詳後文)。其中所
録官話語言有明顯的福建地方官話色彩,這一點内田先生文也已指出,讀
者可以參看,本節不再涉及。

---

① 木津祐子:《京都大学文学研究科藏琉球写本『人中畫』四卷付『白姓』》,臨川書店,
　　2013 年。
② 包括天理大學圖書館藏本、法政大學冲繩文化研究所赤木文庫藏本、東京大學圖書館
　　藏本等。

二、文獻價值述論

（一）將琉球官話課本的編寫年代提前至明代

内田先生文中將《文例集》抄本的時代定爲明萬曆三十五年（1607）至清康熙元年（1662）以前，其根據分別是：（1）出現了"去大明"的記載；（2）稱久米村爲"唐營"，而據家譜材料可知，清康熙年間"唐營"才改名作"唐榮"；（3）出現了"細絲銀子"的表達，而這一表達多見於明代小説以及《老乞大》《朴通事》等書當中；（4）出現了阮姓之人，而據《中山世譜》的記載可知，阮姓最早於明萬曆三十五年（1607 年）始居琉球。

我們認爲，雖然内田先生所用"細絲銀子"所處的年代、阮姓入琉的初始年代這兩條論據尚有可商之處，但其所定抄本的時代則基本可從，不過綜合其他信息來看，《文例集》不會晚至清代。試看以下内容：

（1）爲 人 不識字，無事時候真是十分快活，假如去大明時，你們唐營列位做個筆文的官，不識字可不失吊禮〈體〉囬〈面〉呢 ① ？（10a）

（2）滿州家，韃婆子，難描難畫。不梳頭，不搽粉，好打着一個練槌。金圈子，銀圈兒，兩耳垂掛。上身穿着貂皮襖，脚下蹬着馬皮靴。帶過一匹馬兒，背上一個鞍兒，拿了一張弓兒，搭上一條弦兒，插上一枝箭兒，架了一架鷹兒，打了一個圍兒，取了一個火兒，吃了一袋煙兒，醉了一個昏兒。罵一聲"呀媽綽綽呵喇哈哈嗒老子的南蠻賊攘的，强强嘴兒還要打" ② 。（13b）

（3）今年上京來的通事秀才與你講些中國官話麽？學生也曾聽他講來，南京北京的話都講得好，極是好聽得緊，又聽他説上京一路的好光景。我們思量，也要去看一看，無奈不差我，因此心悶，今年罷了，明年必要討一差，到中國去觀光景，走一遭。（6b ～ 7a）

（1）（2）兩例最爲關鍵，其中"假如去大明時"和"滿州家，韃婆子"

---

① 　原抄本有些字或遭蟲蝕，或殘缺，有些缺字可據文意擬補者加方框以示之，誤字以尖括號示之。

② 　末句尚不易斷讀。

兩句可定此抄本是明代的本子。因爲清朝剛剛建立時，琉球使節便於順治三年（1646）來華，受到順治帝的接見。1653 年，琉球國王尚質遣使前往清朝請封，同清朝建立了朝貢關係①。清朝是滿人入關而立，在當時的漢人看來係韃子入主中原。清朝統治者爲防止和鎮壓漢人的反抗，嚴禁人們有反清復明、譏訕滿人的言詞。如果《文例集》是琉球人爲準備到清朝進貢而編寫的官話課本，自然不會出現"大明""韃婆"這類用語。而從第（3）例記述來看，當時的琉球與中國每年都有來往，交流比較頻繁，若是發生在清代，自然不應出現這類用語。

此外，《文例集》1b 和第 11a 分別記有"法司老爺"和"法司官"的稱呼。"法司"亦稱"三司官"，是琉球國朝廷的最高執政機構，同時也是這個機構所有官員的官職名稱。《中山世譜》卷三："昔者以法司稱'阿司多部'，至明末始稱法司。"又卷四："當時之人稱法司職曰'阿司多部'，至明末改稱法司。"② 由此看來，琉球的三司官稱作法司是明末之事③。如果再結合内田先生在文中提到的其他有助於判定時代的一些具體信息，我們可以將《文例集》的時代定在明代晚期。

明代抄本《文例集》的發現，可以改變以往對琉球官話課本編寫年代的認識。根據瀨戶口律子、李煒的考證④，現存琉球官話課本的

---

① 米慶餘：《琉球歷史研究》，天津人民出版社，1998 年，第 91 頁。

② 殷夢霞、賈貴榮主編：《國家圖書館藏琉球資料續編》（下），北京圖書館出版社，2002 年，第 82、102 頁。

③ 另據明代册封使陳侃出使琉球後所撰《使琉球録》記載，嘉靖甲午（1534 年）五月十八日："世子遣法司官一員來，具牛、羊、酒、米、瓜、菜之物爲從者犒，亦有酒、果奉予等。"參見黄潤華、薛英編：《國家圖書館藏琉球資料匯編》（上），北京圖書館出版社，2000 年，第 30 頁。其中所記可能係陳侃據中國稱説習慣稱呼琉球的官員稱呼，并不一定代表琉球的實際。中國的"法司"一詞指掌司法刑獄的官署，三國時代已經存在，後世一直沿用，如《魏書·甄琛傳》："復仍踵前來之失者，付法司科罪。"《隋書·趙綽傳》："陛下不以臣愚暗，置在法司，欲安殺人，豈得不關臣事。"因此，本節仍據琉球史書《中山世譜》的記述立論。

④ 瀨戶口律子、李煒：《琉球官話課本編寫年代考證》，《中國語文》2004 年第 1 期，第 77 ～ 84 頁。

編寫年代大多可定在清代中期,《官話問答便語》的編寫時代最早,可定爲 1703 ～ 1705 年之間[1]。《學官話》作於 1797 年,《廣應官話》作於 1797 ～ 1820 年之間。如今發現的《文例集》可以將琉球官話課本的編寫年代提前到明代晚期,這無疑會進一步提高這些課本的語料價值。

(二)有利於深入認識琉球官話課本語料的複雜性

非常值得注意的是,《文例集》中有些對話内容也見於其他琉球官話課本當中,内田先生文中已舉出了一些見於《學官話》中的例子。經過比對我們發現,還有一些内容見於《廣應官話》。下面分別試舉幾例:

(1)《文例集》:上京的昨日有人帶書來了,説道是一路平安,而今已到蘇州了。想今年公事做得快,十二月間可以回家,我們大家都歡喜了。(3b)

▲天理本《學官話》:昨日京都有人回來,説是在蘇州碰着我們上京的人。他替我們帶信回來,説是他們一路平安。想今年的公事辦得快,到十二月裏就得回來,我們大家都歡喜了。(18b)

(2)《文例集》:昨晚同朋友去某人家裏吃茶,大家談談頑頑,差不多三更的時候回來睡覺,今日身上不自在,坐着就打盹,讀不得書。(5b)

▲天理本《學官話》:昨晚好幾個朋友到樓上去玩耍,大家坐在那裏吃茶,談談些閒話,差不多到三更時候纔回來睡覺,今日身上好不自在,坐着就要打盹,做不得事情。(9a)

(3)《文例集》:老先生早飯用過了麽? 用過了。未曾用。學生食素。食齋。(3b)

▲天理本《廣應官話》:老先生早飯用過了麽? 未曾。用過了。學生吃素。吃齋。(53a)

(4)《文例集》:這個刀生銹了,拿磨一磨。這個刀鞘壞了,拿去修飾。(10a)

---

[1]　木津祐子則認爲《官話問答便語》當成書於 1710 ～ 1800 年之間,似更爲可從。參見木津祐子:《赤木文庫藏『官話問答便語』校》,《沖繩文化研究》第 31 號,2004 年,第 543 ～ 554 頁。

▲天理本《廣應官話》:這把刀生銹了,拿去磨一磨。這把刀鞘壞了,拿去收拾。(128b)

(5)《文例集》:這褲子都是汗,穿不得,拿去洗洗。這衣服被雨淋濕了,拿去曬一曬。(4a)

▲天理本《學官話》:這一件衣裳髒了,拿去洗洗。這個東西給雨淋濕了,拿去曬曬。(46a)

▲天理本《廣應官話》:這個衣裳腌臢,拿去洗一洗。這個道袍濕了,拿去曬一曬。(59a～59b)

(6)《文例集》:今日是三月三,大家去遊春,到郊外踏青玩耍,帶些酒去,也不虛度時光。(6b)

▲天理本《學官話》:今日是三月三,我們邀幾個知己的朋友,打上兩三壺酒,備辦幾個小菜碟,到那好玩的所在踏青,學那古時王羲之在蘭亭曲水流觴的故事,大家快樂快樂,也不虛度了一年的時光好麼?(21b～22a)

▲天理本《廣應官話》:今日三月三,上己〈巳〉吉日,大家行到山邊踏青耍一耍。我邀幾個知己朋友到山邊去玩。你買兩壺酒,辦幾個碟小菜,同到郊外踏青,學王羲之蘭亭故事曲水流觴。大家玩玩,也是一年好景不可虛度多少是好。(8a～8b)

通過上列諸例的對比可知,《文例集》中有不少内容見於《學官話》和《廣應官話》,祇不過這些重見的内容在後面二書中均稍有改動或增補而已。因此,内田先生文據此認爲《文例集》是《學官話》的祖本,自有其合理之處。不過,衆所周知,琉球官話課本一直以抄本形式流傳,隨着時間的推移,在使用過程中使用者必然會根據各自的學習需求進行删改和增益。早期課本中的一些常規語料會被保留到晚期的課本當中,成爲晚期課本中的部分語料來源[①],部分不合時宜的語料則會被移除,大量新語料又會被

---

① 參見范常喜:《琉球官話課本編寫語料來源考》,《北京大學中國古文獻研究中心集刊》第 24 輯,北京大學出版社,2022 年,第 288～304 頁(收錄於本書第 160～174 頁)。

增補進來。此外,根據現存各種琉球官話課本推測,早期課本應該也不會祗有《文例集》一種,後來的課本編寫者很可能會根據需要采擇不同課本中的部分語料合編在一起。一般而言,教材的修訂和改編會在距離使用者時代最近的底本上進行,所以《廣應官話》和《學官話》中的一些語料未必是直接從《文例集》中采擇而來。《廣應官話》編成較晚,其中有些語料在《文例集》《學官話》中都能找到,這些語料也可能直接承襲自與之時代相近的《學官話》之類的本子,并不一定采自《文例集》之類的明代課本。

這一情形可以加深我們對現存其他琉球官話課本中類似現象的認識。現存《琉球官話集》有多種形式的抄本,而且名稱各異,篇幅長短不一,所收詞句也多有不同[①]。現在看來,這種情況也應當是使用者根據實際需要各自改編的結果。天理本《廣應官話》《官話問答便語》與法政大學藏赤木文庫本相比較也可以看出改編修訂的痕迹[②]。由此可見,琉球官話課本與朝鮮半島的官話課本《老乞大》《朴通事》等一樣[③],也經歷了多次修訂。由此亦可知,同樣一種琉球官話課本的不同抄本間的差異恐怕不僅僅是個人的用字習慣問題,其間可能還存在着歷時的差異。後來成書的《學官話》和《廣應官話》中的語料來源有些複雜,部分語料承襲自早期的課本,在利用時應該多加留意。

(三)提供了大量琉球國内久米村的漢語教學史料

以往人們對琉球官生和勤學人在中國的漢語學習情況相對瞭解[④],這主要得益於中國和琉球保留下來的相關史料較爲豐富,但是關於琉球國

---

① 參見大島吉郎:《『琉球官話集』語彙索引・附翻刻四種》,近代漢語研究會,1999 年。

② 參見木津祐子:《琉球編纂の官話課本に見る「未曾」「不曾」「没有」——その課本間差異が意味すること》,《中國語學》第 251 號,2004 年,第 34 ~ 55 頁;木津祐子:《赤木文庫蔵『官話問答便語』校》,《沖繩文化研究》第 31 號,2004 年,第 543 ~ 554 頁。

③ 朱德熙:《"老乞大諺解""朴通事諺解"書後》,《北京大學學報》1958 年第 2 期,第 69 ~ 75 頁;汪維輝:《朝鮮時代漢語教科書叢刊》,中華書局,2005 年。

④ 參見徐恭生:《琉球國在華留學生》,《福建師範大學學報(哲學社會科學版)》1987 年第 4 期,第 102 ~ 107 頁;董明:《明清時期琉球人的漢語漢文化學習》,《北京師範大學學報(人文社會科學版)》2001 年第 1 期,第 109 ~ 116 頁;羅小東、瀨户口律子:《明清時期琉球國的漢語教育》,《世界漢語教學》2007 年第 1 期,第 136 ~ 142 頁。

內久米村的早期漢語教育史料則十分匱乏,因此至今對於早期久米村人漢語教學的具體情形并不十分清楚。甚至有學者誤認爲"康熙年以前,久米村人學漢語、習漢文是父子相傳或家學性質,没有專門的學校"①。

　　事實上,根據以往的研究約略可知,早期久米村人的官話教學主要有私塾和公塾兩種形式。私塾在當時稱作"學齋",通常利用四叠半或六叠半塌塌米的房間,集合四五人,請先生來教學,有時候在先生家授業②。公塾設在天妃宮進行,作爲早期久米村人的重要聚會場所,天妃宮有官話學習的事實存在,祇是史料非常缺乏。《琉球國由來記》卷三第 73 條記載:"當國學校者,唐榮人員於天妃廟學,準學校者歟?"③另據研究,萬曆九年(1581),作爲官費留學生而曾在中國國子監學習的鄭迵歸鄉後也曾在天妃宮一室内集合久米村子弟進行儒學教育④。至於天妃宮中的具體官話教學情況至今尚不得而知。

　　幸運的是《文例集》中有大量師生間學習官話的内容,根據其中所涉地名和場景來看,許多對話都應當是發生在當時久米村中的天妃宮學堂,我們借此可以窺見當時的漢語教學情況。下面試列幾條并作簡要分析。

　　(1)……事,不講書了。稟上先生,聽 说 □□□□□□□□⑤,□考門生 且 講書。門生四書的□□□□□□求先生用心 教導 門生。法司老爺□□□□ 久 米府的 人都 □□□,要講中國言語□□□□去中

①　羅小東、瀬户口律子:《明清時期琉球國的漢語教育》,《世界漢語教學》2007 年第 1 期,第 139 頁。

②　那霸市企畫部市史編集室編集:《那霸市史・資料篇・第 2 卷中の 7・那霸の民俗》,那霸市企畫部市史編集室,1979 年,第 658～659 頁。

③　轉引自楊仲揆:《古琉球學制與孔孟思想》,《第三屆中琉歷史關係國際學術會議論文集》,中琉文化經濟協會,1991 年,第 603 頁。

④　參見菊地藤吉:《儒教と琉球に於ける教育文化の影響》,《第三屆中琉歷史關係國際學術會議論文集》,中琉文化經濟協會,1991 年,第 679 頁;瀬户口律子:《明清時期日本琉球的漢語教學》,《外國語學研究》第 3 號,2002 年,第 66 頁;崔軍鋒:《儒學與明清琉球教育事業的發展》,《福建師範大學學報(哲學社會科學版)》2005 年第 3 期,第 137～138 頁。

⑤　據文意擬補的字外加方框。

國，如今 怎麼樣纔 好呢？教我罷。我教□□□天天用心學官話，自然後來會説了，又教□□要緊是不要怕羞。（1b）

（2）阮先生，今日大老爺駕到天妃宮，要看門生們講書，如今都講完了，念詩聽如何？門生去大家商量罷。長史老爺，今日小弟大家都歡喜了。小弟年幼，大老爺面前考試，惟恐講錯，如今行禮都完了，故此歡喜。稟上各位老爺，如今學生們念唐詩一首麼，老爺聽一聽。剛纔先生説大老爺面前念詩，那時候讀得不好聽，可笑可笑。（13a）

（1）（2）兩段内容中的"久米府的人""去中國""今日大老爺駕到天妃宮，要看門生們講書"等語可以説明對話發生在琉球的久米村天妃宮學堂，對話中學官話的學生尚未到過中國。這些學生是"久米府的人"，此地之人要學習官話以備琉球與中國交往之需。天理本《白姓官話》40b～41a："久米府的人，就是明朝裏發來四十二姓的人，就像你中國漢人一樣，凡有中國飄來的船，替那到中國進貢的船，都是用久米府的人做通事，所以要學官話，才會替國王辦得事情。"可見"久米府"的人的確是學習官話的主體。

"用心學官話""不要怕羞"等則是老師對學習官話的學生所提的建議和要求。天理本《官話問答便語》1a："你要學官話，這個不難，一要勤苦，二要留心，日久自然曉得。"其中"一要勤苦，二要留心"與《文例集》中的要求相近。

"考門生且講書""大老爺面前考試"等均可以説明當時的漢語教學設有"考試"。"考試"由"大老爺"主持，考的内容是"講書"和念唐詩。學生們遇到考試都很緊張，生怕講錯。學生們念唐詩時自覺念得不好聽，比較害羞。從上述内容來看，當時的漢語教學依然跟中國私塾的母語教學相類，學的内容仍是儒家經典"四書"，故考"講書"。"唐詩"則屬藝文之類，是文人交游必備之技藝，我國國内私塾中從小即授之。清代徐葆光所撰《中山傳信録》卷五《取士》云："久米村皆三十六姓閩中賜籍之家，其子弟之秀者，年十五六歲，取三、四人爲秀才。其十三四不及選者，名若秀才，讀書識字。其秀才，每年於十二月試之，出四書題,令作詩一首,或八句,或四句。能者籍名升爲副通事,由此漸升至紫金大夫(紫金大夫亦稱曰親方)。此爲久米子弟入仕之始。"[①] 雖然其中所記是清代的見聞,但與《文例集》中所説的主考官、考試形式和内容等均相類似。

(3)各位通事秀才,我有 一件 事同你商量。我們大家還没有到中國,故此不知道官話,如今大家相見時節要學官話好不好? 你的意思更好了,這樣麼,如今就到先生面前去講這個話,求教先生罷。(1b ～ 2a)

(4)列位進城日公事完畢時,祇管我家來。你們唐營的列位,大家要教 子 弟讀書纔合道理。爲 人 不識字,無事時候真是十分快活,假如去大明時,你們唐營列位做個筆文的官,不識字可不失吊禮〈體〉田〈面〉呢? (9b ～ 10a)

(3)中的對話發生在學官話的學生之間,這些學生多爲"通事秀才"。琉球國"秀才"不必經過科考,與當時中國有所不同。天理本《官話問答便語》34a:"洪武帝命撥閩人三十六姓,往敝國教人講詩書,習禮數,寫漢字,設立聖廟學宫,與中國俱是一樣。我國王念他有功,又是漢人遵聖朝之意,授以妻室,生育後嗣,世代子子孫孫,都賜他秀才,讀書出仕,與國王辦事。弟們就是這三十六姓之後,所以稱爲秀才。"(3)中學習官話的學生因未到過中國,缺乏目的語環境,所以提議同學們見面時要説官話,以便有更多開口練習的機會。不過這個提議尚需要得到教師的允准,可見當時教師采用的教學方法可能仍然是私塾先生死記硬背的傳統教學法,并未采取這種創設語境加大口語練習的方法。(4)是老師跟"唐營"各位當差之人的對話,是老師要求這些人在家要好好教導子弟讀書,并告誡他們教好子弟識字,因爲將來"唐營"的人有可能承擔"筆文的官",到"大明"去進貢交流。這説明"唐營"的子弟從小會受到父輩們一定的漢語漢字熏陶和教導。

---

① 黄潤華、薛英編:《國家圖書館藏琉球資料匯編》(中),北京圖書館出版社,2000 年,第 431 頁。

（四）提供了"漢戲入琉"的新史料[1]

《文例集》還有一大貢獻是爲研究中琉戲曲交流史提供了新的資料。抄本末尾錄有"曲座"唱詞 11 首，其中大部分唱詞可以查考到其來源，下面略舉一首爲例。

> 相思病，我爲你多愁多悶。相思病，害得我非重非輕。鵲噪都是假，燈花又不明。周易文王先生先生哥，奴甚怪你易卜差池卦兒斷不準。（15a）

該首唱詞是琉球御座樂《相思病》。在琉球歷史上，該曲名最早記載見於 1671 年琉球第五次上江户時的演奏記錄。《琉球往來二》"寬文十一年（1671）七月琉球來朝"中有《相思病》的歌詞："相思病我爲你多愁多悶，相思病害得我非重非輕，鵲巢都是假，燈花有不明，周易文王先生，周易文王先生，先生哥，奴甚快你易卜差池卦兒斷不準。"[2] 劉富琳考證發現，在明代《摘錦奇音》中的《時尚急催玉歌》第一段唱詞，與御座樂《相思病》的唱詞基本相同。其唱詞如下："相思病、相思病，相思病害得我非重非輕，相思病害得我多愁多悶，喜鵲都是假，燈花結不靈，周易文王先生，文王先生，你就怪我差些也罷，你的卦兒都不準。"[3] 通過與《文例集》對比可以發現，《琉球往來二》中所錄《相思病》歌詞有訛誤之處，如"鵲巢"應作"鵲噪"；"燈花有不明"中的"有"應作"又"；"奴甚快你"中的"快"當爲"怪"之誤。此外，湖南地區傳統戲曲《昭君和番》中有唱詞作"哎！相思病，我爲你多愁多悶。靈鵲噪，都是假，燈花兒開也不靈。"[4] 似

---

[1]　詳參范常喜：《琉球官話課本〈中國語會話文例集〉所存"曲座"資料述略》，《文化遺產》2019 年第 2 期，第 49～53 頁（收錄於本書第 193～200 頁）。

[2]　參見王耀華：《琉球御座樂與中國音樂》，人民教育出版社，2003 年，第 74～75 頁；比嘉悦子：《御座楽の歌詞について》，《御座楽の復元に向けて——調查と研究》，御座樂復原演奏研究會，2007 年，第 37 頁。

[3]　劉富琳：《琉球御座樂〈送親親〉〈一更裏〉〈相思病〉〈爲學當〉考釋》，《中央音樂學院學報》2011 年第 3 期，第 60～61 頁。

[4]　湖南省戲劇工作室主編：《湖南戲曲傳統劇本·湘劇第四集》，湖南省戲劇工作室，1980 年，第 207 頁。

乎也與《文例集》中所録《相思病》唱詞有關。

　　從上述考察分析可以看出,《文例集》末尾所收"曲座"歌詞當爲明代傳入琉球的民歌唱詞,這些唱詞在當地流傳較廣,於是官話學習者將之采入官話課本以助學習。

三、本節結語

　　綜上所述,關西大學圖書館長澤文庫所藏《文例集》殘本應是明代晚期的抄本,也是目前所見最早的琉球官話課本。從内容推測,該殘本應是課本的後半部分,估計整個課本約有 50 葉,殘存部分約爲原來整本的三分之一。抄本包括"會話集"和"曲座"唱詞兩部分,與以往發現的琉球官話課本相比,在形式上表現出其自身的一些特點。

　　經過考察發現,抄本中有不少内容見於後來流傳的《學官話》《廣應官話》,我們可以借此窺見到琉球官話課本修訂改編的痕迹。這同時也告訴我們,即使是成書較晚的課本當中也會保留一些早期課本的語料,在一定程度上加深了我們對琉球官話課本語料複雜性的認識。抄本中所記琉球國内官話教學的具體情況,爲瞭解明代琉球國内久米村的漢語教學情況提供了最爲直接的史料。抄本末尾采擇收録了 11 首"曲座"唱詞,有些唱詞不僅與保留下來的琉球御座樂相合,而且更與明代我國的相關曲詞相一致,從而爲研究中國戲曲在琉球的傳播提供了新的研究資料。

第三節　赤木本《廣應官話》述略

　　現存琉球官話課本中,《廣應官話》是一部分類語彙集,40000 餘字。據考證,該課本成書於清嘉慶(1797 ~ 1820)年間[1],由琉球人梁允治、胡

---

① 瀬户口律子曾根據梁允治的卒年推測該書作於 1760 年之前,但後來又作了重新考證,認爲當作於嘉慶年間,本節暫依後出的結論。分別參見瀬户口律子:《日本琉球的中國語課本〈廣應官話〉》,《中國語文》1996 年第 4 期,第 283 ~ 287 頁;瀬户口律子、李煒:《琉球官話課本編寫年代考證》,《中國語文》2004 年第 1 期,第 77 ~ 84 頁。

銓共同編寫,是現存琉球官話課本中罕見寫明作者的一種。全書共分兩
卷,將所收語彙分別列於"天文、時令、地理、宫室"等門類當中。該課本
以詞和短語爲主,也有一些話語片斷和短文分散於各門類當中,列出的詞
語和句子約有 6500 多個,内容非常豐富。

　　以往研究者多據天理大學圖書館藏《廣應官話》(後文簡稱"天理
本")進行研究,很少注意到其他抄本的存在,甚至有些學者認爲祇有天理
本一個抄本①。本節着重介紹法政大學冲繩文化研究所赤木文庫藏《廣應
官話》抄本(後文簡稱"赤木本")的一些情況,并結合天理本對兩個抄本
的異同略作歸納分析,希望能引起更多研究者的注意,以彌補以往研究中
的缺憾②。

一、基本文獻信息

　　赤木本《廣應官話》現藏於日本法政大學冲繩文化研究所貴重書
庫,屬横山重氏的舊藏書"横山重資料"之一種③。收藏單位專門製作了
硬殼外封,外封左肩題簽爲"廣應官話總録琉球古寫本全二册"④。該抄本
共上下兩卷,綫裝兩册,"請求記號"分別爲"/9/1/YOKOYAMA""/9/2/

<hr>

① 如瀨户口律子就曾談到:"他の課本は天理大学図書館所藏の写本の他、いくつかの
　写本が発見されているが、『廣應官話』は天理本の写本のみしか現存していない。"
　(譯文:"其他課本除天理大學圖書館所藏之外,都有其他抄本發現,但《廣應官話》却
　祇有天理本一個抄本。")參見瀨户口律子:《琉球官話課本の研究》,榕樹書林,2011
　年,第 105 頁。
② 以往對該抄本的介紹也偶爾有人涉及,但内容極簡,如島村幸一在介紹"琉球資料"
　時曾提及了該抄本,但也祇是限於照録法政大學冲繩文化研究所誤登記的書名《廣
　應官話總録》而已。參見島村幸一:《赤木文庫》,《文學》第 9 卷 3 號,1998 年,第 113
　頁。此外,2013 年復旦大學出版社出版的《琉球王國漢文文獻集成》(高津孝、陳捷
　主編)第 35 册收録了該抄本的影印件,但亦未見介紹性文字,而且書名也同樣誤題
　作《廣應官話總録》。
③ 該研究所所藏"横山重資料"中還有著名的《官話問答便語》《琉球二字官話集》兩
　種琉球官話課本的抄本。
④ 其中"廣應官話總録"顯然是誤抄該書目録頁中的題名所致,參見後文所介紹的該書
　目録頁内容。

YOKOYAMA"。兩卷大小稍有不同，上卷 24cm×13cm，下卷 23.7cm×12.7cm。

　　上卷書脊下部寫"東保德"三字，上卷書首寫"廣應官"三字，書根寫"廣應官話寫"五字。封面左肩寫"廣應官話"四字，接下稍右小字續寫"上卷"二字；右下貼標籤兩個，其一上書"橫山重氏寄贈橫山重資料，1974 年 8 月 1 日付"，另一個則是藏書的編號。封裹右下角鈐"法政大學沖繩文化研究所"藏書章，章內墨書鈐"橫山重資料"和編號"18"。封底中部繪墨梅一朵，已不甚清晰。下部貼"法政大學沖繩文化研究所"藏書條碼，碼號爲"14302000178860"。除去封面、封底，上卷共 75 葉，其中含目錄 1 葉，正文 73 葉，卷末空白葉 1 葉。目錄第 1 葉正面首行題"廣應官話總錄"，右下角鈐"武藤"二字陽文朱印一枚。正文第 1 葉右下角鈐"鼎"單字陽文墨印一枚[1]。

　　下卷書脊上部和下部分別相向而寫"東保德"三字，書根寫"廣應官話寫"五字，但書首無字。下卷封面稍有殘損，正面左肩尚留"廣應"二字，字跡全同於上卷封面所題，據上卷封面內容推測當殘去"官話下卷"四字。下卷封面右下與上卷相類，同樣是貼標籤兩個，所記內容也相同。下卷封裹也同樣鈐有朱印藏書章一枚，祇是編號變爲了"19"。封底下部中間有兩個稍殘的"師"字，可能是當時使用者隨便塗寫所致。封底下部同樣貼"法政大學沖繩文化研究所"藏書條碼，碼號爲"14302000178879"。不含封面封底，下卷共 82 葉，無空白葉。第 1 葉首行"宮室門"，右下角同樣鈐"鼎"單字陽文墨印一枚。

　　整個抄本除封面題名、目錄及絕大部分注釋文字外[2]，正文筆跡始終一貫，顯爲一人抄寫。每半葉 6 行，行 18 字，小字雙行，行約 37 字[3]。個別

---

① 此印章尚未查到確切所屬，但查橫山重諸多藏書章均未見此印，參見渡邊守邦、後藤憲二編：《新編藏書印譜》（青裳堂書店，2001 年，第 504 頁），所以此印可能屬於後文提到的"東保德"。

② 祇有少量注釋文字筆跡與正文筆跡相同。

③ 大量注釋用的是片假名，這種情況未按漢字大小計算。

抄漏的詞句一般補抄於當葉天頭葉眉處,誤抄之字,或朱筆點塗後,將正確之字寫於該字右側,或者直接在原字上用朱書塗改。全書絶大部分都在所收單個詞句之間空一字格①,所空格内寫有大量使用者的注釋文字,這些注釋大部分是朱書寫就,也有少量墨書,所用文字大部分是日文片假名,也有小部分是漢字。還有一些注釋性文字寫於行間,大多是用漢字標注的讀音。正文所有詞句中的單字皆用朱書圈點符號在其四角圈點了五個聲調,分别是:陰平、陽平、上聲、去聲、入聲。標調的方法同於其他琉球官話課本②。注釋文字中的漢字没有標調。正文中所收録的長句子,如果句與句之間未加空格,則在需要斷句之處加朱圈;較長的漢字雙行小注也進行了斷句,不過用的是朱點。

　　從上列信息可約略得知該抄本的收藏歷史。該抄本原當爲武藤長平所藏,因書内所鈐"武藤"朱印還見於該所藏赤木本《官話問答便語》《琉球二字官話集》與琉球大學圖書館藏琉球版《論語集注》,該印已經學者考證即"武藤長平"之藏書章③。此外該書下卷正文第 26 葉反面和 27 葉正面的照片亦曾見於武藤長平所著《西南文運史論》的插圖,據其説明可知,該插圖内容正是作者所藏部分琉球官話課本的書影④。可見,該抄本確曾是武藤長平的收藏,後來歸於横山重,1974 年 8 月 1 日横山重又捐贈給了法政大學冲繩文化研究所。

　　曾經收藏該書的兩位收藏人均爲日本知名學者。武藤長平(1879 ～ 1938),著名歷史學者,主要研究日本的薩摩藩、琉球與中國交流史,生前曾任廣島高等師範學校(1949 年 5 月并入廣島大學)教授,有《西南文運

---

① "天文門、地理門、珍寶門、宮室門"四條目起首葉單個字詞下密注雙行小字,多少不一,故詞與詞之間的距離不甚一致。

② 具體可參見瀬户口律子:《日本琉球的中國語課本〈廣應官話〉》,《中國語文》1996 年第 4 期,第 283 ～ 287 頁。

③ 參見高津孝、榮野川敦:《琉球版『論語集註』について》,《汲古》第 30 號,1996 年,第 37 ～ 42 頁。

④ 參見武藤長平:《西南文運史論》(岡書院,1926 年) 第 62 頁後附"著者所藏薩藩及琉球群島の支那語學教科書"插圖。

史論》等著作傳世①。武藤長平曾於 1916 年前後到冲繩各地訪書,撰成《琉球訪書志》一文②,可見赤木本當是武藤長平從琉球訪書所得。橫山重(1896 ～ 1980),日本著名藏書家、文獻學家,"赤木文庫"主人③。他主要從事琉球史料、室町時代物語、古净瑠璃等的研究,曾供職於慶應義塾大學,編有《琉球神道記》《琉球史料叢書》(與伊波普猷、東恩納寬惇合編)等書。

此外,還值得注意的一點是,赤木本未留下作者及抄寫者的信息,這與天理本題有"梁允治""蔡銓""阮應選"等作者及抄寫者信息不同④。書脊處所署"東保德",當是此抄本使用者所記,是否即抄寫者本人尚不得而知。不過東姓原屬琉球古首里府士族,"東保德"當出自這一士族,但遺憾的是查閱琉球首里系《東姓家譜(津波古家)》,并未能發現此人的記録⑤。

二、與天理本的基本差異

天理本《廣應官話》已經瀨户口律子介紹,其基本内容已爲中國學界所知,而赤木本作爲另外一個抄本,其編寫體例和主體内容與天理本基本一致,但也存在一定程度的差異。因此,本節以天理本爲參照,在對比兩個抄本的基礎上,先將赤木本與天理本基本内容的不同之處作一介紹。爲便於敘述,先將兩個抄本的目録列出,以求一目瞭然。

---

① 參見日本歷史學會編:《日本史研究者辞典》,吉川弘文館,1999 年,第 323 頁。

② 武藤長平:《西南文運史論》,岡書院,1926 年,第 60 ～ 61 頁。

③ 文庫名中"赤木"二字源出其家鄉山名"赤木山"。參見井上宗雄等:《日本古典籍書誌學辞典》,岩波書店,1999 年,第 590 頁。

④ 天理圖書館編:《天理圖書館稀書目録·和漢書之部第三》,天理大學出版部,1961 年,第 270 ～ 271 頁;村上嘉英:《近世琉球における中国語学習の樣態》,《東方學》第 41輯,1971 年,第 91 ～ 100 頁。

⑤ 那霸市企畫部市史編集室編集:《那霸市史·資料篇·第 1 卷之 7·家譜資料三·首里系》,那霸市企畫部市史編集室,1982 年,第 477 ～ 495 頁。

	天理本	赤木本
上卷	天文門、時令門、地理門、珍寶門、人品門、身體門、飲食門、衣服門、彩色門、船身門、船上杠棋、福建省、官名、打對稱呼、邊頭字類	天文門、時令門、地理門、珍寶門、人品門、身體門、飲食門、衣服門、彩色門
下卷	宮室門、人事門、下棋言語、文史門、印插方、永字八法、器用門、馬器數〈類〉①、發拳言語、蘇州馬子式、魚蟲門、禽獸門、花木門、果菜門、俗語門	宮室門、人事門、文史門、器用門、果菜門②、魚蟲門、禽獸門、花木門、船册集、時話集

（一）天理本所有，赤木本所缺内容述議

　　如果僅從目録來看，赤木本確乎少了很多類目。上卷比天理本少了“船身門、船上杠棋、福建省、官名、打對稱呼、邊頭字類”6 項；下卷則少了“下棋言語、印插方、永字八法、馬器類、發拳言語、蘇州馬子式、俗語門”7 項内容。比天理本多的祇有“船册集、時話集”2 項而已。但如果細心比對正文内容可知，赤木本所缺内容并不多。下面就赤木本所缺類目一一略作説明。

　　天理本上卷“船身門、船上杠棋”兩項，基本與赤木本下卷“船册集”名稱相類，編入的意圖也一致，均是爲應付當時海上往來所涉的船舶術語而設，但二者所收内容差異較大。天理本正文部分先列“船上杠棋”類詞語 47 個，如“大桅”“大篷”“頭桅”“頭篷”“桅尾尖”“將軍吊”“勒肚繩”等，并附船圖一幅，上標“龍骨”“媽祖旗”等 12 個船上杠棋名稱。“船身門”置於“船上杠棋”之後，題作“船身類”，共收詞語 74 個，包括各種船名、船上部件名、船上器物名、船員稱呼等，如“紅頭船”“葫蘆門”“官艙”“杉板公”等。

　　赤木本“船册集”列於下卷近末尾處，“時話集”之前，正文則題作“商船杠棋”，所收内容實際上是一艘商船的杠棋清單。此清單題爲“閩縣

---

① 此處與正文當頁“馬器數”中的“數”，當爲“類”字之誤，正文該頁正面左上角正寫作“馬器類”。

② 此處將“果菜門”誤列於“器用門”之後，但正文列在“花木門”之後，與天理本所列順序相一致。

商船主林合興今將本船長闊丈尺并大小杠桹等項備造清册"。起首内容
爲:"計開:本船奉祀天后聖母寶像全堂。燭臺一對,琉璃燈一架,船身長
八丈三尺五寸,含檀闊一丈九尺五寸五分,油婆闊二丈。"[1] 本清單所記商
船主"林合興"確有其人,而且此人還曾與琉球難船的救助有過關係。其
當時用於救助的商船杠桹清册至今保存在琉球國往來文書《歷代寶案》
當中[2]。經過對比可知,赤木本《廣應官話》收録的"商船杠桹"清册幾乎
全同於《歷代寶案》所收。因此,我們可以確定,赤木本《廣應官話》收録
的"商船杠桹"清册,即參與了琉球海難救助的林合興商船杠桹清單[3]。琉
球的官話學習者爲了更好地掌握船上杠桹名稱,於是直接將其作爲官話
學習的材料編入了課本。

"福建省"和"官名"兩項内容非常有限,在天理本正文中列在一起,共
有 1 葉篇幅。"福建省"所列是清代福建省行政單位,包括所轄道名 3 個,
府名 10 個,州名 2 個;福州府所轄縣名 10 個,興化府所轄縣名 2 個。這一
部分内容確爲赤木本所無。"官名"所收内容僅有 10 個官名,分別是:總
督、撫院、將軍、都統、副都、提督、學院、布政司、按察司、鹽道、分巡道。這
些官名除"副都""分巡道"二名之外,其他 8 個均見於赤木本"人品門",
祇不過其中的"布政司""按察司"分別簡稱作"布司""按司";"鹽道"寫
作"鹽院"。當然,這些内容同樣也重見於天理本的"人品門"當中。

天理本上卷"打對稱呼"所收詞語基本上重見於"人品門",祇是使
用者爲便於記憶,將這些成對的稱呼羅列在一起而已,如"公主""駙
馬""郡主""郡馬"之類。還有少量不見於"人品門",當爲使用者新收,
如"乾老子""乾娘"之類。這一部分赤木本中雖然没有單列,但"人品
門"中已基本涵蓋。

---

[1] 原文有注釋文字,并且每物單行書寫,此處所引略去了注釋文字,并加注了標點,改爲
連寫。

[2] 臺灣大學編:《歷代寶案》,臺灣大學,1972 年,第 2137 ~ 2139 頁。

[3] 參見范常喜:《赤木文庫藏琉球官話課本〈廣應官話〉中三則清代閩琉交流史料考
述》,《海交史研究》2016 年第 2 期,第 81 ~ 92 頁(收録於本書第 200 ~ 213 頁)。

　　天理本上卷“邊頭字類”共收 61 種偏旁部首名稱,如“忄穿心邊”“冫兩點水”等,後面還附有 9 種筆劃名稱,如“丿撇”“一橫”“丨直”等。這 9 種筆劃名稱又重見於“永字八方”。這一部分内容赤木本附於“文史門”之末,先列出了筆劃名,并題寫了小標題“永字八方”,所收筆劃 9 種基本同於天理本,個别名稱有所不同而已。後面接着羅列偏旁部首名 20 種,比天理本少 41 種,其中 19 種見於天理本,但有些名稱稍有不同,祇有“刂刀字邊”一種未見於天理本。

　　天理本下卷“下棋言語”共收 50 個圍棋術語。赤木本雖未在目録中出現這一類目,但在下卷“器物門”末尾處收有這一部分詞語,共計 43 個,除個别異名或用字不同之外,基本上與天理本所收一致。赤木本所没有的祇是“牛頭椗”“真眼”“打結”“討結”“切”“飛”“走”7 個而已。

　　天理本下卷“印插方”和“永字八法”兩項内容,赤木本均有,列於“文史門”之末,而且在正文中相應内容處還分别標有“印插方”和“永字八方”兩個小標題。天理本“印插方”内容相對多一些,先列了“○口口口”4 種形狀,并在兩側分别標記作“天地人物”“陰陽陰陽”。當葉下部則附列了“四方式”“圓式”“雞蛋式”“鴨蛋式”“猪腰式”“長條式”“八方式”“八角式”“葫蘆式”“香爐式”10 種印押形狀。但是,這部分内容的筆迹明顯不同,顯係另人所爲,當是後來的使用者補入的内容。赤木本“印插方”部分没有天理本後補入的 10 種印押形狀,其他所列四種形狀與天理本基本相同,祇是名稱部分少了一個“物”字,可能是誤脱所致。天理本“永字八法”,可能是因爲前面單列了“邊頭字類”,并在其中附列了“永字八法”的所有筆劃,所以在此相對簡略,祇列出了相應的筆劃名稱而已。赤木本“永字八方”中的内容與天理本有所差别,先列出了相應的筆劃,同時後列筆劃名稱,最後是偏旁部首名稱,與天理本“邊頭字類”内容相吻合。

　　天理本下卷“馬器類、發拳言語、蘇州馬子式”[①],赤木本均無。天

---

① “馬子式”之“馬”,一般多寫作“碼”,天理本徑寫作“馬”。

理本此三項内容相連,共有一葉半的篇幅,列於"器用門"之末。"馬器類"共列"扯手""肚帶""坐褥""軟音""馬驂""踏蹬""草龍""偏韁""前鞦""後彎""扳胸""鞍子""銜鐵""千觔繩""馬鉋子""勒肚""拋糞""馬鞭子""嚼鐵子"19個馬器詞語。"發拳言語"共列"一""二""三""四""梅花""六""巧""八馬""快""全"10個喝酒發拳用語。"蘇州馬子式"是清代商業活動中常用的蘇州記數符號,此處共列"十一"到"卅","俵""兩""十""百""千""萬","二百""三百"等28個。

天理本下卷"俗語門",赤木本作"時話集",雖然二者名稱相類,主要都是一些言談常用熟語的羅列,但具體所收俗語和時話則基本不同。如"遠水難救近火,遠親不如近鄰"(赤木本時話集),"人要衣裝,馬要鞍配,三分顔色七分打扮"(天理本俗語門)。天理本除收錄一些俗語之外,還混抄了一些一般詞語,如"尾巴""啞巴""脱鞋""何苦""空菅〈管〉筆"等,最後還有幾則飄風難人來館以及地震的記録,似是日記。赤木本則没有這些混抄詞語和日記。

(二)兩抄本共有類目内容差異

兩抄本目録中的共有類目所收内容也有一些差異,主要表現在天理本在一些門類的末尾大都多出一些内容。"時令門"末尾多出了"正月曰端月、十二月曰蠟月"等12個月的別稱。"地理門"末尾多出"江蘇""安徽"等清代十八省名稱,以及三國時"魏""蜀""吴""湖廣"四地所轄的地區名稱。"衣服門"末尾則多了12種布匹紋樣圖案,如"八寶樣""蛋樣""四方""三角"等。"器用門"末多出"茶名集"一項,共列"雲霧茶""白毫武夷茶"等茶名22種。

赤木本也在個別門類之末多了一些天理本没有的内容,這主要體現在"身體門"末尾多出的四部分内容。第一部分是官話與鄉談的對列詞語,如:"假頭鬃,正假頭髮""殼心無毛,正露頂""頭無毛,正禿了"等,共14對,還有18個詞語混列一起,未用"正"字以區別。第二部分是四幅圖,分別爲"人面圖""背面圖""背身圖""人身圖",這四幅圖上詳標各器官名稱,有些地方還將"鄉談"與"官話"并列。這兩部分内容顯然是借鑒移植了《新刻官音彙解釋義音注》《新刻官話彙解便覽》《較正官音仕途必需雅俗便覽》等閩地官話正音書的相關内容。赤木本"身體門"第三部分題作"閩中劉敬與贈賜小兒名開列于後",共有五個名和五個字,顯係當時福建人劉敬與給孩子取的備用名字①。

　　第四部分是"御禁字十二",列出了"重家治竹豊繼忠豪洪賴文宗"12個取名時不能用的字②。"御禁字"即取名要避諱的字,當時的琉球王國雖然名義上仍保持着與清朝的朝貢關係,但實際上已在日本薩摩藩統治之下,處在中日兩國的夾縫中生存,頗爲不易。琉球人當時取名需要避諱的字,包括中國的皇帝、日本的將軍及薩摩藩主、琉球的國王三方名字③。但是赤木本所列12個御禁止之字中"重家治繼忠宗"六字見於日本德川幕府將軍名④,"重豊繼豪忠宗"六字見於薩摩藩主名⑤,琉球國王名祇有一個"豊"字⑥,

---

①　詳參范常喜:《赤木文庫藏琉球官話課本〈廣應官話〉中三則清代閩琉交流史料考述》,《海交史研究》2016年第2期,第81～92頁(收録於本書第200～213頁)。"閩中劉敬與贈賜小兒名"這部分内容置於"身體門"之末,與整個門類的内容不相協調,因此我們懷疑是使用者隨手記在了"身體門"之後的空白頁上,以便備忘,并不一定是特意編入的。此外,這五個人名在現已刊布的琉球家譜材料中也暫未能發現合適的對應者。

②　"豊"當爲日本簡寫的"豐"字。

③　參見東恩納寬惇:《琉球人名考》,《東恩納寬惇全集6》,第一書房,1993年,第447～451頁;陳正宏:《琉球故地訪書記》,《文匯讀書周報》,2008年12月5日。

④　日本德川幕府將軍名及在位時間:德川家康1603～1605,德川秀忠1605～1623,德川家光1623～1651,德川家綱1651～1680,德川綱吉1680～1709,德川家宣1709～1712,德川家繼1713～1716,德川吉宗1716～1745,德川家重1745～1760,德川家治1760～1786,德川家齊1787～1837,德川家慶1837～1853,德川家定1853～1858,德川家茂1858～1866,德川慶喜1866～1867。

⑤　日本薩摩藩主名及在位時間:島津家久1601～1638,島津光久1638～1687,島津綱貴1687～1704,島津吉貴1704～1721,島津繼豐1721～1746,島津宗信1746～1749,島津重年1749～1755,島津重豪1755～1787,島津齊宣1787～1809,島津齊興1809～1851,島津齊彬1851～1858,島津忠義1858～1869。

⑥　即琉球第二尚氏王朝國王"尚豊",在位年數爲1621～1640年。

清朝皇帝名則未見,個中原因尚待進一步研究^①。

通過上述對天理本和赤木本基本內容的對比分析,可以發現兩抄本彼此所無的類目各自收詞數量并不多,而且基本上出現在相關門類的末尾。赤木本"時話集""船册集"雖然與天理本"俗語門""船身門、船上杠根"相類,但具體內容差異較大。據此推測,這些差異應當是由使用者在使用過程中根據自己的需求,進行調整和增補的結果^②,而《廣應官話》原本很可能并沒有這些內容,或者相關內容非常少。

三、與天理本語料細節差異

《廣應官話》所收內容和次序基本是先詞語,緊接其後的是句子或者語段,因此,我們按此順序分別隨機選取一些例子作一比較。此外,兩個抄本均保留了大量的注釋,我們也將這一部分單列出來稍作對比。

(一)詞語部分

兩抄本所收詞語主體基本一致,衹是在涉及個別具體詞時,有的衹見於天理本,有的則衹見於赤木本,有些是近義詞的差別,還有些是用字的不同。

	天理本	赤木本
身體門	頭首、腦頂、頭角、頭前、頭後、顖門、枕骨、額頭、臉、顴、眉、眼、鼻、腮、口、唇、齒、牙、舌、喉、腸、手、足、筋、骨、血、頭腦、腦蓋、腦門、腦後、頭髮、髻〈髻〉、鬢毛、辮子、蓬頭、披頭、毛鬌、抹額髮、蠟頭、剃頭髮、假辮子、假髮、臉子、臉彈子、凹面、麻面、光臉、苦毛、寒毛	頭、臉、額、顴、眉、眼、耳、鼻、腮、口、唇、牙、齒、舌、喉〈喉〉、腸、手、足、筋、骨、血、腦門、頭腦、腦蓋、腦後、頭暈、搖頭、頭髮、髻、鬢、辮子、編子、蓬頭、披頭、毛鬌、抹〈抹〉頭〈額〉、癩頭、剃頭髮、假髮、臉子、臉彈子、凹面、麻臉、光臉、酒刺〈刺〉、苦毛、寒毛

上表所列爲天理本"身體門"的首葉內容,右側是赤木本相對應的部

---

① 通過此處提供的避諱字,可以間接考訂本段語料的大致時代,但遺憾的是琉球國兩屬時期的具體避諱制度尚未查實,衹好暫付闕如。

② 天理本"俗語門"末尾俗語、一般詞語、日記等混列在一起,也可以説明這一點。

分①。從上表來看,兩抄本所收詞語主體部分相同,其細部差異主要有:天理本有些詞爲赤木本所無,如"頭首""腦頂""頭角""頭前""頭後""顖門""枕骨""假辮子";赤木本有些詞爲天理本所無,如"耳""頭暈""搖頭""酒刺〈刺〉";有些詞爲近義詞之別,如天理本"鬢毛""抹額髮""麻面",赤木本中則分別作"鬢""抹〈抹〉頭〈額〉""麻臉";有個別詞的用字不一樣,如天理本作"蠟頭",赤木本則作"瘌頭";兩抄都存在一些訛字,如天理本的"鬐"當爲赤木本"鬐"字之誤,赤木本"抹頭"當是天理本"抹額"之誤。

(二)語句部分

　　兩抄本所收語句存在不少細微的差異,無論是用字、斷句、用詞、語法、語序等都有諸多不同之處,但限於篇幅,本節祇作簡單列舉,詳細的對比分析祇能留待異日。

	天理本	赤木本
人品門	你把那個不好的騙我　我拿回去煎給病人吃　他身上不会好　这不是你藥店大罪過的	你把那個不好的来騙我　拿回去煎給病人喫　身上好不會好②　這不是還是③你藥店的罪過
飲食門	把骨頭剔淨乾乾净净然後把些香菰冬笋会拢	把骨頭剔吊乾净用香菰冬笋會攏
禽獸門	这个狗是个癲狗你们快走闲恐怕給他咬了一口明日肚裡会生狗子就不好了	這個是癲狗　你們快走開　恐怕給他咬一口　明日肚裡　會生狗仔　就不好了
果菜門	这兜柑子樹一年生淂多少柑子呢　看当年不当年就生淂四五担不当年只生淂担把	這顆柑子樹一年生得柑子呢多少的　看當年不當年　若當年生得四五枹〈担〉④　不當年只生得担把

　　上表所列分別是兩抄本中四個門類中的五個句子。比較可知,兩抄

---

① 　兩抄本原文詞與詞之間空一字格,有的空格處加了注釋,此處引録時去掉了空格,加了頓號,并略去了注釋。
② 　原文前一"好"字朱筆點掉。
③ 　原文"是"字朱筆點掉。
④ 　原文"若"後右旁朱書補一"是"字。

本中所收語句在用字、斷句、用詞、語序等方面均有所不同。從用字來看，天理本多用簡省字，如“这”“吃”“会”“薬”“过”“攏”“闲”“淂”“当”，赤木本分別寫作“這”“喫”“會”“藥”“過”“攏”“開”“得”“當”，所用均爲正規的繁體字。斷句方面，赤木本斷句傾向更爲明顯，所用空格斷句明顯多於天理本。用詞方面，天理本有的地方多用了人稱代詞，如“人品門”的“我拿回去”“他身上不会好”，其中“我”“他”赤木本中均無。天理本有的地方用了結構助詞“了”，如“恐怕給他咬了一口”，其中“了”字爲赤木本所無。量詞使用也有差異，如“这兜柑子樹”一句中用了福建方言量詞“兜”[1]，赤木本則用的是官話系統的量詞“顆”。天理本“飲食門”前半句作“把骨頭剔淂乾乾净净”，赤木本祇作“把骨頭剔吊乾净”，顯然二者在補語表達方面存在明顯差異；後半句作“然後把些香菰冬笋会攏”，赤木本則没有“然後”，更没用把字句，祇是寫作“用香菰冬笋會攏”而已。

此外，通過對比也可以發現，兩抄本中各自都有些句子比較怪異，有的可以確定是誤抄所致，如“果菜門”的例子，天理本作“看当年不当年就生淂四五担”，赤木本則作“看當年不當年若當年生得四五担”，顯然天理本誤脱了“若当年”三字。還有些句子究竟是誤句，還是福州方言的本來用法，抑或是受學習者的母語琉球語的影響形成的中介語，尚需要進一步的研究辨析才能確定，如天理本“这不是你薬店大罪过的”“恐怕給他咬了一口”，赤木本“把骨頭剔吊乾净”“一年生得柑子呢多少的”等。

（三）注釋部分

兩抄本均有漢字和日文片假名兩種注釋，而且都是用小字單行或雙行甚至多行寫成。天理本以漢字注居多，片假名注基本集中出現在“飲食”“船上杠棋”“器用”“魚蟲”“禽獸”“花木”“果菜”諸門，其他門中出現得相對零星。赤木本則更多的是片假名注，漢字注集中出現在“天

---

[1]　此詞現在福州話讀作“dau⁴⁴[tau]”，或寫作“兜”，仍作量詞，相當於普通話的“棵、株”，如“幾兜樹”“兩兜杜鵑樹”等。參見李如龍等編：《福州方言詞典》，福建人民出版社，1994 年，第 63 頁。

文"地理""珍寶""宮室"諸門的起首葉,其他門中祇是零星出現,且大
多是用音同音近之字注在右側的讀音。另外,也有些詞同時用了漢字和
片假名注兩種注釋方式。注釋對象多是每個門類前面所收詞語部分,句
子和話語片斷部分的注釋相對較少。從出現的位置來看,每個詞的左右
上下四個位置都有,但以下注和右注爲主。從注文的顏色來看,赤木本以
朱書爲主,也有少量墨書;天理本以墨書注釋爲主,間有少量朱書。總體
看來,二抄本中的注釋有一小部分內容似源於同一抄本,但絕大部分都有
着明顯差異,顯然不是同一個來源。

	詞語	天理本	赤木本
天文門	月	墨書下注:大陰之精、其質常圓下〈不〉缺、形如圓毬、其体本黑、看日之光而白、放〈故〉日遠則光灵〈露〉一眉、日近則光漸大、	墨書下注:大陽〈陰〉之精、其質常員不缺、形如員毬、其体本黑、看日之光而白、故日遠則光露一員〈眉〉、日近則光漸大、
身體門	眉		朱書右注:梅;朱書下注:マヨ
飲食門	粥	朱書右注:足;墨書下注:以米連湯煮之	朱書右注:足
衣服門	褂子	墨書下注:俗云外套	
人事門	慇懃	墨書下注:虔心虔意不敢忽畧	朱書下注:クンシツ
魚蟲門	鱔魚	墨書右注:シナズコハ;墨書下注:似鰻而小	朱書下注:シナギ

　　從上表所列"天文門"之"月"字條注釋可知,兩抄本該注釋可能來
源相同。古人稱月爲"太陰之精"。如唐代張祐《中秋夜杭州玩月》詩:
"萬古太陰精,中秋海上生。"赤木本注顯係"陰""陽"形近而誤。天理本
中的"下缺"則當從赤木本改作"不缺";"光灵一眉"中的"灵"應從赤木
本改作"露",這當是由於繁體字"靈"與"露"形近所致,天理本抄寫者將
"露"誤認作"靈",於是寫了簡省的"灵"字。此外,赤木本中的"員"當據
天理本改作"眉"。
　　兩抄本注釋的不同還體現在,有些詞天理本無注釋,赤木本則有,如

“身體門” 之 “眉” 字條；有的則是天理本有，赤木本無，如 “衣服門” 之 “裖子”。還有一個不同是天理本用漢字注，赤木本則用片假名注，如 “人事門” 之 “殷懃”。最後一個不同是有的詞條其中一個抄本同時寫了漢字和片假名兩種注釋，但另外一個抄本却衹用片假名注，而且所用的片假名有所不同，如 “魚蟲門” 之 “鱔魚”。

根據上述對注釋的對比分析推測，《廣應官話》祖本可能衹有少部分漢字注釋，如兩抄本中基本相同的 “天文門” 之 “天” 字條的注釋，其他大部分內容可能衹是列出詞語和短句而已，并沒有相關的注釋性文字，現存兩個抄本中大量的注釋，極可能是使用者根據自己的實際情況隨用隨加而形成。

四、本節結語

以上對赤木本《廣應官話》作了簡單介紹，通過與天理本的對比可知，赤木本與天理本均在相關門類的末尾多出一些彼此所無的內容，相同類目的內容也在用字、用詞、語法、語序等諸多方面存在不少差異。類似的情況也見於其他幾種琉球官話課本的不同抄本之間，如《官話問答便語》《琉球官話集》等。由此可見，此類琉球官話課本一直以抄本流傳，使用者在使用過程中會根據自己的需求進行增減删改，這提醒我們在利用琉球官話課本語料時，應當留意不同抄本之間的差異，以增強語料運用的科學性。

通過比較也可以知道，赤木本與天理本應該沒有直接的傳承關係，但兩個抄本孰先孰後，尚不得而知。赤木本雖然無作者、抄寫者及抄寫時間等信息，但與天理本相同的是在 “時令門” 所收的 “皇帝年號” 部分，最後一個年號也是 “嘉慶”，因此，赤木本與天理本的主體部分當同作於嘉慶年間（1796～1820）或稍前一些，衹是新增部分的確切時間尚待進一步考辨。這也提示我們，天理本在相應門類末尾多出的內容也應當重新考慮其時間層次。此外，赤木本書脊處有 “東保德” 的署名，將來隨着琉球家譜資料研究的深入，也有可能找到此人的相關信息，從而爲赤木本抄寫年代的確定提供更爲直接的證據。

第四節　《琉球官話集》封面人名補述

一、關於自題人名的爭議

　　《琉球官話集》是天理大學圖書館藏琉球官話課本之一,其内容是琉球人學習中國清代官話所用的語彙集。根據宮良當壯早期對此書所作的介紹和研究可知[1],該書最早於昭和十五年(1940)見於反町茂雄所編纂的《弘文莊待賈古書目》第 14 號[2],後被天理圖書館收藏,成爲該館不外借的貴重圖書。後因他承擔了整理此書的工作,故得睹抄本原件。抄本 13.6cm×24.5cm,呈長方形,整書已被重新裝裱,共用唐紙 80 枚,含空白紙 15 枚。封面用多層唐紙製成,并刷有一種冲繩特製的柿核液。封面左肩墨書題寫"官話集",右下"敦厚堂""鄭干英",這些字尚可識出。然而由於此書應該被當時很多人使用過,而且未能好好保管,墨迹磨滅得較爲嚴重,故致文字很難識讀。因此宮良當壯對以上的識讀是否完全準確還有所擔心。卷首鈐有"敦厚堂"和"鄭之印"兩枚方印[3],同時鈐有中山正善之綿屋文庫"わたやのほん"長條印。卷末還鈐"月明莊"方印。

　　宮良氏根據抄本中多見空白紙的現象推測,此抄本當爲編纂者正在編寫的稿本,而此書的編寫者可能即封面上所題寫的"鄭干英","敦厚堂"即其自號。從本書内容推測,"鄭干英"可能是冲繩那霸人。"鄭干英"很可能與鄭良鼎、鄭秉哲、鄭元偉、鄭學楷、鄭迥、鄭嘉訓等人一樣,也是到中國留過學,詩文書畫俱佳之人。根據書中内容以及琉球滅亡的時間,宮良推測本書當成於德川(1603～1867)後期至明治(1868～1912)時期。

---

① 宮良當壯著,喜舍場一隆編:《宮良當壯全集 10:琉球官話集》,第一書房,1981 年,第 143～146、637～639 頁。

② 反町茂雄編:《弘文莊待賈古書目》第 14 號,弘文莊,1940 年,第 169 頁。

③ "鄭之印"實應爲"鄭印"。

　　雖然宮良當壯刊印的複製本《琉球官話集》并未提供該書的封面,但由於他據抄本原件介紹,故其所述《琉球官話集》的文獻信息多爲後來的研究者轉引。不過,對於該書編寫者是否爲“鄭干英”,“敦厚堂”是否即“鄭干英”之號等問題,研究者對宮良的結論却多有異議。平和彦認爲,從後來發現的《官話(三字口)》《琉球二字官話集》《官話》等相關異本來看,《琉球官話集》封面上墨書“鄭干英”不是編者,而應是此書的收藏者。冲繩門中所建宗祠之號多見“振德堂”“厚德堂”“忠盡堂”等名稱,所以“敦厚堂”恐怕也不是個人之號。此書收有一些後出新詞,故該抄本可能在明治三十年(1897)前後修改增補過①。池宮正治認爲,久米村鄭氏之堂號多以“□德堂”稱之,如鄭其昌之“經德堂”,鄭元偉之“通德堂”,鄭永泰之“樹德堂”,鄭德潤之“慈德堂”等等。這一支鄭氏是明清洪武年間入琉的,其始祖爲福建長樂縣的鄭義才。《琉球官話集》上所鈐“敦厚堂”當不屬於這一支鄭氏。從後來發現的材料可知,“敦厚堂”印又見於鄭良弼本《歷代寶案內容目録》,此抄本上鈐有“敦厚堂　鄭良弼　珍藏”朱印。池宮正治據此認爲,“敦厚堂”當是屬於鄭良弼家族的堂號。又據相關家譜記載,鄭良弼(1789～1851)之重孫有名“鄭文華”者,生於咸豐九年(1859),童名松金,號于英。因此,池宮正治據此認爲,《琉球官話集》封面上的墨書“鄭干英”很可能是“鄭于英”之誤寫或者宮良當壯之誤讀。根據“鄭于英”的年齡推測,該書當成於1864年之前,此時“鄭于英”15歲,正是讀書的年紀②。

二、自題人名當爲“鄭于英”

　　從上述池宮正治所論可見,根據鄭良弼本《歷代寶案內容目録》抄本上所鈐“敦厚堂　鄭良弼　珍藏”朱印,《琉球官話集》封面上的墨書及內

---

①　平和彦:《近世琉球の官話》,《宮良當壯全集月報》第7號,第1～4頁,見於宮良當壯著,喜舍場一隆編《宮良當壯全集10:琉球官話集》配本,第一書房,1981年。

②　池宮正治:《『琉球官話集』補注追論》,《冲繩文化研究》第17號,1991年,第262～264頁。

文中所鈐"敦厚堂"當爲鄭良弼家族的堂號,而所謂的"鄭干英"很可能是"鄭于英"之誤。祇不過由於池宮正治未核對抄本原件,故推測一方面可能是當時人的誤寫,另一方面也可能是宮良當壯的誤讀。

2016 年 5 月 8 日,我們利用參會之機赴日本天理大學圖書館考察了該館所藏的琉球官話課本。本次我們通過目驗抄本原件,着重對《琉球官話集》封面墨書文字進行了核實。正如宮良當壯所説,該書封面爲深褐色,因殘破較爲嚴重,故其上殘留墨迹已不甚清晰。但仔細辨別,仍能讀出其上的文字。封面左肩"官話集"三字,左下角"全",中間偏下"敦厚堂"三字,右下角"鄭于英",大致情形如下圖所示:

```
┌─────────────────────────┐
│                         │
│ 官                      │
│ 話                      │
│ 集        敦            │
│           厚            │
│           堂            │
│                   鄭    │
│                   于    │
│                   英    │
│                         │
│ 全                      │
└─────────────────────────┘
```

不過,需要説明的是,其右下角"鄭于英"的"于"字如下所示:

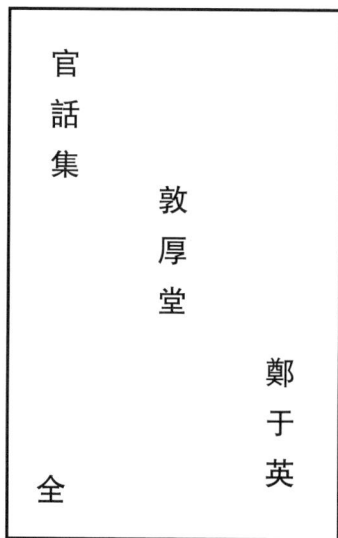

該"于"字上部二横筆向右上斜出,其最下部之鉤筆尚存墨迹,故爲"于"字當無疑議。由此可以證明,所謂的"鄭干英"實爲宮良當壯誤讀所致,池宮正治所作的推測可信。此外,據相關家譜所記,"鄭文華"還有一位同母兄弟名鄭文暉,"童名思百歲,字于煌,行二,同治五年(1866)丙寅三月二十八日丑時生"①。可見鄭文華兄弟二人取字相類,一字"于英",一字"于煌",亦可證《琉球官話集》封面左下角所題當爲"鄭于英"。池宮正治懷疑也可能是誤寫,看來并非如此。不過需要指出的是,正如平和彦所説,從後來發現的《官話(三字口)》《琉球二字官話集》《官話》等相關異本來看,《琉球官話集》封面此處的"鄭于英"應當是該書的使用者,并非編撰者,因此不能以此來簡單地推定該書的成書年代。京都大學所藏琉球官話課本《人中畫》與《白姓官話》均鈐有"敦厚堂"朱印②,與《琉球官話集》所鈐正同,據此看來,這些抄本均當是鄭良弼、鄭于英家族用於官話學習的課本抄件。

順便一提,從前述可知,《琉球官話集》封面自題之名爲《官話集》,現名實爲書商所加,根據名從主人的原則,應恢復其《官話集》的本來名字。此外,由於該抄本原件封面所存墨迹不清,而且又存在前文所説的爭議,故致以往相關著作在記錄時多有遺漏。如天理圖書館所編《天理圖書館稀書目録》在介紹該書時,祇提到封面左肩題"官話集",其他文字内容則未提及③。高津孝、榮野川敦所編《增補琉球関係漢籍目録》介紹該抄本封面文字爲"鄭□□　敦厚堂　官話集　全",雖然記録此抄本的文字比較詳細,但對於"鄭于英"之名作缺文處理④。高津孝、陳捷主編《琉球王國漢文文獻集成》第 34 册收有該抄本的黑白影印件,但題作"官話集一卷　琉球·鄭□□撰"⑤。以上這些記述均可根據我們的結論作適當修正。

①　那霸市企畫部市史編集室編集:《那霸市史·資料篇·第 1 卷之 6 · 家譜資料二(下)·久米系》,那霸市企畫部市史編集室,1980 年,第 704 頁。

②　參見木津祐子:《琉球本『人中畫』の成立——併せてそれが留める原刊本の姿について》,《中國文學報》第 81 號,2011 年,第 36 ～ 57 頁。

③　天理圖書館編:《天理圖書館稀書目録》,天理圖書館,1940 年,第 133 ～ 134 頁。

④　高津孝、榮野川敦編:《增補琉球関係漢籍目録》,斯文堂,2005 年,第 55 頁。

⑤　高津孝、陳捷主編:《琉球王國漢文文獻集成》第 34 册,復旦大學出版社,2013 年,第 119 頁。

第五節　琉本《人中畫》的校勘學價值

　　現存擬話本小説《人中畫》有繁簡兩個版本系統,其中最爲完整的是繁本嘯花軒本,包括《風流配》《自作孽》《狹路逢》《終有報》《寒徹骨》五個故事。簡本以尚志堂本爲代表,不僅比嘯花軒本少了《風流配》《自作孽》兩個故事,而且與嘯花軒本共存的三個故事也均在繁本基礎上作了大量的删節縮寫,錯訛較多①。因此可用於校勘嘯花軒本《人中畫》的本子非常匱乏。趙伯陶曾對嘯花軒本《人中畫》做過非常精到的校勘,所用於對勘的也祇有尚志堂本一個本子,大部分校記也祇能多出於本校、理校而已②。

　　值得關注的是,清代琉球人爲學習當時的官話,曾經將《人中畫》所收五個故事用作官話讀本,不過當時琉球人覺得《人中畫》語言仍然不够直白,在用作課本時又用當時他們學到的官話作了重新改寫。通過與現存刊本比對可知,琉球人改寫《人中畫》時所依據的母本與現存嘯花軒本最爲接近③。他們的改寫主要是針對敘述性語句、人物對話等内容,至於

① 趙伯陶:《〈人中畫〉版本演化及其他》,《徐州師範學院學報》1993 年第 1 期,第 11 ～ 14 頁;又 [明] 無名氏原著,趙伯陶校點:《人中畫》之 "前言",收入 [清] 徐震等原著,丁炳麟等校點:《中國話本大系珍珠舶等四種》,江蘇古籍出版社,1993 年。

② 無名氏原著,趙伯陶校點:《人中畫》,收入 [清] 徐震等原著,丁炳麟等校點:《中國話本大系珍珠舶等四種》,江蘇古籍出版社,1993 年。

③ 對於琉球改寫本所據母本,研究者有不同意見,魚返善雄認爲是琉球通事們根據《人中畫》最初的刊本修改而成,佐藤晴彦懷疑是根據嘯花軒本改編而成,李煒、李丹丹認爲琉球寫本的母版即嘯花軒本。分別參見:魚返善雄:《人中画と琉球人》,《人間味の文学》,明德出版社,1957 年,第 63 ～ 70 頁;佐藤晴彦:《琉球官話課本研究序説——写本〈人中画〉のことば (1)》,《人文研究》第 30 卷第 2 號,1978 年,第 67 ～ 81 頁;李煒、李丹丹:《從版本、語言特點考察〈人中畫〉琉球寫本的來源和改寫年代》,《中山大學學報 (社會科學版)》2007 年第 6 期,第 71 ～ 75 頁。按:根據本節對嘯花軒本原缺之文的分析可知,琉球改寫本有些文字爲嘯花軒本所無,而且二本尚存在一定量的異文。這些嘯本所缺文字和異文可以證明,當時琉本所據母本非現存嘯本,應是一個與嘯本接近但稍早於嘯本的本子,詳見本節後文分析。

回目名稱、詩詞、對句、判詞、公文、駢文等則均未改動。這些未作改動的内容無疑可以直接用作嘯花軒本的校勘材料。另外那些經過改動的敘述性語句和人物對話，也可以根據其改寫規律進行還原，然後用於校勘。此外，琉球寫本中還保留着大量當時使用者的注釋性文字，有些注釋文字直接引用了母本原文，這類注釋也可以直接用於嘯本的校勘。

琉球人改寫本《人中畫》僅以抄本流傳。天理大學圖書館藏有2種，其中一種五個故事俱全，是現存最爲完整的琉球寫本，另一種則僅存《狹路逢》一個故事而已。東京大學圖書館藏1種，存故事4個，僅缺《自作孽》。京都大學文學研究科藏1種，存故事4個，缺《狹路逢》。關西大學圖書館長澤文庫藏1種，僅存《終有報》。八重山博物館藏1種，僅存《自作孽》[①]。

鑒於琉球寫本中不少内容可用於嘯花軒本的校勘，本節以《人中畫》所收第一個故事《風流配》爲例，試將其對嘯花軒本《人中畫》的校勘價值略作揭示。爲了便於行文，首先將用於校勘的文獻版本及相關簡稱述之如次：

（一）嘯花軒本《人中畫·風流配》（簡稱"嘯本"）[②]：

1. 無名氏原著，趙伯陶校點《人中畫》，收入徐震等原著，丁炳麟等校點《中國話本大系珍珠舶等四種》，江蘇古籍出版社1993年。（簡稱"《大系》"）

2. 路工編《明清平話小説選一》，上海古籍出版社1986年。（簡稱"《選》"）

3. 路工、譚天合編《古本平話小説集》，人民文學出版社1984年。（簡

---

① 參見：李丹丹：《〈人中畫〉琉球寫本的"自家"——兼論漢語南北雙方反身代詞發展軌迹》，《中國語學》第255號，2008年，第78～93頁；木津祐子《琉球本『人中畫』の成立——併せてそれが留める原刊本の姿について》，《中國文學報》第81號，2011年，第36～57頁。

② 嘯花軒本原藏路工處，20世紀80年代初爲中華書局資料室所得，至今尚未見藏書機構著録，參見趙伯陶：《〈人中畫〉版本演化及其他》，《徐州師範學院學報》1993年第1期，第11頁。本人無緣得見原本，祇能暫以三種排印本爲據。

稱“《集》”)

（二）琉球寫本《人中畫·風流配》（簡稱“琉本”）：

1. 天理大學圖書館藏琉球寫本《人中畫·風流配》。（簡稱“天理本”）

2. 東京大學圖書館藏琉球寫本《人中畫·風流配》。（簡稱“東大本”）

3. 京都大學文學研究科藏琉球寫本《人中畫·風流配》。（簡稱“京大本”）

本節所引嘯本原文主要依據《大系》，并旁及《選》《集》二本。爲便於校勘，引錄原文適當保留各本的繁簡字、異體字原狀，并在引文開頭括注編號，末尾括注《大系》頁碼與行號。所用琉本以天理本爲準，并輔之以東大本、京大本。天理本原本没有頁碼，爲引述方便，我們按今人閱讀習慣給正文編了頁碼，將原抄本一葉的正反兩面分别用 ab 表示。東大本與京大本主要用於參校，爲避繁瑣，未再單獨編製頁碼。同時根據今人閱讀習慣，將琉本中的原文和注文加了新式標點。

一、正訛文（13 例）

嘯本的訛文可分成三類，共計 13 例，分别是：嘯本原誤 8 例，排印訛誤 3 例，誤校之誤 2 例。“嘯本原誤”是指嘯本原本誤刻所致的錯誤；“排印訛誤”是指嘯本今排印本中因誤排而導致的錯誤；“誤校之誤”是指今人在整理嘯本時因誤校所產生的錯誤。雖然從嚴格意義上来说，後兩種訛誤并非嘯本原来的錯誤，但因爲嘯本原本難以見到，目前我們能用於校對的本子祇有今人校勘排印本，所以在此也將“排印訛誤”和“誤校之誤”一并列出。

（一）嘯本原誤（8 例）

（1）將他一女兒許我續絃。（《大系》第 2 頁 6 行）

按：《大系》第 2 頁趙伯陶校記（後文簡稱“趙校”）曰：“一——原作‘十’，今據上下文意正。”《選》124 頁，《集》242 頁均徑改作“一”。此句天理本改寫作“把個女兒許給我做老婆”（3a）。東大本、京大本均同天理本。據琉本可知，《大系》等校改作“一”極是。

（2）原來就是四川榜首。(《大系》第 3 頁 2 ～ 3 行)

按:《大系》第 3 頁趙校曰:"四川——原作'四州',據上下文正。"《選》125 頁,《集》243 頁均徑改作"四川"。此句天理本改寫作"原來就是四川解元"（4b）。東大本、京大本均同天理本。據琉本可知,《大系》等校改作"四川"極是。

（3）鶴髮白水白,桃年千復千。(《大系》第 4 頁 10 行)

按:此句天理本作"鶴髮白未白,桃年千復千"（7a）。東大本、京大本均同天理本。據琉本可知,無論是從句意還是對仗來看,嘯本中的"水"字,當係形近而誤,應據琉本改作"未"。《大系》第 4 頁,《選》126 頁,《集》244 頁三個排印本均作"水",失校。

（4）駿馳春草路,芳襲晚春天。(《大系》第 8 頁 14 行)

按:此句天理本作"駿馳春艸路,芳襲晚花天"（13b）。東大本、京大本均同天理本。琉本"春艸路"與"晚花天"對仗非常工整,可見嘯本中的"晚春天"當爲"晚花天"之誤。《大系》8 頁,《選》129 頁,《集》248 頁三個本子均作"春",失校。

（5）他要詩箋何用？(《大系》第 16 頁 3 行)

按:《大系》第 16 頁趙校曰:"何用——原作'何要',今依文意正。"《選》136 頁,《集》255 頁均徑改作"何用"。此句天理本改寫作"他要詩箋做什麼呢"（25b）。東大本、京大本均同天理本。據琉本可知,《大系》等校改作"何用"極是。

（6）高才莫向琴心逞,常怪相如輕薄兒。(《大系》第 18 頁 6 行)

按:這一詩句天理本作"高才莫向琴心逞,常怪相如輕薄兒"（29b）。東大本、京大本均同天理本。對於其中的"逞"字,天理本該頁頁眉注曰:"逞,通也、快也、疾也、盡也。"可見當時琉球人是按"逞"來學習的。此句詩是該話本女主角尹苻煙告誡男主角司馬玄不要學那司馬相如琴挑輕薄之舉,不要將"高才"如此逞能炫耀,這裏用"逞"字非常恰切,嘯本作"逗"當爲形近而誤,故當從琉本校改作"逞"。《大系》第 18 頁,《選》138 頁,《集》257 頁三個本子均作"逗",失校。

（7）此事若是紈褲奸人盜娶。（《大系》第 31 頁 13 行）

按：《大系》第 31 頁趙校曰："盜——原作'姿'，係形訛，今正。"《選》159 頁，《集》270 均徑改作"盜"。此句天理本改寫作"定是奸人假我名字偷娶去了"（54a）。東大本、京大本均同天理本。顯然這其中的"偷"對應嘯本的"盜"。因此據琉本可知，《大系》等校改作"盜"極是。

（8）曠不可待而不待，故曰行權，娶而可待而不待，則爲越禮。（《大系》第 37 頁 16 行）

按：此句天理本改寫作"這個聘禮，原不要等個時候，偏要等個時候，叫做行權；娶親原要等個日子，偏不等個日子，叫做越禮"（65a）。東大本、京大本均同天理本。值得注意的是天理本該頁這兩句旁有兩條注文，分別作"聘不可待而不待故行權""娶而可待而不待則爲越禮"，與嘯本對照可知，這兩條旁注當即琉本所據母本的原文，衹是注文中的"聘"嘯本作"曠"，注文第一句中脫了一"曰"字。結合琉本改寫之文和這兩條注文，可知嘯本此句誤"聘"爲"曠"，遂致文意不易解。《大系》37 頁，《選》155 頁，《集》276 頁三個本子均作"曠"，失校。

不過，根據前後文意可知，琉本此處改寫得也不够準確，未能表達出原文本來的意思。該話本男主角司馬玄先定了華岳之女華峰蓮爲妻，準備等自己高中後就迎娶，但在這期間又偶遇了佳人尹荇煙，遂請其朋友呂柯代爲下聘，又定下了尹荇煙，因爲下聘不用等迎娶華峰蓮之後，所以就早早地下了聘，這可稱得上"行權"。司馬玄本來是想等科舉高中之後先娶華峰蓮，然後再娶尹荇煙，成其兩全，這樣也就不會"越禮"。司馬玄私定尹荇煙之後，被華峰蓮之父華岳得知，然後采取了一些措施并當面責問此事，司馬玄便將爲何"越禮行權"聘定了尹荇煙之事説了一遍。接下來華岳又問及司馬玄爲何聘了尹荇煙却不娶時，司馬玄便回答説："曠〈聘〉不可待而不待，故曰行權，娶而可待而不待，則爲越禮。晚生指望春闈僥倖，先完老太師之盟，而次第及之，庶幾兩全。"這裏解釋得已經很清楚。可見琉本將"聘不可待而不待"一句改寫作"這個聘禮，偏要等個時候"，顯然是將本來是否定的"不待"誤改成了肯定的"等個時候"，遂致文意不清^①。天理本此處行間、頁眉針對此句留有 3 條注文,但均不得其正解,可能正因爲如此,使用者才會再加注母本原文以助其讀。琉本當據此改寫爲"這個聘禮,原不要等個時候,便没等個時候,叫做行權;娶親原要等個日子,偏不等個日子,叫做越禮"。

(二)排印訛誤(3 例)

(1)"小河洲"匾題。(《大系》第 22 頁 1 行)

按:《大系》此處的"匾題",《選》141 頁、《集》261 頁俱作"匾額"。天理本亦作"匾額"(36b)。東大本、京大本均同天理本。據此可知,《大系》中的"題"當爲"額"之誤排。

(2)小姐題罷,传與家人传去。(《集》第 265 頁 13 行)

按:此句《選》145 頁作"小姐題罷,付與家人傳去",《大系》26 頁作"小姐題罷,付與家人傳去"。天理本改寫作"小姐題完,付給家人傳去"(45a)。東大本、京大本均同天理本。據此可知,《集》此處的"传與"當係"付與"之誤,或受本句末"传去"之"传"影響而誤排。

(3)望去一泓秋水,行來兩袖青烟。(《集》第 273 頁 22 行)

按:此對句中的"青"字,《選》153 頁,《大系》35 頁均作"春"。天理本亦作"春"(60b)。東大本、京大本均同天理本。據此可知,《集》中的"青"當爲"春"之誤排。

(三)誤校之誤(2 例)

(1)華峰蓮爲憐才喬催妝。(《大系》第 23 頁 1 行)

按:此句屬於該話本第三回的目録,其中的"喬"字,《大系》23 頁趙校曰:"喬——原作巧,今據總録正。"《集》261 頁亦徑改作"喬",《選》142 頁則仍作"巧"。據趙校可知,此處嘯本原文作"巧",改作"喬"是因爲嘯本總目録中作"喬"。天理本此處亦作"巧"(38a),東大本、京大本均同天理本。但天理本、東大本、京大本總目録中亦均作"喬"。

---

① 當然,也有可能是輾轉傳抄之誤,但現存三個琉本均高度一致,所以我們懷疑是改寫時已誤。

由此看來,琉本所據母本既已是總目録與内文目録不相一致,這與嘯本的實際情況相同,因此不必將内文目録中的"巧"校改作"喬"。"喬催妝"的"喬"即喬妝改扮之意,立意在華峰蓮女扮男裝;"巧催妝"的"巧"立意在華峰蓮的這一巧妙做法,二者皆可講通,可以兩存之,不必强求統一。

(2)欲知畢竟何如,且聽下回分解。(《大系》第 32 頁 3 行)

按:《大系》32 頁趙校曰:"畢竟——原作'必竟',係音訛,今正。"《選》159 頁,《集》270 頁均作"必竟"。天理本作"畢竟"(55a),東大本和京大本則均作"必竟"。文獻中"必竟"也作"畢竟",唐代許渾《聞開江宋相公申錫下世》詩之一:"畢竟成功何處是？五湖雲月一帆開。"宋代辛棄疾《菩薩蠻·書江西造口壁》詞:"青山遮不住,畢竟東流去。"明代劉基《更漏子》詞:"塞門雲,湘浦樹,畢竟故鄉何處。"唐代賈島《投孟郊》詩:"必竟獲所實,爾焉遂深衷。"宋代周弼《會稽山》詩:"必竟興亡誰可料,但聞陵穀變飛塵。"《二刻拍案驚奇》卷二九:"内科又説:'是肺經受風,必竟要吃消風散毒之劑。'"《紅樓夢》第二六回:"必竟是寶玉惱我告他的原故。"據此可知,嘯本中的"必竟"不必强改作"畢竟"。琉本或作"畢竟",或作"必竟"正體現了文獻中混用的事實,二者完全可以并存之。

二、補缺文(8 例)

嘯本缺文可分成兩類,共 8 例,分别是:嘯本殘缺 6 例,嘯本原缺 2 例。"嘯本殘缺"是指嘯本因原印版欠佳或者印刷不清導致的缺漏文字,這類殘缺的文字在《選》《集》二排印本中基本上直接作了擬補,但《大系》則對此僅出校記,未做擬補,因此這類殘缺之文的判定均依《大系》校語而定。"嘯本原缺"是指嘯本原板在雕製時有所疏漏或者出於節省時間等原因,未刻入的内容。這些内容,在琉本所據母本中未缺,從而以改寫後的形態保留在了琉本當中。我們可以借此推知其所據母本的一些細節,并借此探討與現存嘯本之間的關係,顯得彌足珍貴。因此從這個角度來看,琉本所據母本當非現存嘯本,很可能是與嘯本相近、但稍早於嘯本的本子①。

(一)嘯本殘缺(6例)

(1)況西蜀小子陋學□才,焉敢班門取罪!(《大系》第6頁9～10行)

按:此句中有一處缺文,《大系》第6頁以空缺處理,未作擬補。《選》128頁擬補作"陋學疏才",《集》246頁則擬補作"陋學之才"。此句天理本改寫作:"況我之西蜀小子,没有學問,焉敢班門取罪。"(10a)東大本、京大本均同天理本。據此可知,《選》擬補作"漏學疏才"較爲合理。而且,"陋學之才"文獻中較爲罕見,但"才陋學疏"則見於文獻,如《歧路燈》卷三:"本部院才陋學疏,幸博一第,方幸與諸生共勉於大道,斷不敢蹈此陋習,以開侮聖言之漸也。"

(2)一面就殺雞烹□□□□□□□□□□□□□□□□□□吉服,換了便衣,耐心等他□□□□□□□□□□□□□□"小河洲"匾題。因歎道:"前輩鑒賞,自然不同!"尹荇煙又備了□□□浣古軒,叫父親請吕爺到軒子裏去坐。(《大系》第21頁16行,第22頁1～2行)

按:此處嘯本殘缺過甚,共三處缺文,第一處缺18字,第二處缺14字,第三處缺3字。《大系》21～22頁均未作擬補。趙校曰:"原本闕。"《選》141頁擬補作:"一面就殺雞烹 魚,收拾酒飯。吕翰林因受司馬之托, 便脱下 吉服,換了便衣,耐心等他 飯吃。就四下觀看,見李九我題的 '小河洲'匾額,因嘆道:'前輩鑒賞,自然不同!' 尹荇煙又備了 香茶在 '浣古軒'。"《集》261頁所作擬補與《選》幾乎全同,祇在"司馬"之後多一"玄"字。這段文字天理本改寫作:"一面就叫殺雞煮 魚,收拾酒 飯。吕翰林受了司馬玄托,他就脱去 衣裳,換了便衣,等他 飯吃,就四下 觀看,看見李九我題的 '小河洲'匾額,就嘆説:'前輩的人玩耍的地方,自

---

① 這類缺文還散見於其他四個話本中,有待專文詳論。

然不同。'尹荇煙又備了一壺 香茶在 浣古軒。"（36b ～ 37a）^① 東大本、京大本均同天理本。諸本對照後可知，第一段 18 字缺文，《選》擬補了 17 字，脫一"玄"字，可能是排印之失。《集》第一段缺文擬補了 18 字，未脫"玄"字。琉本此處恰好也是 18 字，據此可知《集》所擬補的 18 字基本可從。第二段 14 字缺文，《選》《集》均擬補了 13 字，少補了 1 字。琉本此處恰好 14 字，正可以補此缺文。第三段 3 字缺文，《選》《集》均擬補作"香茶在" 3 字，而琉本此處剛好也是此三字，可見二本所擬補均正確可從。

（3）尹荇煙將新□□□一看。（《大系》第 27 頁 3 行）

按：此處嘯本殘缺 3 字，《大系》27 頁未作擬補。趙校曰："□□□——原本空闕。"《選》第 146 頁此句祇補了一字作"尹荇煙將新 郎 一看"。《集》第 266 頁補全了三字作："尹荇煙將新 郎仔細 一看。"天理本此句改寫作"尹荇煙把新 郎偷眼 也一看"（45b），其中"也"字被使用者點塗掉，東大本、京大本均同天理本，祇是"也"字未被點塗掉。據琉本可知，嘯本所缺三字當據琉本補爲"郎偷眼"，而非《集》擬補的"郎仔細"。"將新 郎偷眼 一看"正表現出尹荇煙初見新郎的嬌羞之狀，若補爲"將新 郎仔細 一看"，則如審看一般，羞澀之態盡失。

（4）尹荇煙不好回答，惟低頭作□將欲迎之態。（《大系》第 27 頁 8 行）

按：此處嘯本殘缺一字，《大系》27 頁未作擬補。趙校曰："□——原本空闕。"《選》146 未作擬補，徑作"惟低頭作將欲迎之態"，遂致句子欠通。《集》266 頁補作"惟低頭作 欲 將欲迎之態"。天理本此句改寫作："尹荇煙不好回答，寡低頭做半推半就的意思。"（46a）東大本、京大本均同天理本。據琉本的"半推半就"仍然不易正確補出嘯本中的缺文，但值得注意的是，天理本該頁對"半推半就"有一旁注作"欲將欲迎之態"，顯然這就是其所據母本的原文。據此可知《集》補作"欲"正確可從。

---

① 　爲便於比勘，此處《選》《集》擬補之文，天理本改寫之文與之相對應的部分，我們均另加了邊框。本小節後文所論之缺文亦如此，後文不再一一注明。

（5）及詩完,起身□來一看。(《大系》第 27 頁 14 行)

按:此處嘯本殘缺一字,《大系》27 頁未作擬補。趙校曰:"□——原本爲墨丁。"《選》146 頁補作"起身 取 來一看"。《集》266 頁補作"起身 拿 來一看"。天理本此句改寫作:"到他詩做完了,起身 拿 來一看。"(46b)據琉本可知,《集》補作"拿"似乎最爲可從。不過琉本畢竟是改寫之本,查核其改寫規律可知,嘯本中的這類"取"字,天理本基本上均改寫作"拿",罕有例外,如"取了卷子來"改寫作"拿了卷子來";"因取紙筆"改寫作"就叫他拿紙筆";"因命取文房四寶"改寫作"拿出紙筆來";"取了小姐的詩扇來"改寫作"拿了小姐的詩扇來";"叫侍兒取筆硯花箋"改寫作"叫丫頭拿紙筆硯來";"就取出一把扇子來扇"改寫作"就拿一把白扇子來搧";"取了一錠"改寫作"拿了一錠"等等。根據這一改寫規律可以推知,此處缺文當從《選》擬補作"取"。

（6）叫侍兒將巾衣脱去,仍露出紅顏綠□道。(《大系》第 28 頁 3 行)

按:此處嘯本殘缺一字,《大系》28 頁未作擬補。趙校曰:"□——原本空闕。"《選》146 頁,《集》266 頁均補作"仍露出紅顏綠 裙 道"。天理本第 93 ～ 94 頁此句改寫作:"叫丫頭把巾衣脱去,露出女人的本相來説。"(46b ～ 47a)東大本、京大本均同天理本。據琉本可知《選》《集》補作"紅顏綠裙"不够恰當,話本此處是説華峰蓮女扮男裝後脱去男裝,露出女人本來的體貌特徵,不可能其男裝之内還穿着"綠裙"。因此,這裏的"綠□"當爲標志女性的容貌特徵,不當爲衣服之類。我們懷疑此處當補作"綠 鬢"。文獻中"紅顏綠鬢"亦作"綠鬢紅顏""綠鬢朱顏",形容年輕美好的容顏,借指年輕女子。清代洪棟園《後南柯·檀謀》:"霎時綠鬢紅顏都成孤寡,并不勞挨門搜刮。"

（二）嘯本原缺(2 例)

（1）詞曰:誤、誤、誤,美愛美兮何故? 不是憐才應是妬。甜殺酸如醋。一紙催粧曾賦,合卺半篇無負。方識惺惺相愛慕,超出尋常數。(《大系》第 23 頁 3 ～ 4 行)

　　按:《大系》23 頁,《選》142 頁,《集》262 頁均有此詞,但詞尾均未附詞牌名。天理本同樣録有此詞,但於詞末附詞牌名作"右調謁金門"(38a)。東大本、京大本同天理本。據琉本可知,嘯本脱了"右調謁金門"五字。《謁金門》,原爲唐教坊曲,後用爲詞牌。代表作有唐代韋莊《謁金門·空相思》,南宋李好古《謁金門·懷故居》等,與之對照可知,話本中此詞的詞牌恰爲"謁金門"。

　　(2) 司馬玄此時意亂,那能就枕? 欲知畢竟何如,且聽下回分解。(《大系》第 32 頁 2 ～ 4 行)

　　按:《大系》32 頁,《選》159 頁,《集》270 頁均如此作。天理本則作:"司馬玄這個時候,滿心愁悶,那裏會睡得,作詩一首説'燕去樓空事渺茫,尋思徙倚遍迴廊 ①,芳香依舊人何在,不必猿聞也斷腸'。不知司馬玄相思,畢竟何如,且聽下回分解。"(54b ～ 55a)據琉本可知,嘯本脱了一首詩。嘯本每回的回前回末均有詩詞對句等内容,這也是話本小説的一大特點,按此規律,嘯本此處理應有這類内容。琉本此處保留的詩句,正可補嘯本之缺。

三、存異文(2 例)

　　前文已指出,琉球人在改寫《人中畫》時,主要是針對敘述性語句、人物對話等内容,至於其中的回目名稱、詩詞、對句、判詞、公文、駢文等則均未作改動。這些未做改動的内容無疑即琉本所據母本的原文。我們將這些未改動的原文與嘯本相對勘後發現二者存在一些異文。這類異文説明琉本所據母本與現存嘯本的差異,從而進一步證明琉本所據母本非現存嘯本。這類異文在《風流配》中共有 2 例。

　　(1) 長安街花担上遇良緣。(《大系》第 12 頁 1 行)

　　按:此句是第二回的目録,其中的"緣"字,《大系》12 頁,《選》132 頁,《集》251 頁均如此作。總目録中亦作"緣"。天理本則作"長安街花

---

① "徙"似爲"徒"字之誤,東大本此處亦作"徒"。

擔上遇良媒"(18a),總目録中亦作"媒"。東大本、京大本亦均同天理本。琉本內部高度一致,全作"媒",由此可推知其所據母本本來既作"媒"。這與嘯本作"緣"并不矛盾,"媒""緣"二字置於此均可通,可兩存之。

（2）蜀人司馬玄漫和。（《大系》第19頁3行）

按:此句中的"漫"字,《大系》19頁,《選》138頁,《集》上258頁均如此作。天理本則作"蜀人司馬玄再和"(30b～31a)。東大本無此句,京大本同天理本作"再和"。可見琉本所據母本似本來作"再和"。此句在原話本中是司馬玄第二次唱和尹荇煙之詩,前面唱和第一首時既已署作"蜀人司馬玄步韻奉和求斧政"。此次第二回唱和雖仍可署作"漫和",但琉本母本署作"再和"似更爲允當,姑兩存之。

四、本節結語

本節以琉球寫本《人中畫》之《風流配》爲例,揭示了琉本《人中畫》對嘯本的校勘價值,這些價值主要體現在正訛文、補缺文、存異文三個方面。文中對這三方面作了論列,同時也根據琉本提供的信息,對嘯本排印本中的訛文、誤校、缺文等作了校改和擬補,使嘯本文字更臻精確完善。

此外,琉本中保留下來了一些未作改動的母本文字,這些文字有些爲"嘯本原缺",有些則與嘯本有異。這些迹象表明,現存嘯本《人中畫》并非最爲完整的本子,而琉本改寫時所據母本也并非現存的嘯本,可能是一個與嘯本接近但稍早的本子。我們相信這一研究將有助於探討嘯本《人中畫》的流傳與演變,然而限於篇幅,本節所論僅限於《風流配》一個話本,其他四個話本的校勘價值同樣甚巨,值得我們繼續研究與發掘。

第四章　國際漢語教育史考察

第一節　從課本注記看琉球人漢語詞彙學習難點

　　以往對於琉球人的官話學習及課本編寫情況的研究已有不少學者涉獵過,如武藤長平、村上嘉英、徐恭生、董明、林少駿、羅小東、瀨户口律子等[①],基本上勾勒出了明清時期琉球國的漢語學習概況。不過遺憾的是,以往這些研究大都集中在教育制度、教師、教材編寫等教學主體方面,從漢語學習者這一教學客體所作的研究則十分罕見,因此我們對於琉球人官話學習過程中的各種細節并不清楚。

　　有鑒於此,本節擬通過對琉球官話課本中所存使用者各類注記的梳理,對清代琉球人漢語學習過程中的詞彙難點進行歸納,以期能從教學客體角度適當還原當時琉球人漢語學習過程中的一些歷史細節,爲國際漢語教育史的研究提供參考。

一、天理本《官話問答便語》與注記材料

　　現存琉球官話課本的行間和天頭等位置保留了大量當時使用者的注

---

① 武藤長平:《薩藩及び南島の支那語學獎勵》,《藝文》第 9 卷第 9 號,1918 年,第 86 ～ 91 頁,後收入武藤長平《西南文運史論》,岡書院,1926 年,第 60 ～ 62 頁;村上嘉英:《近世琉球における中国語学習の樣態》,《東方學》第 41 輯,1971 年,第 91 ～ 100 頁;徐恭生:《琉球國在華留學生》,《福建師範大學學報(哲學社會科學版)》1987 年第 4 期,第 102 ～ 107 頁;董明:《明清時期琉球人的漢語漢文化學習》,《北京師範大學學報(人文社會科學版)》2001 年第 1 期,第 109 ～ 116 頁;林少駿:《清代琉球來華留學生之研究》,福建師範大學碩士學位論文,2003 年;瀨户口律子:《琉球官話課本の研究》,榕樹書林,2011 年,第 7 ～ 23 頁;羅小東、瀨户口律子:《明清時期琉球國的漢語教育》,《世界漢語教學》2007 年第 1 期,第 136 ～ 142 頁。

記,以往多不被研究者注意。這些注記主要是針對課本中的學習難點所作的注音、釋義、校勘、說明等,是研究當時官話學習者學習過程與學習策略的寶貴材料。會話課本中保留注記最多的是天理大學藏《官話問答便語》,其他會話課本,如《白姓官話》《學官話》等各處所藏諸抄本中所存注記均無法與之相比。《官話問答便語》作者不詳,撰成年代有兩種觀點,一種觀點認爲是 1703 年至 1705 年之間,另一種觀點認爲成書於 1710 年之後但不晚於 18 世紀末 [①]。

現存《官話問答便語》抄本共兩種,分別藏於天理大學圖書館和法政大學冲繩文化研究所赤木文庫。天理本《官話問答便語》共 52 葉,每半葉 8 行,每行 20 字,其中多處留有當時課本使用者"阮應選"的題名 [②]。天理本《廣應官話》同樣是"阮應選"曾經使用的課本,而該本末尾留有"咸豐五年"的題記,據此可知阮應選當是咸豐五年(1855)時人。從字迹特徵、墨色濃淡、塗改墨蹟疊壓等因素分析,天理本《官話問答便語》中所存注記至少出自 5 人之手,故絕不可能僅"阮應選"一人所爲。因此該抄本中所存大量注記應當是與"阮應選"同時期人或者稍前一些時候的人所爲,當然亦不排除傳抄自更早課本中原有注記的可能,所以這些注記材料在一定程度上可以反映相當一部分琉球人漢語學習的難點所在,具有一定的普通性和代表性。

天理本《官話問答便語》保留的注記共達 1600 餘條,内容包括注音、釋義、注音兼釋義、校勘四類。從注記所在位置來看,包括行間注、頁眉注、頁底注等,行間注又包括行間左注、行間右注等。從注記所用文字符號來看,包括假名注和漢字注。從注記文字的顏色來看,可分爲朱書注、

① 瀨户口律子、李煒:《琉球官話課本編寫年代考證》,《中國語文》2004 年第 1 期,第 77 ～ 84 頁;木津祐子:《赤木文庫藏『官話問答便語』校》,《冲繩文化研究》第 31 號,2004 年,第 543 ～ 657 頁。

② 該抄本扉頁朱書題名完全保留;首頁正面右下角爲墨書題名,但已遭塗白;尾頁篇末爲朱書題名,但亦遭塗白。雖然如此,但首頁和尾頁的題名仍可據殘存字迹辨認出來。

墨書注、朱墨兼書注等。由於本節主要根據這些注記考察當時學習者的學習難點，所以從內容來分的注音、釋義、注音兼釋義三類注記材料最有價值，因此本節主要據此進行考察。

此外，注記中的假名注釋基本上都是標記難點字詞的讀音和意義，這些假名符號所記應爲當時的琉球方言，與當下的冲繩方言或者日語的對應關係比較複雜，尚無法進行逐一譯釋，但此亦非本節討論的重點，故對這些假名注釋基本上未作漢譯處理。

二、注記體現出的詞彙學習難點

通過對《官話問答便語》中所存釋義及注音兼釋義兩類注記材料的考察，我們可以大體瞭解當時琉球人漢語官話學習的難點詞語主要集中在以下四類：

（一）書面色彩較重的詞語，包括一些雅句、諺語、禮貌套語、委婉語等，如：

（1）相逢不飲空歸去，洞口桃花也笑人。（2a）

此句是明清時期流行的兒童啓蒙書《增廣賢文》中所收的佳句，相傳此句出於唐代詩人李敬方[1]。此句對於當時的官話口語學習者來説當屬難點，因此於頁眉墨書注曰："武陵溪有桃源洞，洞口遍栽桃花，其桃顔色紅豔，言不飲空歸，人無酒色，恐被桃花所笑。"[2]

（2）今逢聖世，洪福齊天，四方太平，山無伏莽，水不揚波。（25b）

本句是十分常見的歌功頌聖套語，其中的"洪福齊天"和"山無伏莽"都附有多種注釋，兹僅以"山無伏莽"爲例。使用者於"伏"字右側朱書注一"服"字，墨書注"ナビク"。又於其左側墨書注"ホクス"。於"莽"字右側朱書注一"滿"字，墨書注"クサ"，又於其左側朱書注"滿"，墨書注"ワスルT"。此外，頁眉處朱書注："莽，滿，草深貌。"頁眉墨書注："伏

---

① ［宋］吴开：《優古堂詩話》，《叢書集成初編》，中華書局，1985年，第16頁。
② "色恐被桃花所笑"七字在第2b頁眉處。

藏兵戎於林莽之中。”“山無伏莽：伏於草莽者，賊寇也，今山中無之。水
揚波者，浪大也，今不然。二句俱太平之事。”

（3）大厦千櫊，夜眠祇容七尺。（40a）

本句是至今慣用的俗諺，其中“厦”字右側朱書注“下”。右側墨書
注“ウホヤ”。“櫊”字聲旁“間”上有朱圈，當爲提示讀音。“櫊”字右側
墨書注“カンアリ厂”。“祇”字右側朱書注“知”。又注“支”。又注“マ
サニ”。墨書注“只也”。“祇”字左側墨書注“タラ”。“容”字右側墨書注
“イル”。“七尺”二字右側墨書注“床也”。頁眉墨書注：“夜眠祇容七尺，
是睡的床只七長①，此句是説不必强求大房屋，要隨分而安之意。”

（4）望乞恕罪。（1b）

本句爲禮貌套語，其中的“乞”字左側使用者用朱書假名注曰“ク
ル”，即“來”的意思，同時於頁眉處用朱書漢字注曰：“乞、欺、吉均音詰。”
對於本句中的“恕”字，使用者用墨書假名於其右側行間注曰“ヨルスフ
ヲ”，亦即“恕”之意。

（5）一定要舉我坐，我没奈何，祇得告佔。（5a）

本句中的“祇得告佔”屬禮貌套語，其中的“佔”字，即“僭”之假借。
使用者於其右側用朱書假名注“カメサスル”，即“僭越”之意，同時用朱
書漢字注一“見”字，當是注“佔”之讀音。此外，還於頁眉用朱書漢字注
曰：“佔，踰越也，音占去聲。”這是對“佔”的釋義兼注音。

（6）風情月意，大半都是生旦做的。（11b）

本句中的“風情月意”與“風情月思”同意，婉指男女相互愛戀之情。
明代戲曲、小説中多見之，如高濂《玉簪記·合慶》：“京兆府當年指腹，婦
貞觀重會玉簪；慢寫出風情月思，畫堂前侑酒承歡。”《金瓶梅》第九回：
“臉如三月桃花，暗帶着風情月意。”②估計當時的漢語官話口語學習者對
此委婉之語并不熟悉，遂於其右側行間朱書注“風流玩耍之類”。

---

① “七”後脱“尺”字。
② 張拱貴主編：《漢語委婉語詞典》，北京語言文化大學出版社，1996年，第76頁。

（二）口語色彩較重的詞語，主要是一些日常口語詞，如：

（7）買便就好到山上去，再挨越遲了。（3a）

其中"挨"字右側墨書注"ノビレハ"，即拖延之義。"挨"在口語中常用於表示拖延之義，現代漢語中仍然如此，如："他捨不得走，挨到第二天才動身。"[①]

（8）你要買什麼菜？ 講來趕早好去買。（3a）

其中"趕早"一詞右側墨書注"早早也"。"趕早"是日常口語詞，如《紅樓夢》第三回："你們趕早打掃兩間屋子叫他們歇歇兒去。"

（9）舀來給人洗澡。（7a）

其中"舀"字右側墨書注一"腰"字，以提示讀音。"舀"字下部又朱書注"要上聲"。此注復又塗掉，并於其右側朱書注假名注"クモ"。"舀"至今仍是現代漢語日常口語詞。

（10）數不清的，那些曲蹄婆。（29b ～ 30a）

本句中的"數不清"是常見口語表达，其右側朱書注"不明白也"，其左側朱書假名注"イサズヨカ"。

（11）假如仔細不肯收，挑轉回來，可不是遭榻了。（42b）

其中"遭榻"左側朱書注"塌"，墨書注"忘費"。右側墨書注"空費也"。又朱書注"作賤""壞"。"遭榻"即"糟蹋"之異寫，現代漢語中仍屬常用口語詞，但課本使用者多次反復注釋，足見此詞在當時學習者心目中屬較難掌握的詞語。

（12）你也脱得赤身條條，我也脱得赤身條條，不顧體統。（6b）

其中"體統"一詞右側朱書假名注"ハゲ"。"統"字右側朱書注"通上聲"。左側又朱書注"體面也"。頁眉朱書注曰："統，音東，模樣也，桶。"課本此處"不顧體統"是帶有較强批評色彩的表達，近於詈罵語的範疇。

---

① 中國社會科學院語言研究所詞典編輯室編：《現代漢語詞典》（第 6 版），商務印書館，2012 年，第 3 頁。

（13）天地間生此害人的孽障。（8b）

對於本句中的"孽障"一詞,課本使用者在"孽"字右側朱書注一"業"字,於"障"字右側朱書注一"章"字,并且在"障"字聲旁"章"上加有朱圈以提示讀音。同時在其左側朱書注"ワサワエ",在頁眉朱書注曰:"凡害人之物人罵他爲孽障。""孽障"是源自佛教用語的詈罵語,清代小說中常見,應是當時常用的口語詞。如《紅樓夢》第三回:"孽障!你生氣,要打要罵人容易,何苦摔那命根子!"但是,對於琉球官話課本的使用者而言仍屬陌生詞,故不厭其煩地對其進行標音釋義。

（三）帶有方言色彩的詞語,如:

（14）敝地雖有好燒酒,味辣兼霸。（2b）

其中"霸"字右側朱書注一"罷"字,標其讀音。頁眉朱書注曰:"霸,酒力利害也,酒力厚也。"頁眉墨書注"酒力强也"。"霸"應當是福州方言,在福州話中至今多表示"厲害"之義,如:"伊野霸,高中無讀,直接考上大學。"[①]

（15）買便就好到山上去。（3a）

其中的"便"字左側朱書注"買完也"。瀨戶口律子將此處的"便"歸入福州方言詞,并認爲是"現成,具備,備辦停當"之義[②]。王振忠也指出:"'買便就好到山上去,再挨越遲了',明顯是福州式的官話。'買便'的意思是'買好了'。"[③]

（16）撮一劑藥,表表發些汗出來就好了。（4a）

其中的"表"字左側墨書假名注"ハサン",應即"發散"的日語讀音,現代日語記作"発散",平假名記作"はっさん"。王振忠指出:"'表',在福州方言中是指用藥物將人體內所感受的風寒發散出來。"[④]"表"用於表示

① 李榮主編,馮愛珍編撰:《福州方言詞典》,江蘇教育出版社,1998年,第55頁。

② 瀨戶口律子:《琉球官話課本の研究》,榕樹書林,2011年,第170頁。

③ 王振忠:《清代琉球人眼中福州城市的社會生活——以現存的琉球官話課本爲中心》,《中華文史論叢》2009年第4期,第88～89頁。

④ 王振忠:《清代琉球人眼中福州城市的社會生活——以現存的琉球官話課本爲中心》,《中華文史論叢》2009年第4期,第55頁。

發汗、散熱義還見於冀魯官話、徽語等地方言,如河北保定話"疹子出不來,弄點兒蘆根水表表"①。

　　(17)你這個價錢,開忒貴了。(10b)

　　其中的"忒"字右側朱書注曰"狠也",墨書注"太也"。"忒"字左側朱書注一"憨"字,以示其讀音,墨書假名注"ハナハタ"。此外,頁眉朱書注曰:"忒,帖。""忒"是比較常見的北方方言詞,表示程度,與"太"近同,如"這屋子忒小,擠不下"②。

　　(18)數不清的,那些曲蹄婆,頭髮梳得光光,簪花首飾帶起,臉上把粉擦得白白,耳邊掛着耳墜,手中帶着手鐲、戒指,身上穿着兩件新鮮衣裙,拿着竹篙,立在船頭,撐來撐去,都在那裏擺浪。(29b～30a)

　　其中的"曲蹄婆"朱書左注"アフソナア",朱書眉注:"曲蹄婆,是撐船的婦人。"本段文字是對福建地區水上疍民妓女"曲蹄婆"的描寫,對此,清代陳盛韶記曰:"古田男女有別,街衢廟院絶少遊女。惟水口蕩船,來自南臺洪山橋一帶,名曲蹄婆。服以綾綢,飾以絨花,頭橫長簪,面傅脂粉。紅鞋赤腳鄙蓮步;柳腰爲纖巧而不爲。"③19世紀中晚期,西方傳教士編寫出版的福州方言字典辭書中也收録了"曲蹄婆""曲蹄团"的詞條,分別釋義爲"船民婦女"和"船户居民"④。

　　(19)街坊上有人賣老鼠藥,買他兩包,或投在飯裏,或塞在光餅當中,放在邊頭,他若吃着就會死。(14a)

　　其中的"光餅"左側墨書假名注"クンバン"。"光餅"是福州常見又頗具特色的食物,傳説與戚繼光抗倭有關,清代施鴻保《閩雜記》卷十:"《榕城詩話》載:謝鼎臣燮《光餅歌》自注:'戚南塘平倭寇時,製以備軍行路食者。後人因其名繼光,遂以稱之。'今閩中各處皆有,大如番錢,中開

① 許寶華、宮田一郎主編:《漢語方言大詞典》,中華書局,1999年,第3076頁。
② 中國社會科學院語言研究所詞典編輯室編:《現代漢語詞典》(第6版),商務印書館,2012年,第1322頁。
③ [清]鄧傳安,[清]陳盛韶:《蠡測匯鈔·問俗録》,書目文獻出版社,1983年,第72頁。
④ 參見陳澤平:《19世紀以來的福州方言》,福建人民出版社,2010年,第354頁。

一孔,可以繩貫。"①課本使用者對這一福州特色食物不熟悉,故需注釋。

（四）相對少見的專門詞語,如節日用語、禮俗用語、行業用語等,如:

1. 節日用語

（20）請問今年都不闖神何故。（5a）

其中"闖"字右側墨書注"窓去聲",復又朱書塗掉,又於其左側朱書注"シ成去聲"。頁眉朱書注曰:"闖,悵音。神,神明也。闖者衝來撞去之謂。""闖神"是福州地區游神賽會時開展的一項活動,據乾隆十九年（1754）《福州府志》卷二四《風俗》記載:"上元張燈,自十一日起至晦日止,十三、十四、十五三夜尤盛……又有舁木偶像搖兀而行,謂之闖神,前列長炬,撽金伐鼓,震耀耳目,城市村鎮廟社俱有之。每出,或至爭道相競鬭,近奉禁止,其風廼息。"②《榕城歲時記》"闖神"條記載:"新正月夜,舁木偶,搖兀街衢,謂之'闖神'。"③

（21）今日太保廟做戲,爲什麼做戲? 土地大王生日慶賀的。（11a）

頁眉朱書注曰:"土地,二月十二日。"又:"大王,二月十五日。"又墨書注曰:"土地管本處所專屬的,大王管一境。"福州稱社神爲大王,林紓對此曾指出:"閩人稱社公恒曰大王,社中祀鬼醫,則曰醫官大王。"④鄭麗生也指出:"農村春社謂之'迎年',社神曰'大王'。"⑤

（22）今日迎春,不知到那個地方好看,要看迎春,須去到東門外春牛亭那裏好看。（12a ~ 12b）

本頁中間空白處墨書注曰:"春牛色青俗謂多雨,色赤多旱,色黄多

① ［清］周亮工撰,［清］施鴻保撰,來新夏校點:《閩小記・閩雜記》,福建人民出版社,1985 年,第 155 頁。

② ［清］徐景熹修,［清］魯曾煜等撰:《福州府志》,乾隆十九年(1754) 刊,影印本收入《中國方志叢書・第七十二號・福建省福州府志》,成文出版社,1967 年,第 513 頁。

③ ［清］戴成芬纂輯,［清］黄燡參訂:《榕城歲時記》,收入張智主編《中國風土志叢刊》(56),廣陵書社,2003 年,第 16 ~ 17 頁。

④ 林紓著,林薇選編:《畏廬小品》,北京出版社,1998 年,第 332 頁。

⑤ 鄭麗生:《福州風土詩》,福建人民出版社,2012 年,第 20 頁。按:此書中將"社神"誤爲"灶神"。

風,色白多陰,色墨多水。赤戊己屬土其色黃,庚辛屬金其色白,壬癸屬水其色黑,甲乙屬木其色青,丙丁屬火其色。"①據乾隆十九年(1754)《福州府志》卷二四《風俗》記載:"立春前一日,迎土牛,州人聚觀,是日啖春蔬春餅。"②《榕城歲時記》"迎春"條記載:"立春前一日,郡守以彩仗迎春牛於行春門外。"③

(23)唐宮中每遇七夕,宮女輩各執九孔針五色綫,向月穿之,穿得過者爲得巧。(39a)

對於本句中的"九孔針",頁眉朱書注:"針有九孔乃難穿之針也,故於七夕夜向月穿之。"又:"九孔針,是九尾針,唐宮女於九引台以五彩絲穿九尾針,穿得過者爲得巧。"

上引四處文字中的"竈神""土地大王""春牛""九孔針"均是福州當地節日類用語,相對專門,不易理解,所以使用者均對其做了適當的注釋。

2. 禮俗用語

(24)行的是什麽令呢? 行的要詩句古人名。(4b)

頁眉墨書注曰:"詩句古人名,是行令之人要説一詩句,隱藏着古人名之意。如'佳人醉索人扶'隱藏古人名'賈島'。'露出胸前冰雪膚'隱藏古人名'李白'。"此注顯然是課本使用者因不明白當時中國人酒席之上所行酒令習俗而做的注釋。

(25)送生日的東西,厚薄不等,聽從人便……也有滿漢席……也有水禮……或都不辦禮物,祇包一包奠儀送他,都是使得……到不如包個厚厚禮儀,乾折送與他更妙。(42a～42b)

對於本句中的"滿漢席"頁眉墨書注曰:"凡用燒猪、燒鴨等,白煮肉、

---

① "甲乙屬木其色青丙丁屬火其色" 13 字置於第 12b 頁眉處。
② [清] 徐景熹修, [清] 魯曾煜等撰:《福州府志》,乾隆十九年(1754) 刊,影印本收入《中國方志叢書·第七十二號·福建省福州府志》,成文出版社,1967 年,第 512 頁。
③ [清] 戴成芬纂輯, [清] 黄煊參訂:《榕城歲時記》,收入張智主編《中國風土志叢刊》(56),廣陵書社,2003 年,第 4 頁。

白煮鷄等,滿州人常用之,故謂滿席。凡用燕子、三鮮、炖肉、炖魚等碗菜,漢人常用之,故謂漢席。""水禮"二字左側墨書注"ナマモノヒトニウクルノ",又頁眉處墨書注曰:"猪蹄、羊蹄、活鷄魚等件,謂之水禮。""夠儀"右側墨書注"將錢送他買麵",又於其左側朱書假名注"ソラ(?)フ"。"乾折"右側朱書注"把品送錢也",左側朱書假名注"ソシヤフ"。頁底朱書注:"乾折不辦物,代錢[①],作包艮子給人家。"頁眉墨書注:"將買禮物的錢多少,不買禮物,祇將錢送人,謂之乾折。"可見,琉球的官話學習者對當時福州當地的送禮禮俗詞語比較陌生,屬於重點學習的難點詞彙。

　　(26)聞得某人,他令堂仙逝,我要去弔紙……其餘或祭文輓聯……孝男惟敢收香儀,不敢收奠儀,幾時去好呢? ……在成服内去……親初死之時……親眷人等,代他備辦棺椁衣衾,殯殮明白,然後設立靈位,開起孝堂,掛起孝簾,放出告喪牌開弔。……孝男同孝眷人等,穿起凶服執杖,舉家行禮,故曰成服。(43a～43b)

　　本段對話中涉及中國人的喪禮用語較多,如仙逝、輓聯、孝男、香儀、奠儀、成服、親眷、椁、衾、殯殮、孝簾、告喪牌、孝眷、凶服、執杖等。琉球學習者對此并不熟悉,故都一一作了注釋。如"仙逝"右側朱書注"世",左側朱書注"シンニンニヨク""死也",頁眉朱書注:"逝,サルユク,亡也。""輓聯"右側朱書注"晚"。左側墨書注"モヲノ寸ノトエレフン"[②]。又於頁眉墨書注"喪時悲傷之對聯也",朱書注:"輓聯,是做一對聯名,哀輓死人。""告喪牌"右側朱書注"排",頁眉朱書注:"告喪牌八人死後,每逢七日作七日之祭文,付牌以立在門前,故曰告喪牌。"

3.行業用語

　　(27)我這包銀子要換錢用,你放在天平兑兑多少重? ……你這銀子内中兩份是古餅……放在釐戥,稱多少重,照折合筭,怎樣的折呢?

---

① 　此處注釋性文字有殘損。
② 　"レフ"右側有一豎墨綫。

我這裏細絲庫白，每兩銀時價衹換錢九百筭。……錢鋪儘多，豈在我一鋪。……打張錢票，給我帶去，等要用時着人携票來支。錢要足的，不可短少。鉛錢、剪邊、新錢仔，我都是不用的。曉得。我自然數足，揀選乾净，都是好錢給你。（8b～9b）

本段對話内容主要涉及銀兩兑換行業的術語，如兑、份、古餅、釐戥、折、細絲、庫白、時價、錢鋪、打、支、鉛錢、剪邊、新錢仔等。這些行業術語相對較難，課本使用者多有注釋。如"兑"字右側朱書注"アウ""對"。左側墨書注"稱也"。"細絲"右側朱書注"銀色足也"。左側墨書注"銀名"。"庫白"左側墨書注"銀名"。"鉛錢""剪邊""新錢仔"三詞，頁眉墨書注："前（剪）迹〈邊〉是好之俴（錢）前（剪）去了邊，鉛俴（錢）、新俴（錢）仔俱是私造，乃不可行用之俴（錢）。"

（28）戲子一班有多少脚色，有做外脚的，有做净脚的，也有做末脚丑脚的，還有正生、小生、老旦、正旦、小旦，這些脚色合成一班。（11a～11b）

本段文字中所有戲劇角色名及相關術語都比較難掌握，學習者都作了注釋。如"脚色"右側朱書注"色色件件事也"。"外脚"右側朱書注"粧扮老人"，左側墨書注"老生者也"。"末脚"右側朱書注"粧扮隨從馬夫之類"，左側墨書注"二花臉也"，左側朱書注"莫"。"丑脚"左側朱書注"求上聲"，墨書注"三花臉也"。其他如"正生""小生""老旦""正旦""小旦"等也一一作了注釋。此外，頁眉處還朱書注曰："外、净、丑、末、生，俱是男人。老、正、小、旦，俱是粧女人。"頁眉處墨書注："外脚，老生也。净脚，好僕武勇。末脚，隨從。丑脚馬夫之類。正生，官生。小生，讀書秀才。老旦，人妻室。正旦，小姐。小旦，丫頭。"從墨色和筆迹來看，這些注釋顯然由多人多次寫成，這也足以説明這些戲劇角色名稱對於當時大部分琉球人來説都是學習的一大難點。

（29）菜是多的，頭一碗假燕，弟二碗三鮮，還有蒸鷄、蒸鴨、蒸蹄、鰻、羊肉、猪肚、鹿筋、海參、鮑魚、金蟳、全魚、蛋湯、三點心、肉包、滿州餑餑、千葉餅、水晶餃、蕨粉包。（4a）

　　本段文字中絕大部分菜名、點心名以及烹飪行業術語基本上都作了注釋，或注音或釋義，具體如"蒸鴨"右側墨書注"チン""押ヤ"，當爲注音。"三點心"左側朱書注"三件點心"。頁眉朱書注："三點心，一回點心，一回饅頭，一回菓子。""滿州餑餑"右側朱書注"泊上平聲"，左側墨書注"アンシノボフボフ"，頁眉墨書朱書兼注"餑，ルワ"。

　　（30）我新到幾位朋友，要自家起伙食，要置辦幾件家私什物，煩你替他買買。要買什麼東西？鍋一口，灶一個，飯甑、鐵瓢、鍋刷、鍋鏟、菜刀、柴刀、火鉗、火筒、水缸、水桶、大盆、小砵、炭礶、風爐、七寸盤、五寸碟、菜碗、湯匙、湯甌、茶鐘、酒盞、醬油碟、快子。這些件。還要籬笆屏兩榍，板櫈，鋪板二付。等着就要用的。（22a）

　　本段文字主要是學習傢具什物，比較專門，也是學習難點，故亦注釋較多，如"家私"右側朱書注"ソテヒシフグ"，左側墨書注"ソヲタフ"。"小砵"右側朱書注"泊""ホシコハ"，左側墨書注"クヲタリ"。"七寸盤"右側朱書注"シヤバキ"，頁眉朱書注："寸，音春去聲。""湯甌"右側朱書注"歐""トエヨカミ""亦碗也比碗小些"。右側墨書注"ヨナジカソ"。左側墨書注"嘔"，左側朱書注"拘"，而且左側朱書注疊壓於墨書注之上。頁眉墨書注："甌，彼字ハ二字口之嘔吐同音。"

三、本節結語

　　本節主要通過對天理本《官話問答便語》所存注記的考察與梳理，初步得出琉球人漢語詞彙學習的難點主要集中在以下四個方面：1. 書面色彩較重的詞語，包括一些雅句、諺語、禮貌套語、委婉語等。2. 口語色彩較重的詞語，包括一些日常口語詞及一些詈罵語等。3. 帶有方言色彩的詞語。4. 生活口語中相對少見的專門詞語，如節日用語、禮俗用語、行業用語等。這些詞語對不熟悉漢語的外國人來說都相對陌生和專門，至今也是外國人漢語學習的難點所在，這充分體現出古今漢語學習者所面臨的漢語學習難點具有較高的一致性。

　　從注記所用文字及其具體內容來看，這些注釋很可能是使用者根據老師的講解所寫,尤其是大量的琉球語注釋更應是如此。不過有些注釋明顯源自當時的字典辭書,如 23a "魟鯟",頁眉朱書注曰:"魟,字典音何;鯟,字典音房。"此二注中所説的 "字典" 很可能即當時流行的《康熙字典》。此二字在《康熙字典》中的標音情況分別爲 "《廣韻》胡歌切,《集韻》寒歌切,并音何" "《集韻》無芳切,音房"。可見,當時琉球的漢語學習者主要是利用老師的講解和查閱相關字詞工具書克服這些漢語學習中的難點,這與我們當下的外國漢語學習者及本國外語學習者的學習策略也極爲相似。

除此之外,天理本《官話問答便語》所存注記當中還有許多材料可以體現琉球人漢語語音學習的諸多偏誤現象,譬如:送氣音與不送氣音不分,平翹舌音不分,前後鼻音不分,"h[x]" "f[f]" 不分,"r[ʐ]" 讀爲 "y[i]","zh[tʂ]" "ch[tʂʰ]" "sh[ʂ]" 讀作 "j[tɕ]" "q[tɕʰ]" "x[ɕ]" 等等。這些發音偏誤應當是受琉球人母語負遷移以及福州官話的雙重影響所致。從另外一個角度來看,這些容易發生偏誤的發音也正是他們的語音學習難點。限於篇幅,我們留待以後繼續探討。

第二節　副讀本《人中畫》在使用中的校改

琉球官話課本《人中畫》較爲特殊,是利用當時中國流行的擬話本小説《人中畫》爲底本,經過口語化改寫後作爲副讀本形式的漢語課本。該教材包括《風流配》《自作孽》《狹路逢》《終有報》《寒徹骨》五個故事。《人中畫》的寫本以天理大學附屬圖書館所藏最爲完整,而且保留下來的當時使用者的校注材料也最多。以往對琉球寫本《人中畫》的研究主要集中在《人中畫》本身的語言現象、改寫年代、文獻信息等方面,而對於當時使用者在寫本中留下的大量校改與注釋材料則較少關注。這些校注材料是當時琉球人在使用該教材時的真實記録,有着多方面的研究價值。我們不僅可以通過其中的校改材料瞭解當時琉球人在使用過程中對該教材的修改,而且通過對字詞的注釋內容還可以反觀當時琉球人學習漢語的重點與難點等等。

　　有鑒於此,本節以天理本《人中畫·風流配》中的校改材料爲例,在整理分析其中全部校改材料的基礎上,總結歸納當時琉球漢語學習者在使用過程中對該教材的種種修改情況。我們相信這一研究不僅可以揭示還原當時琉球人學漢語時的種種細節,而且也可以提高我們對琉球寫本《人中畫》自身語料豐富性和複雜性的認識。

　　爲了便於行文,本節引文若涉及文字校改,則其中的俗字、異體字、句讀等存其原貌。天理本原無頁碼,爲引述方便,我們按今人閱讀習慣給正文編了頁碼,將原抄本一葉的正反兩面分別用 ab 表示。嘯本、京大本與東大本主要用於參校,爲避繁瑣,未再單獨編製頁碼。下面首先將文中所用於比勘的文獻版本及相關簡稱述之如次:

　　(一)嘯花軒本《人中畫·風流配》(簡稱"嘯本")[1]:無名氏原著,趙伯陶校點《人中畫》,收入徐震等原著,丁炳麟等校點《中國話本大系珍珠舶等四種》,江蘇古籍出版社,1993 年。

　　(二)琉球寫本《人中畫·風流配》(簡稱"琉本"):

　　1. 天理大學圖書館藏琉球寫本《人中畫·風流配》。(簡稱"天理本")

　　2. 東京大學圖書館藏琉球寫本《人中畫·風流配》。(簡稱"東大本")

　　3. 京都大學文學研究科藏琉球寫本《人中畫·風流配》。(簡稱"京大本")

一、删除之例疏證(20 例)

　　删除,即校改者將課本中不需要之字删除。依其所使用的删除符號可分爲點掉、圈掉、點圈掉三類,共計 20 例,其中點掉 14 例,圈掉 4 例,點圈掉 2 例。

---

[1]　琉本用於改寫的母本并非現存嘯本,但嘯本是與琉本所據之母本最爲接近的本子,故此用於比勘。參見木津祐子:《琉球本『人中畫』の成立——併せてそれが留める原刊本の姿について》,《中國文學報》第 81 號,2011 年,第 36 ～ 57 頁。

（一）點掉（14 例）

點掉一般是用一點或兩點點於該字的中央或偏左偏右位置，其中墨筆單點的有 5 例，朱筆單點的有 6 例，朱筆雙點的有 2 例，墨筆、朱筆兼者有 1 例。相關例字如次：

墨筆單點：家（1）　的（2）　的（5）　子（10）　子（14）

朱筆單點：玄（3）　壽（4）　了（6）　的（7）　看（9）

庀（13）

朱筆雙點：的（8）　呼（11）

墨筆、朱筆雙點：個（12）

以上所列點掉之字中的點畫位置不一，粗細不同，可見加點者當非一人。此外，若依被删字是否標示聲調符號又可分爲兩類，一類已標，共 7 例，其中 6 例集中在朱筆單點者，另外 1 例則見於朱墨雙點者。一類未標，共 8 例，其中 5 例見於墨筆單點，2 例見於朱筆雙點，1 例見於朱筆單點。據此亦可推知，删字者至少爲兩人。此外，未標聲調符號就加朱點删字者可能與加聲調符號者爲同一人，這些朱點很可能是此人在給白文《風流配》加朱書句讀符號時順便作了删改，因此留下了未標聲調符號就已朱筆點掉之字。未標聲調就用墨筆點掉者，可能是抄寫者校改時所加，也可能是使用者所加。另外一種已加聲調符號又朱筆點掉的，一方面可能是與前面一種相同，是同一人在加完句讀符號後校改檢查時再次删改所致；另一方面也可能是另一人在前一人加聲調標句讀以後再次删改所致。現將 14 處點掉的校改情況述之如次：

（1）呂柯就叫家人到華嶽衙家裏暗暗訪問。（8b）

本句中第二個"家"字墨筆點掉，未標聲調符號。嘯本作"呂柯因叫心腹家人到華衙去暗暗訪問"，無"家"字。京大本無"家"字。東大本有

“家”字,且標陰平符號。據文意看,此處“家”字實爲衍文,當從京大本删之,天理本校改者將其點掉正確可從。

（2）人都不曉得。的司馬玄听了。(8b)

本句中的“的”字墨筆點掉,未標聲調符號。嘯本作“所以人都不知”,無“的”字。京大本、東大本亦均無“的”字。此句中“的”字的存在并不影響文意的表達,所以“的”字本可不删,但是加句讀者可能是對照其他已點句讀的抄本加的句讀,遂將“的”字點掉,并於“得”字後加圈號句讀,而點掉的“的”字後則未加圈號句讀。由此亦可推知,此處加句讀、標聲調、校改者可能是同一人。當然亦不排除校改者先對照他本校對一遍白文,遂墨筆點掉了“的”字,後來加句讀者據此未給“的”字加標聲調符號以及句讀符號。

（3）今日司馬玄兄少年美才。(9b)

本句中的“玄”字朱筆點掉,未標聲調符號。嘯本無“玄”字。京大本、東大本亦均無“玄”字。可見天理本“玄”字似當爲衍文,不過從文意來看,加上“玄”字也無妨。

（4）門生祝壽之心。(9b)

句中“壽”字朱筆點掉,已標去聲符號,另外“祝”字前旁補一“敬”字。嘯本、京大本、東大本均作“門生敬祝之心”,無“壽”字。可見,天理本校改者所改可從,但從文意來看,天理本原作“祝壽之心”亦可從。

（5）家裏没有人走漏消息。的就是有人走漏。(12a)

句中“的”字墨筆點掉,未標聲調符號。嘯本作“况我府中嚴密,諒無人透露,若有人透露”,無“的”字。京大本、東大本亦均無“的”字。此例與前述第(2)例情况類同,兹不再贅。

（6）今年幾多年紀。了。就曉得作詩寫字呢。(19b～20a)

句中“了”字朱筆點掉,已標上聲符號。嘯本作“今年幾多年紀,便曉得作詩寫字”,無“了”字。此外,該句中“了”字右下角本已加圈號句讀,但又打上了朱筆叉號。“紀”字後又重加了圈號句讀。由此可見,此處當是加完句讀并標聲後又删改所致。當然,從文意來看此處“了”字本亦不用删,同樣情況已見前例,茲不再贅。京大本、東大本均有"了"字,且標了上聲符號,字後加朱色圈號句讀。據此推測,天理本校改者校改此例時似是參照了嘯本之類的原刊母本或其他琉球抄本。

（7）細細的盤問。（21a）

句中"的"字朱筆點掉,已標入聲符號。嘯本無"的"字。京大本無"的"字。東大本有"的"字,且標入聲符號。可見此處"的"字可删可不删。

（8）尹荇煙咲的説。（25a）

句中"的"字朱筆點掉,未標聲調符號。此字删了兩次,左上角朱筆點了一次,中間又朱筆點了一次,造成了二次删除的現象。嘯本作"尹荇煙笑道",無"的"字。京大本作"尹荇煙咲 ＝ 的説",不過"＝ 的"以雌黄塗掉。東大本作"尹荇煙咲 ＝ 的説"①,未删任何字。可見三個本子均有差異。不過從文意看,天理本校改者點掉"的"字可從,原寫作"咲的説"實不辭。

（9）祇怕他看見是女人的名字。（26a）

句中"看"字朱筆點掉,已標去聲符號,"見"後補一"了"字。嘯本作"祇怕還是見了女子名字",無"看"字。京大本有"看"字,且標去聲符號。東大本作"祇怕他見了是女人的名字",有"見"和"了",與天理本同。從文意看,天理本原"看"字可删可不删。

（10）撿了一個好日。子（33a）

句中"子"字先朱筆點掉又墨筆點掉,墨筆覆蓋於朱筆之上,不仔細觀察便無法看出,未標聲調符號。嘯本作"吉日",無"子"字。京大本、東大本均有"子"字,且標上聲符號。可見天理本校改者將"子"字點掉當不必。

（11）就叫站起身。（47a）

句中"叫"字朱筆雙點點掉,未標去聲符號。嘯本作"因立起身",無

---

①　東大本此句脱一"尹"字。

"叫"字。京大本、東大本均無"叫"字。此句下接"叫丫頭把巾衣脱去"，恐涉此"叫"字而衍。可見，天理本校改者删掉"叫"字可從。

（12）并没有一個惡意。（47b）

句中"一個"二字左側墨筆點掉，又於中間用朱筆點掉，同時也一并標了聲調符號。嘯本作"并無惡意"，無"一個"二字。京大本無"一個"二字。東大本作"并没有别個惡意"，有"别個"二字，且分標入聲、去聲符號，與天理本、京大本皆不同。三個本子相較可知，天理本校改者所改可從。

（13）纔説這個話麽。（52b）

句中"麽"字朱筆點掉，已標陽平符號。嘯本作"故説此話"，無"麽"字。京大本有"麽"字，且已標陽平符號，但又朱書塗掉，後加圈號句讀。東大本作"罷"，且標去聲符號，與天理本、京大本皆不同。不過，從文意來看，三個本子似均可通。

（14）訪得一個女才。子姓尹。（64b）

句中"子"字墨筆點掉，根據此類墨筆斜點的删除通例來看，應未標聲調符號。嘯本作"才女"，無"子"字。此外，此例中"才"字後有圈號句讀，"子"字後則無，與前述第（2）例情況相同，兹不再贅。京大本、東大本均同嘯本作"才女"，無"子"字，可見校改者所改欠妥。

（二）圈掉（4 例）

圈掉是用一朱筆圈號加於被删字的中央，共有 4 例，分别爲: 的（1）老（2）呢（3）玄（4）。被圈掉之字中祇有第（1）例未加聲調符號，其他 3 例均已標聲。第（1）例明顯是衍文，可能由加聲調者在加聲調之時既已發現，遂直接圈掉所致。另外 3 例可能是加聲調者或其他校改者在加聲調之後再次校改所致。下面將 4 例圈掉的校改分别述之如次：

（1）住了七八年。的他閑下無事。（21b）

句中"的"字朱筆圈掉，未標聲調符號，嘯本、京大本、東大本均無"的"字。可見天理本"的"字的確當删。另外，此句中"年"字後有圈號句讀，"的"字後則無。據此推知，此處加句讀、標聲、加圈號刪除者似是同一人。

（2）故此呂老爺替司馬相公定了。（41a）

句中"老"字朱筆圈掉，已標上聲符號。嘯本作"呂爺"，無"老"字。京大本、東大本均有"老"字，且標上聲符號。可見天理本校改者圈掉"老"字似不必。不過，由此看來，天理本此處刪改似乎參照了嘯本之類的原刊母本。

（3）那天怎麼不等我媒人來。呢。就輕易把女兒嫁出門。（53a）

句中"呢"字朱筆圈掉，已標陰平符號。嘯本、京大本、東大本均無"呢"字。可見天理本校改者圈掉"呢"字可從。又，"來""呢"二字後均已標圈號句讀，據此推測，"呢"字後的圈號句讀可能是先前給整篇加句讀者加上去的，後來校改者將"呢"字圈掉，遂又於"來"字後補加了一個圈號句讀。

（4）那裏曉得司馬玄才高這樣的。（62a）

句中"玄"字朱筆圈掉，已標陽平符號。嘯本作"誰知司馬玄才高若此"，有"玄"字。京大本、東大本均有"玄"字，且標陽平符號。由此可見，天理本此處圈掉"玄"字欠妥。

（三）點圈掉（2例）

點圈掉是被刪之字上有一朱點和朱圈，朱圈位於字之中央，朱點則加於字之左側。圈和點似有先後之分，可能是先用朱點刪除，後又覺得不夠明顯，故又加圈重刪之，遂致同一刪除之字上圈點同現。點圈掉的校改共有2例，均未加聲調符號，如：**出**（1）**妻**（2）。下面將以上2例點圈掉的校改分別述之如次：

（1）你快出去替他説。（43a）

句中"出"字點圈掉，未標聲調符號。嘯本作"快與他説"，無"出"字。京大本、東大本亦均無"出"字。但從前後文意來看，天理本校改者刪掉"出"字似不必。

（2）與尹家姑娘真真是天生一對的。夫妻家人見有新郎來了。（44a）

句中"夫妻"二字點圈掉，未標聲調符號。嘯本作"與尹家姑娘真是天生一對"，無"夫妻"二字。京大本有"夫妻"二字，且均標陰平符號，"妻"字後還加有圈號句讀。東大本無"夫妻"二字。從文意來看，有無"夫妻"二字均可通。此外，本句"的"字後有圈號句讀，而"妻"字後則無，據此可知加句讀者、標聲者和加點圈者似爲同一人。

二、增補之例疏證（26例）

增補一般是將增補之字書於前後兩字中間的右側，前後兩字中間還加有一些增補符號，以示明晰。若依所用增補符號的不同可分爲以下五類：

第一類，朱筆兩圈一綫式：

（1）

第二類，墨筆兩圈一綫式：

（7）　　（10）　　（25）　　（26）

第三類，墨筆直頭粗斜筆式：

（2）　　（3）　　（5）　　（9）

（12）　　（19）　　（20）　　（21）

第四類，墨筆曲頭細斜筆式：

（4）　　（6）　　（8）　　（11）

（13）　　（14）　　（15）　　（16）

四个人（17）　　説呂哥（18）　　裡頭本（22）　　有好過（23）

第五類,墨筆半括號式:

快活死（24）

根據上述五類中所用符號習慣及字迹情況可以推測,這些增補可能至少由 3 人參與完成。現將 26 例增補的校改分別述之如次:

（1）將他殿試在二甲進士。（5b）

句中"在二"二字中間右旁補一"第"字,且標去聲符號。嘯本作"將他殿試在二甲",無"第"字。京大本、東大本均有"第"字,且標去聲符號。從文意來看,有無"第"字均可。

（2）王司馬女兒。（5b）

句中"馬女"二字中間右旁補一"的"字,且標入聲符號。嘯本、京大本、東大本均有"的"字,且標入聲符號。從文意來看,有無"的"字均可。

（3）遞給司馬玄看説。（8a）

句中"説"後補一"道"字,且標去聲符號。"説"後加圈號標點,"道"後又加圈號標點,但"道"字作道,中間又用朱筆點掉。嘯本作"遞與司馬玄看道"。京大本、東大本均無"道"字。從文意來看,天理本校改者所補"道"字可有可無,故後又朱筆點掉。

（4）門生祝壽之心。（9b）

句中"生祝"二字中間右旁補一"敬"字,且標上聲符號。嘯本作"門生敬祝之心",有"敬"字。又,此處"壽"字點掉。詳情參前文"一、删除之例疏證"部分的"點掉"類之例（4）。京大本、東大本均同嘯本,有"敬"字。

（5）司馬的好詩。（16a）

句中"馬的"二字中間右旁補一"兄"字,且標陰平符號。嘯本作"而司馬玄美才",有"玄"無"兄"。京大本作"司馬玄的好詩",其中"玄"字標陽平符號,無"兄"字。東大本作"司馬兄的美才",有"兄"字。可見諸本均有差異,但天理本原作"司馬的好詩"的確欠通,校改者補一"兄"字,可從,京大本和東大本此句則均可通。

（6）回家替司馬玄細細説知。(17a)

句中"家替"二字中間右旁補一"就"字,且標去聲符號。嘯本作"回家就對司馬玄細細説知",有"就"字。京大本、東大本均有"就"字,且標去聲符號。可見,天理本校改者所補可從。

（7）司馬玄見他的花生得好。(17b)

句中"玄見"中間右旁補一"看"字,且標去聲符號。嘯本作"祇見"。京大本、東大本均作"看見",有"看"字,且標去聲符號。據文意可知,此處"看見""見"均可。

（8）將扇子遞給他。(18b)

句中"遞給"二字中間右旁補一"了"字,且標上聲符號。嘯本有"了"字。京大本無"了"字。東大本有"了"字。

（9）相公問這字是那個的麼。(19b)

句中"個的"二字中間右旁補一"寫"字,且標上聲符號。嘯本作"相公問這字是那个寫的麼",有"寫"字。京大本作"相公問這字是誰人寫的麼",但其中"誰人"二字以雌黃塗掉,均已標陽平符號,同時右側旁改作"那个"二字,且分標上聲、去聲符號。東大本作"相公問這字是那個寫的麼",有"寫"字。由此可見,天理本校改者所補當是。

（10）就像水洗一般。(21b)

句中"洗一"二字中間右旁補一"的"字,且標入聲符號。嘯本作"就如水洗的一般",有"的"字。京大本、東大本均有"的"字,且標入聲符號。可見,天理本校改者所補可從。

（11）一把白紙扇子。給我一錠銀子。(23a)

句中"子給"二字中間右旁補一"就"字。嘯本有"就"字。京大本、東大本均有"就"字,且標去聲符號。可見,天理本校改者所補可從。

（12）張伯伯老實説。我不惱。(25b)

句中"説"後補一"來"字,且標陽平符號。嘯本作"張伯伯實説,我不怪”,無“來”字。京大本、東大本均有“來”字,且標陽平符號。可見,天理本校改者所補可從。又,“説”字後無圈號句讀,“來”字後有,據此推測,加句讀者與補字者似爲同一人。

（13）祇怕他看見是女人的名字。（26a）

句中“見是”二字中間右旁補一“了”字,且標上聲符號。嘯本作“祇怕還是見了女子名字”,有“了”字。京大本無“了”字。東大本作“祇怕他見了是女人的名字”,有“了”無“看”,與天理本和京大本均不同。從文意來看,諸本均可通。

（14）到了第二早起。（27a）

句中“二早”二字中間右旁補一“天”字,未標聲調符號。嘯本作“到次早”。京大本有“天”字,并標陰平符號。東大本無“天”字。從文意看,天理本校改者所補可從,東大本亦當據此補一“天”字。另外,據此似亦可推測,天理本原本及東大本均可能是因改寫者將原刊本中的“次”機械性改寫成了“第二”所致,然此例中的“次早”之“次”恰好不能改成“第二”,必須改成“第二天”方才通順。所以天理本校改者補寫了一個“天”字,京大本作“第二天”則正確可從。

（15）老頭子説。我賣賤了。（27b）

句中“説我”二字中間右旁補“他説”二字,并分標陰平、入聲符號。嘯本有“他説”二字。京大本、東大本均有“他説”二字,且分標陰平、入聲符號。可見,天理本校改者所補可從。

（16）坐頂四人轎。（33a）

句中“坐頂”二字中間右旁補一“一”字,未標聲調符號。嘯本作“竟坐四轎出城”,無“一”字。京大本、東大本亦均無“一”字。從文意看,天理本校改者所補“一”字似不必。

（17）坐頂四人轎。（33a）

句中“四人”二字中間右旁補一“个”字,未標聲調符號。嘯本作“竟坐四轎出城”,無“个”字。京大本、東大本亦均無“个”字。從文意看,天理本校改者所補“个”字似不必。

（18）上轎去了。不説。吕柯一直到了紅菟村。（34a）

句中"説吕"二字中間右旁補"再説"二字,均已標聲調符號。嘯本作"却説"。京大本有"再説"二字,并分標去聲、入聲符號。東大本作"上轎去了。不題。説吕柯一直到了紅菟村",僅有一"説"字,脱"再"字。可見,天理本校改者所補可從。

（19）就叫丫頭送酒到後房裏頭。（45b）

句中"頭送"二字中間右旁補一"們"字,已標陽平符號。嘯本作"侍女們",有"們"字。京大本有"們"字,且標陽平符號。東大本有"們"字,但整句原脱,後旁補於行間,整句未加聲調符號。可見,天理本校改者所補可從。

（20）内才不知怎麼樣。（46a）

句中"樣"後補一"的",且標入聲符號,後加圈號句讀,"樣"字後則未加,可見補字者與加句讀者似一人。嘯本作"内才不知何如",無"的"字。京大本、東大本均有"的"字,且標入聲符號。可見,天理本校改者所補可從。

（21）華小姐見他不用思量。（46b）

句中"姐見"二字中間右旁補一"看"字,且標去聲符號。嘯本作"看見",有"看"字。京大本、東大本均作"看見",有"看"字,且標去聲符號。從文意看,"看""看見"均可。

（22）心裏不愿。（48b）

句中"裏不"二字中間右旁補一"頭"字,且標陽平符號。嘯本作"心下不忿",無"頭"字。京大本、東大本均有一"頭"字,且標陽平符號。可見,天理本校改者所補可從。

（23）雖是没有過他。（56b）

句中"有過"二字中間右旁補一"好"字,未標聲調符號。嘯本作"雖未必過",無"好"字。京大本、東大本均有"好"字,且標上聲符號。可見,天理本校改者所補可從。

（24）我心裏怎麼會快活。華嶽説。（64a）

句中"活華"二字中間右旁補一"呢"字,且標陰平符號。嘯本作"能無快快",無"呢"字。此處補字符號似一半括號,從"活"字和其右下角圈號句讀中間向上拉出,非常特殊,據此推測,此例當爲加句讀後方才補入。京大本、東大本均有"呢"字,且標陰平符號。可見,天理本校改者所補可從。

（25）隨後再娶。纔爲兩全。（65a）

句中"娶纔"二字中間右旁補一"他"字,且標陰平符號。嘯本作"而次第及之,庶幾兩全",無"他"字。"他"字後加圈號標點,"娶"後則未標,可知此補文當爲標點時加入。京大本、東大本均有"他"字,且標陰平符號。可見,天理本校改者所補可從。

（26）今日定要兩纔好。（66a）

句中"兩纔"二字中間右旁補一"全"字,且標陽平符號。嘯本作"定當兩全其約",有"全"字。京大本、東大本亦均有"全"字,且標陽平符號。可見,天理本校改者所補可從。

三、改字之例疏證（66 例）

改字是用正確之字將原字改掉。有的改字是將原字用朱筆或墨筆點掉或圈掉,然後在其右旁寫上正確之字,也有一些是在原字基礎上直接用墨筆塗改而成。另外還有個別更改原字的聲調符號和改後又回改的,也暫歸於此。具體來説,改字包括 4 類,分別是:旁改、眉改、塗改、旁改又點掉 4 類。天理本《風流配》校改內容中改字共 66 例,其中旁改 60 例,眉改 1 例,塗改 4 例,旁改又點掉 1 例。

（一）旁改（60 例）

旁改一般是將原字用朱筆或墨筆點掉或圈掉,絕大部分是點掉,然後再以朱筆或墨筆將改正之字寫於原字右側。被刪掉的原字有的已標聲調符號,有的則未標。根據被點掉之字中點號的位置并結合被刪字是否標聲調符號以及旁改之字的字迹等因素,可以將 60 例旁改之字粗分爲五類。

第一類,墨筆點號位於被刪字的左側,且被刪之字均未標聲調符號,據此推測這一類當爲一人所爲。這類旁改共 17 例,具體如次:

（3）　（4）　（7）　（8）　（12）

（14）　（15）　（16）　（17）　（23）

（24）　（30）　（42）　（45）　（51）

（55）　（56）

第二類，墨筆點號位於被刪字的左側，且被刪之字已標聲調符號，這類旁改共 1 例，從字迹來看，似同爲第一類之人所爲。具體如次：

（36）

第三類，朱筆點號位於被刪字的中央，被刪之字均已標聲調符號。據此推測，這一類當爲另一人所爲。這類旁改共 33 例，具體如次：

（1）　（5）　（9）　（10）　（11）

（18）　（19）　（20）　（25）　（26）

（27）　（28）　（29）　（31）　（32）

（33）　（34）　（35）　（37）　（38）

（39）　（40）　（41）　（43）　（44）

（48）　（49）　（50）　（52）　（53）

（57）　（58）　（59）

第四類，朱筆點號位於被刪字的中央，被刪之字均未標聲調符號，從字迹來看，可能同樣是第三類之人所爲。這類旁改共 2 例，具體如次：

少ʔ（21）　思想（22）

第五類即其他類，共 7 例，又可分爲幾種特殊情況，具體如次：

早 地（2）　討 来去（6）　撤 （13）

（46）　事務（47）　聲偹（54）　知道（60）

此類第（2）例删除的是重文符號，朱點點在了中間墨迹上，從旁補“已”字來看，應是第二類校改者所爲。第（6）例是左側墨筆點掉，中間朱筆點掉，被删除的“討來”二字均未加聲調符號。從字迹和未標聲調情況來推測，可能是第四類校改者所爲。第（13）例被删之字稍有塗改，但恐不清楚，故又旁改一“撤”字，從字迹和標聲情況來推測，可能是第三類校改者所爲。第（46）例所删之字用了朱筆圈號，且未標聲調符號，與前述點號皆不同，同時所旁改的“了”字也與前述兩類字體有別，所以此處的修改可能是另人所爲。第（47）例較爲複雜，被删之字左側先被墨筆點掉，但中央又施以朱筆圈號，且已標了去聲符號，同時結合其旁改之字的字迹推測，此例可能是第二類校改者所爲。第（54）例所删之字用了朱筆圈號，但已標去聲符號。從所用符號及補字筆迹推測，似與第（47）例爲同一人所爲。第（60）例雖然朱點位於被删字的中央位置，但旁改之字的字迹與上述兩類皆不同，而且亦未標聲調符號，當爲另人所爲。綜合以上分析，60 例“旁改”材料至少有 4 人參與完成。下面將 60 例旁改材料分別述之如次：

（1）那裏曉得他年紀雖然少。（2a）

句中“少”改爲“小”，且加上聲符號。原“少”字朱筆點掉，點號位於“少”字中豎上。“少”字同時標上聲和去聲圈發符號，較爲特殊。嘯本作“年紀雖幼”。京大本、東大本均作“小”，且標上聲符號。可見，天理本校改者改作“小”可從。

（2）司馬玄早＝推病出場去了。（4b）

句中重文號“＝”改爲“已”，且標上聲圈發符號，重文符號原作 ，中間被朱筆點掉。嘯本作“司馬玄已早推病出場去了”。京大本作“早＝”，且均標上聲符號。東大本作“早已”，“已”字標上聲圈發符號。可見，天理本校改者是據東大本之類的本子對此處作了校改。

（3）你老婆又在任上。（5a）

句中“老婆”改爲“家眷”，且分標陰平、去聲符號。原“老婆”二字左側分別用一墨筆點掉，均未標聲調符號。嘯本作“寶眷”。京大本作“家眷”，且分標陰平、去聲符號。東大本作“老婆”，且分標上聲、陽平符號。此處“老婆”確當改爲“家眷”，天理本校改者所改可從，詳參後文第（8）例疏證。

（4）府内料想也没有人。（5a）

句中“内”改爲“裏”，且標上聲符號。原“内”字左側用一墨筆點掉，未標聲調符號。嘯本作“府上”。京大本、東大本均作“裏”。可見，天理本校改者所改可從，但從文意來看，“内”“裏”均可。

（5）老婆討來時候。（5a）

句中“老婆”改爲“家眷”，且分標陰平、去聲符號。原“老婆”二字中間朱筆點掉，均未標聲調符號。嘯本作“寶眷”。京大本作“家眷”，且分標陰平、去聲符號。東大本作“老婆”，且分標上聲、陽平符號。可見，天理本校改者所改可從，詳參後文第（8）例疏證。

（6）老婆討來時候。（5a）

句中“討來”改爲“回去”，且分標陽平、去聲符號。原“討來”二字中間用朱筆點掉，同時左側又用墨筆點掉，未標聲調符號。嘯本作“寶眷回時”。京大本作“家眷回來時候”，其中“來”字標陽平符號，且未點掉，但於其右側旁注一“去”字，且標去聲符號，似爲標示異文。東大本作“娶老婆回去時候”，與天理本和京大本均不同。從文意來看，司馬玄對吕柯説此話時，二人尚在北京，吕柯家眷在山東汶上，故作“來”似更爲可從。可見，天理本原作“討來”，京大本作“回來”均正確，但東大本作“回去”似誤。由此也可以看出，漢語中“來”“去”這類趨向補語是當時琉球人漢語學習中的一個難點。這一學習難點一直延續到當代日本人的漢語學習當中[①]。

① 參見王順洪:《日本人漢語學習研究》，北京大學出版社，2008 年，第 166～167 頁。

（7）接娶老婆。（5b）

句中"娶"改爲"取"，且標去聲圈發符號。原"娶"字左側墨筆點掉，未標聲調符號。嘯本作"取"。京大本作"取"，且標去聲圈發符號。東大本作"娶"，且標去聲符號。明清小説中亦多見用"取"表示娶親之義，如《初刻拍案驚奇》卷二十："（李遜）取妻張氏，生子李彦青。"可見，無論是作"取"還是"娶"均可從。

（8）接娶老婆。（5b）

句中"老婆"改爲"家眷"，且分標陰平、去聲符號。原"老婆"二字左側墨筆點掉，未加聲調符號。嘯本作"接取家小"。京大本作"接取家眷"。東大本作"接娶老婆"。從前後文意可知，吕柯當時剛剛考中，仍屬喪偶未婚，馬上要接到北京的當是山東汶上縣的孩子及其他家人。而且等吕柯把家眷接到北京後，後文方説王司馬又將女兒送到北京給吕柯作老婆，所以此處天理本原作"接娶老婆"顯然不合適，校改者改成"接取家眷"正確可從，這樣修改與嘯本"接取家小"也相一致。由此亦可知，京大本作"家眷"正確，東大本作"老婆"亦當誤。

（9）怎麼認真去尋他做甚麼。（6a）

句中"甚"改爲"什"，且標入聲符號。原"甚"字中間朱筆點掉，已標去聲符號。嘯本作"如何認真去尋求"。京大本作"什"，且標入聲符號。東大本作"甚"，且標去聲符號。從用字習慣來看，近代漢語中"甚""什"二字可通用。如元代石德玉《紫云庭》第三折："哎哥哥，你明日吃甚末？"《儒林外史》第二五回："你有甚心事？"《景德傳燈録·法達禪師》："祖又曰：'汝名什麼？'對曰：'名法達。'"由此可見，無論是作"甚"還是"什"均可從。

（10）就像美人戴花的形狀。（6b）

句中"人"改爲"女"，且標上聲符號。原"人"字中間朱筆點掉，已標陽平符號，嘯本作"有如美女簪花之態"，有"女"字。京大本作"女"。東大本作"就像美女帶花的形狀"，亦有"女"字。可見，天理本校改者所改可從，但從文意來看，"女""人"二字均可。

（11）就像美人戴花的形狀。（6b）

句中“戴”改爲“帶”，且標去聲符號。原“戴”字中間朱筆點掉，已標去聲符號。嘯本作“有如美女簪花之態”。京大本作“戴”，且標去聲符號。東大本作“帶”，且標去聲符號。明清小説多可用“帶”表示“戴”。如《初刻拍案驚奇》卷十二：“頭帶斜角方巾，手持盤頭拄拐。”《紅樓夢》第五二回：“滿頭帶着都是瑪瑙、珊瑚、猫兒眼、祖母緑，身上穿着金絲織的鎖子甲，洋錦襖袖。”可見，無論是作“戴”還是“帶”均可從。

（12）做的詩詞。（8b）

句中“詞”改爲“文”，且標陽平符號。原“詞”字墨筆點掉，未標聲調符號。“文”後加圈號句讀，“詞”字後未加。嘯本作“文”。京大本、東大本均作“文”，且標陽平符號。可見，天理本校改者所改可從，但從文意來看，“詞”“文”二字皆可從。

（13）到撤了席。（9b）

句中“撤”原作“”，現改爲“撤”，且標入聲符號。原“撤”字已標入聲符號，原當稍有筆誤，故作塗改，又恐無法看清楚，故又旁改一“撤”字。京大本作“到撒了席”，其中“撒”字標入聲符號，左旁注“音殺”二字。可見京大本誤“撤”爲“撒”。由此亦可推知，天理本此處塗改之字，原來當誤作“撒”字。東大本作“撤”，且標入聲符號，不誤。

（14）門生祝壽之心，不能做得。（9b）

句中“不能做得”改爲“没有可伸”，且均標聲調符號。原“不能做得”四字墨筆點掉，均未標聲調符號。嘯本作“苦無可伸”。“得”字後未加圈號句讀，“伸”字後則加，可證加句讀者、標聲和校改者係一人。京大本、東大本均作“門生敬祝之心，没有可伸”。可見，天理本校改者所改可從，但從文意來看，“不能做得”和“没有可伸”均可從。

（15）况我之西蜀小子。（10a）

句中“之”改爲“是”，且標去聲符號。原“之”字墨筆點掉，未標聲調符號。嘯本作“况西蜀小子”，無“之”亦無“是”。京大本、東大本均作“是”，且標去聲符號。可見，天理本校改者所改當是。

（16）説未了。（10a）

句中“未”改爲“不”，且標入聲符號。原“未”字墨筆點掉，未標聲調符號，嘯本作“説不了”，有“不”字。京大本、東大本均作“不”，且標入聲符號。“説不了”似是古白話用語，如《西遊記》第五回：“説不了，一起小妖又跳來道：‘那九個凶神，惡言潑語，在門前罵戰哩！’”可見，天理本校改者所改可從，但從文意來看，無論是作“未”還是作“不”均可從。

（17）因此京裏頭没有人曉得。（12b）

句中“曉得”改爲“知道”，且分標陰平、去聲符號。原“曉得”二字墨筆點掉，未標聲調符號。嘯本作“知道”。京大本作“曉得”，且分標上聲、入聲符號。東大本作“知道”，且分標陰平、去聲符號。從文意看，“曉得”“知道”均可。

（18）也不過如此。（15b）

句中“此”改爲“是”，且標去聲符號。原“此”字朱筆點掉，已標上聲符號。嘯本作“不能逾此”。京大本、東大本均作“是”，且標去聲符號。可見，天理本校改者所改可從，但從文意看，“此”“是”均可。

（19）那裏曉得你家有這樣高才的女子。（15b）

句中“子”改爲“兒”，且標陽平符號。原“子”字朱筆點掉，已標上聲符號。嘯本作“并不知老師有如此掌珠”，比較文雅，但并無“兒”字。京大本、東大本均作“兒”，且標陽平符號。可見，天理本校改者改作“兒”當是。

（20）豈不兩全。（16a）

句中“兩”改爲“雙”，且標陰平符號。原“兩”字朱筆點掉，已標上聲符號。嘯本作“可謂雙美矣”，有“雙”字。京大本、東大本均作“雙”，且標陰平符號。可見，天理本校改者所改可從，但從文意看，“兩”“雙”二字皆可。

（21）我女兒如今還少。（16b）

句中“少”改爲“小”，且標上聲符號。原“少”字朱筆點掉，未標聲調符號。嘯本作“小女尚幼”。京大本作“小”，且標上聲符號。東大本作

"少",且標去聲圈發符號。天理本校改者改作"小"當是。

（22）就虚我一生的思念。（17a）

句中"思"改爲"想",且標上聲符號。原"思"字朱筆點掉,未標聲調符號,嘯本作"便虚我一生之想",有"想"字。京大本、東大本均作"想",且標上聲符號。可見,天理本校改者所改可從,但從文意看,"思""想"二字皆可。

（23）頭頂紗帽去做親。（17a）

句中"頭"改爲"帶",且標去聲符號。原"頭"字墨筆點掉,未標聲調符號。嘯本作"帶頂紗帽去做親"。京大本、東大本均作"帶",且標去聲符號。可見,天理本校改者所改可從,但從文意來看,"頭""帶"二字均可。

（24）問老兒子説。（19a）

句中"兒"改爲"頭",且標陽平符號。原"兒"字墨筆點掉,未標聲調符號。嘯本作"因問老兒"。京大本作"頭",且標陽平符號。東大本作"問老兒説",與天理本和京大本均不同。綜合諸本并結合全篇一般是將原刊本中的"老兒"改成"老頭子"來看,天理本校改者將原來的"老兒子"改作"老頭子"顯然可從。

（25）這扇子的詩句。（19b）

句中"子"改爲"上",且標去聲符號。原"子"字朱筆點掉,已標上聲符號。嘯本作"這扇子上詩句",有"上"字。京大本、東大本均作"上"字,且標去聲符號。可見,天理本校改者改作"上"可從。

（26）做詩寫字呢。（20a）

句中"做"改爲"作",且標入聲符號。原"做"字朱筆點掉,已標去聲符號。嘯本作"作"。京大本、東大本均作"作",且標入聲符號。可見,天理本校改者所改可從,不過從用字習慣來看,近代常將"作"俗寫作"做",故天理本原本作"做"似亦可從。

（27）叫他坐下。（21a）

句中"下"改爲"了",且標上聲符號。原"下"字朱筆點掉,已標去聲符號。嘯本作"叫他也坐了",有"了"字。京大本、東大本均作"了",且標上聲符號。可見,天理本校改者所改可從,不過從文意看,"下""了"二字皆可。

（28）若是個男人。（22a）

句中"人"改爲"子",且標上聲符號。原"人"字朱筆點掉,已標陽平符號。嘯本作"子"。京大本、東大本均作"人",且標陽平符號。從文意看,"人""子"二字皆可。

（29）每日總是燒香讀書。（22b）

句中"讀"改爲"看",且標去聲符號。原"讀"字朱筆點掉,已標入聲符號。嘯本作"看"。京大本作"讀",且標入聲符號。東大本作"看",且標去聲符號。從文意看,"看""讀"二字皆可。

（30）司馬玄聽見這些話。（22b）

句中"見"改爲"了",且標上聲符號。原"見"字墨筆點掉,未標聲調符號。嘯本作"了"。京大本作"聽見",其中"見"字已標去聲符號,且未點掉,但於左側旁注一"了"字,且標上聲符號,似爲注出異文。東大本作"了",且標上聲符號。可見,天理本校改者所改可從,不過從文意來看,"見""了"二字均可。

（31）撞着這個獸相公。（23a）

句中"着"改爲"見",且標去聲符號。原"着"字朱筆點掉,已標入聲符號。嘯本作"見"。京大本作"着",且標入聲符號。東大本作"見",且標去聲符號。從文意看,"着""見"二字皆可。

（32）門前一帶是深河。（24b）

句中"是"改爲"的",且標入聲符號。原"是"字朱筆點掉,已標去聲符號。嘯本作"門前一帶深河"。京大本、東大本均作"的",且標入聲符號。可見,天理本校改者所改可從,不過從文意看,無論是"的"還是"是",置於此句均欠通順。據嘯本作"門前一帶深河"可知,此句是描寫尹荇煙所居之地有詩情畫境,非常漂亮,意思當是説"門前有一條如飄帶一樣的深河",用辭頗具文學色彩,因此在一定程度上增加了白話改寫的難度。琉球改寫本無論是改成"門前一帶是深河"還是"門前一帶的深河"與原刊本均有距離,且欠通順。由此看來,本句琉本改寫得似乎并不貼切。

（33）心下想道。（26a）

句中"道"改爲"説",且標入聲符號。原"道"字朱筆點掉,已標去聲符號。嘯本作"心下想道",無"説"字。京大本作"心下想説",東大本作"心中想説",均有"説"字。可見,天理本校改者所改可從,不過從文意來看"道""説"二字均可。

（34）老頭子笑道。（26b）

句中"道"改爲"説",且標入聲符號。原"道"字朱筆點掉,已標去聲符號。嘯本作"張老兒笑道",無"説"字。京大本、東大本均作"老頭子笑説",無"道"字。

（35）你又有甚麽詩字來麽。（27a）

句中"甚"改爲"什",且標入聲符號。原"甚"字朱筆點掉,已標去聲符號。嘯本作"你又有甚詩字來麽"。京大本作"什",且標入聲符號。東大本作"甚",且標去聲符號。從用字習慣來看,"甚""什"二字均可。

（36）把原扇子送還。（28b）

句中"送"改爲"退",且標去聲符號。原"送"字墨筆點掉,已標去聲符號。嘯本作"原扇退還",有"退"字。京大本、東大本均作"退",且標去聲符號。可見,天理本校改者所改可從,不過從文意看,"送""退"二字皆可。

（37）拿起一把白扇子。（29b）

句中"起"改爲"出",且標入聲符號。原"起"字朱筆點掉,已標上聲符號。嘯本作"因又取一柄白紙扇"。京大本作"起",且標上聲符號。東大本作"出",且標入聲符號。從文意看,"出""起"二字皆可。

（38）又題詩一首道。（29b）

句中"道"改爲"説",且標入聲符號。原"道"字朱筆點掉,已標去聲符號。嘯本作"再題一首道"。京大本、東大本均作"説",且標入聲符號。

可見,天理本校改者所改可從,不過從文意來看,"道""説"二字均可。

（39）尹荇煙寫完自見自愛説。（29b）

句中"見"改爲"看",且標去聲符號。原"見"字朱筆點掉,已標去聲符號。嘯本作"看"。京大本、東大本均作"看",且標去聲符號。可見,天理本校改者改作"看"可從。

（40）忽然間呂柯走進書房來撞見。（31a）

句中"進"改爲"到",且標去聲符號。原"進"字朱筆點掉,已標去聲符號。嘯本作"到"。京大本作"進",且標去聲符號。東大本作"到",且標去聲符號。從文意來看,"進""到"二字均可。

（41）今日美人在我面前。（31b）

句中"日"改爲"有",且標上聲符號。原"日"字朱筆點掉,已標入聲符號。嘯本作"今有美在前",有"有"字。京大本、東大本均作"今有美人",其中"有"字標上聲符號。可見,天理本校改者所改可從,不過從文意看,"日""有"二字皆可。

（42）劉相公那裏去。（34a）

句中"去"改爲"來",且標陽平符號。原"去"字墨筆點掉,未標聲調符號。嘯本作"來"。"去"後無圈號句讀,"來"後則有,可證此處加句讀者、標聲者和校改者可能是一人。京大本作"去",且標去聲符號。東大本作"來",且標陽平符號。從文意看,作"去"更合適些。

（43）尹老頭子祇得點頭説。（36a）

句中"得"改爲"是",且標去聲符號。原"得"字朱筆點掉,已標入聲符號。嘯本作"尹老官連連點頭道"。京大本作"得",且標入聲符號。東大本作"是",且標去聲符號,但此"是"字原脱,後補於"祇點"二字中間右側。此句前後文作:"呂翰林説。親家祇消收進去。給你女兒查點就是了。尹老頭子祇得點頭説。有理。就把禮帖拿進去。給女兒看。"由此看來,天理本原作"得"更爲合理,校改者改作"是"反而欠通。京大本作"得"可從,東大本作"是"亦欠通。

（44）就歡説。（36b）

句中"歡"改爲"歎",且標去聲符號。原"歡"字朱筆點掉,已標陰平符號。嘯本作"因歎道"。京大本作"嘆",且標去聲符號。東大本作"歎",且標去聲符號。顯然天理本校改者改作"歎"極是。

（45）華嶽心裹頭想説。這也奇怪。（40b）

句中"也"改爲"個",且標去聲符號。原"也"字墨筆點掉,未標聲調符號。嘯本作"這事甚奇"。京大本作"也",且標上聲符號。東大本作"個",且標去聲符號。從前後文意看,"也""個"二字似均可從。

（46）就踽踽促促。露出馬腳來。（42b）

句中"來"改爲"了",且標上聲符號。原"來"字朱筆圈掉,未標聲調符號。嘯本無"了"亦無"來"。京大本、東大本均作"了",且加上聲符號。可見,天理本校改者所改可從,不過從文意看,"來""了"二字均可。

（47）朝中有公事不得來。（43a）

句中"事"改爲"務",且標去聲符號。原"事"字墨點掉後又朱筆圈塗之,已標去聲符號。嘯本作"務"。京大本作"事",且標去聲符號。東大本作"務",且標去聲符號。從文意看,"事""務"二字皆可。

（48）就展開花箋。（46b）

句中"箋"改爲"紙",且已標上聲符號。原"箋"字朱筆點掉,已標去聲調符號。嘯本作"箋"。京大本、東大本均作"紙",且標上聲符號。一般情況下,原刊本中書面語色彩較重的詞句均被琉球本改成口語詞,天理本此句原作"箋"似是漏改之例,校改者改作"紙"可從。

（49）替你結做姐妹。（49b）

句中"姐"改爲"姊",且標上聲符號。原"姐"字朱筆點掉,已標上聲符號。嘯本作"姊"。京大本作"姐",且標上聲符號。東大本作作"姊",且標上聲符號。從文意看,"姐""姊"二字皆可。

（50）正好與孩兒做對。（50b）

句中"與"改爲"替",且標去聲符號。原"與"字朱筆點掉,已標上聲符號。嘯本作"與"。京大本、東大本均作"替",且標去聲符號。可見,天理本校改者所改可從,不過從文意來看,"與""替"二字均可。

（51）出出我的氣。（50b）

句中"出"改爲"洩"，且標入聲符號。原"出"字墨筆點掉，未標聲調符號。嘯本作"也可洩我娶而不告之氣"，有"洩"字。京大本、東大本均作"洩洩"，且標入聲符號。可見，天理本校改者所改可從，不過從文意來看，"出出""洩洩"均可，而天理本原作"出出"似更爲口語些。

（52）相公不要騙我。（52a）

句中"騙"改爲"瞞"，且標陽平符號。原"騙"字朱筆點掉，已標去聲符號。嘯本作"瞞"。京大本作"騙"，且標去聲符號。東大本作"瞞"，且標陽平符號。從文意看，"瞞""騙"二字皆可。

（53）驚得一身冷汗。（52b）

句中"得"改爲"了"，且標上聲符號。原"得"字朱筆點掉，已標入聲符號。嘯本作"了"。京大本、東大本均作"了"，且標上聲符號。可見，天理本校改者所改可從，不過從文意看，"得""了"均可。

（54）立刻叫家人孿馬。（53a）

句中"孿"改爲"備"，且標去聲符號。原"孿"字朱筆圈掉，已標去聲符號。嘯本作"孿"。京大本作"備"，且標去聲符號，但於頁眉注曰"備一本孿音敝"[①]。東大本作"孿"，且標去聲符號。由此看來，當時流傳的抄本原本就存在"備""孿"之異。

（55）伺候的端端正正。（61a）

句中"伺"改爲"俟"，且標去聲符號。原"伺"字墨筆點掉，未標聲調符號。嘯本作"俟"。京大本、東大本均作"俟"，且標去聲符號。可見，天理本校改者所改可從，不過近代漢語中"俟候"亦作"伺候"，如《水滸傳》第十八回："虧了他穩住那公人在茶坊裏俟候，他飛馬先來報知我們。"《二刻拍案驚奇》卷十五："須臾便有禮部衙門人來伺候，伏侍去到鴻臚寺報了名。"《紅樓夢》第五五回："這不是我們常用的茶，原是伺候姑娘們

---

① 此注中"孿"字原抄本寫作，下部从"虫"，似"蠻"字，現暫從木津祐子等釋作"孿"。參見木津祐子：《京都大学文学研究科蔵琉球写本『人中畫』四卷付『白姓』》，臨川書店，2013年，第655頁。

的。"可見，"伺""俟"二字均可。

（56）詩字又風流。（63b）

句中"詩字又"改爲"寫作"，且分別標上聲、入聲符號。"詩字又"三字墨筆點掉，未標聲調符號。嘯本作"寫作"。京大本作"寫得"，且分標上聲、入聲符號。東大本作"寫得好風流"，與天理本、京大本皆不同。可見，天理本校改者所改可從，不過從文意來看，天理本原作"詩字又"亦可通。

（57）要先等小女完親之後。（65b）

句中"親"改爲"姻"，且標陰平符號。原"親"字朱筆點掉，已標陰平符號。嘯本作"姻"。京大本作"親"，且標陰平符號。東大本作"姻"，且標陰平符號。近代漢語中"完親"亦作"完姻"，如《紅樓夢》第九七回："（賈寶玉）盼到今日完姻，真樂得手舞足蹈。"可見，"親""姻"二字皆可。

（58）探花事情。都是有情有義的。（66a）

句中本句中第一個"情"字改爲"〓"，即重文符號。原"情"字朱筆點掉，已標陽平符號。嘯本作"事事"。京大本、東大本均作"事事"，且均標去聲符號。可見，天理本校改者改作"事〓"可從。

（59）就把新女婿改做女粧。（66b）

句中"做"改爲"換"，且標去聲符號。原"做"字朱筆點掉，已標去聲符號。嘯本作"換"。京大本作"做"，且標去聲符號。東大本作"換"，且標去聲符號。從文意看，"做""換"二字皆可。

（60）誰知天心不相負。（70b）

句中"知"朱筆改爲"道"，未標聲調符號。原"知"字朱筆點掉，未標聲調符號。嘯本作"道"。京大本作"知"，且標陰平符號。從文意來看，"知""道"二字均可。東大本此句殘缺。

（二）眉改（1例）

眉改置於該頁的天頭頁眉處，屬於校改個別字所標的聲調符號，并非嚴格意義上的改字，因僅1例，故暫歸於此。

（1）就教他讀書做詩做文。（22a）

句中"教"字原作𢾾，本標了陰平符號，後又圈發之，以示變調爲陰平。頁眉改作,改標了去聲符號。京大本、東大本此處"教"字均標了去聲符號。由此可見,當時琉球人所學該字的官話讀音與現代漢語不同,現代漢語中作動詞用的"教"讀作陰平,并不讀去聲。若依現代漢語中的讀法,天理本原標作陰平反而是正確的。

(三)塗改(4例)

塗改是在原字上直接塗改成正確之字,因在原字上直接塗改,故有些原字已不易識出,因此這類校改例句中均以塗改後之字列出。此類字一方面可能是由後來使用者塗改,亦可能是抄寫者發現筆誤後隨即塗改所致。相關字例如次:

(1) (2) (3) (4)

現將4處塗改之例分別述之如次:

(1)又是一幅紅綾鋪下。(10a)

句中"幅"原誤爲"輻",現"幅"字爲墨筆塗改而成,且標入聲符號。嘯本作"幅"。京大本、東大本均作"幅",且標入聲符號。可見,天理本校改者所改可從。

(2)備些聘礼。(33a)

句中"礼"原誤爲"裡",現"礼"字爲朱筆塗改而成,且標上聲符號。嘯本作"禮"。京大本、東大本均作"礼",且標上聲符號。可見,天理本校改者所改可從。

(3)不曾説起。(41a)

句中"説"原誤爲"講",未標聲調符號,現"説"字爲墨筆塗改而成,且標入聲符號。嘯本作"説"。京大本作"講",且標上聲符號。東大本作"説",且標入聲符號。從文意來看,"説""講"二字均可。

(4)你快改換。(44a)

句中"快"原誤成"怪",墨筆塗改成"快",且加去聲符號。嘯本作"快"。京大本、東大本均作"快",且標去聲符號。可見,天理本校改者所改可從。

(四)旁改又點掉(1 例)

這一類改字僅有 1 例。從前後文意來看,該例中的"他""你"二字,天理本原本不誤,校改者曾據京大本、東大本之類的本子作了改動,但隨後又發現與文意不合,遂又將所改之字刪去,保留了原來的正確之字。具體情況如次:

(1)怎麼他一個進士便欺負你舉人。(3b)

句中"他""你"二字均被點掉,并分別旁改爲"你""他"。但後又將旁改的"你""他"二字點掉,并於原來的"他""你"二字左下角小字各注一"正"字。抄本此處校改如下圖所示:

由此可知,原來可能是有人旁改爲"你""他",但後來發現是誤改,遂又將所改之字點掉。嘯本作"怎一個進士便欺負舉人"。京大本、東大本均作"怎麼你一個進士便欺負他舉人",其中"你"字標上聲符號。從前後文意看,此句中的"他"是指強娶呂柯未婚妻的新任汶上知縣,此知縣是進士出身。而"你"是指司馬玄要幫助的受害者"呂柯",現在尚未中進士,仍是舉人身份。所以當時使用者在天理本此句"他"字右側旁注"知縣也",而在"你"字右側旁注"呂柯也"。由此可見,天理本原作"怎麼他一個進士便欺負你舉人"正確可從,而京大本、東大本兩代詞顛倒誤置,并不可據。

四、本節結語

本節對天理本琉球抄本《人中畫·風流配》中保留的校改材料作了窮盡性梳理,共得校改材料 112 例,其中包括:刪除 20 例,增補 26 例,改字 66 例。在分類描寫的基礎上,分析了各類校改材料中所用校改符號的形式和校改字迹,同時結合京大本、東大本和嘯本對所有校改內容作了逐條疏證。通過以上整理分析可以得出以下幾點結論：

（一）參與天理本《人中畫·風流配》校改者非一人。從前文校改符號和字迹分析可知，刪字者至少有2人，增補者至少有3人，改字至少有4人。即使以上三類校改内容中有重複之人，參與整篇校改者最少也當不少於4人。由此可見，現存天理本可能經過多人甚至多代人的使用。

（二）天理本中保留的校改後内容與京大本、東大本、嘯本均時同時異，這很可能是因爲校改者參照了現存諸抄本之外的抄本所致，當然也有可能是因爲校改者不衹一人，各自參照了多個本子所致。如：第63b頁"詩字又風流"，其中"詩字又"三字點掉，旁改爲"寫作"，嘯本作"寫作"，與校改者所改相同。但是，京大作"寫得"，東大本作"寫得好風流"。二者皆與天理本、嘯本不同。再如：第5a頁"老婆討來時候"，其中"討來"二字點掉，旁改爲"回去"。嘯本作"寶眷回時"。京大本作"家眷回來時候"，其中"來"字右側旁注一"去"字，當爲標示異文。東大本作"娶老婆回去時候"，與天理本、京大本、嘯本均不同。

（三）一些校改可以證明，當時給天理本《人中畫·風流配》加句讀、標聲調符號和校改者有時顯係同一人。當時琉球人在利用該書學習漢語時，很可能是先自己或請他人抄録一部白文本，然後再加朱書句讀和聲調符號，而在做這一工作時可能參照了當時其他已加句讀和聲調符號的抄本，因此同時據這些抄本作了校改。如：第8b頁"人都不曉得。的司馬玄听了"，其中的"的"字點掉，未標聲調符號。京大本、東大本均無"的"字。嘯本作"所以人都不知"，亦無"的"字。此句中"的"字的存在并不影響文意的表達，本可不必刪除，但是加句讀者用於參照的抄本中此句并無"的"字，這正與現存京大本、東大本相同。所以，加句讀者便將句中的"的"字點掉，并於"得"字後加了圈號句讀。由此可推知，此處加句讀、標聲、校改者當是同一人。

（四）天理本《人中畫·風流配》的校改者的確改正了一些抄寫錯誤。例如：第36b頁"就歡説"，其中"歡"字改爲"歎"。京大本作"嘆"，東大本作"歟",嘯本作"歟"。可見校改爲"歟"至確。再如:第33a頁"備些聘礼",其中"礼"字原誤爲"裡",現"礼"字爲塗改而成。嘯本作"禮",京大本、東大本均作"礼",可見塗改爲"礼"亦至確。

（五）某些校改可以校正京大本、東大本之誤。如:第27a頁"到了第二早起",其中"二早"二字中間右旁補一"天"字,嘯本作"到次早",京大本有"天"字,東大本無"天"字。由此可見,天理本校改作"第二天"正確,東大本脱"天"字,當據此補之。再如:第3b頁"怎麽他一個進士便欺負你舉人",從前後文意來看,其中的"他""你"二字原不誤,但天理本校改者誤改作"你""他",後又發現誤改,又於原文中的"他""你"二字左下角小字各注一"正"字。然而此句京大本、東大本均誤作"怎麽你一個進士便欺負他舉人",其中的"你"和"他",均當從天理本未改之字改正。

（六）部分校改實屬誤改,似可據此推知校改者漢語水平不够高。如:第64b頁"訪得一個女才。子姓尹",其中"子"字點掉,但點掉之後句子就變成了"訪得一個女才",而"女才"頗不詞。查嘯本、京大本、東大本可知均作"才女",并無"子"字。由此可見校改者將"子"字點掉并不可取。再如:第62a頁"那裏曉得司馬玄才高這樣的",其中"玄"字圈掉,但圈掉"玄"字句意欠通,查嘯本、京大本、東大本均有"玄"字。由此可見,天理本此處圈掉"玄"字當不必。

（七）相當部分校改均屬兩可,據此亦可推測,當時校改者漢語水平可能尚無法判定這些異文的對錯和優劣。例如:第22b頁"司馬玄聽見這些話",其中的"見"字點掉,旁改爲"了"字。京大作"見",雖未點掉,但於左側旁注一"了"字,當爲注出異文。東大本作"了"。可見此句中"見""了"二字均可,故京大本使用者注其異文兩從之,但天理本則點掉了原來的"見",改作異文"了"。可見,天理本校改者漢語水平可能相對一般,尚無法總判定這類異文的正確與否。另據研究,京大本可能是真榮里家鄭氏九世良弼的藏書,鄭良弼生於乾隆五十四年(1789),曾作爲勤學人赴閩學習漢語并主修《大清律例》,回琉球後曾任總役唐榮司,漢語漢文水平頗高[①]。京大本抄寫精審,其中所存異文很可能是鄭氏當年所加,自與天理本校改者水平不同。

（八）從某些校改可以看出,趨向補語和結果補語都是當時琉球人漢語學習中的難點。例如:第 5a 頁 "老婆討來時候",其中的 "討來" 二字被改成了 "回去"。嘯本此句作 "寶眷回時"。京大本作 "家眷回來時候",其中 "來" 字右側旁注一 "去" 字,似爲標示異文。東大本作 "娶老婆回去時候",與天理本和京大本均不同。從文意來看,司馬玄對吕柯説此話時,二人尚在北京,吕柯家眷尚山東汶上,故作 "來" 似更爲可從。可見,天理本原作 "討來",京大本作 "回來" 均正確,但東大本作 "回去" 則誤。由此也可以看出,漢語中 "來" "去" 這類趨向補語應該是當時琉球人漢語學習中的一個難點。再如,第 52b 頁 "驚得一身冷汗",其中的 "得" 字改爲了 "了"。嘯本、京大本、東大本均作 "了"。可見,天理本校改者所改可從,不過從文意看,"得" "了" 均可。由此可知,結果補語在當時也是琉球人漢語學習中的一個難點。

第三節　琉球官話課本編寫語料來源考

語料是編寫任何語言教材的基本材料,教材的編寫過程即對原語料進行加工裁剪的過程。琉球官話課本自然也不會例外,然而以往的研究基本上忽略了這一問題[②]。本節主要從國際漢語教材編寫的角度考察琉球官話課本的語料來源問題,希望能爲國際漢語教材編寫史的研究提供一些參考。

---

① 木津祐子:《琉球本『人中畫』の成立——併せてそれが留める原刊本の姿について》,《中國文學報》第 81 號,2011 年,第 36 ～ 57 頁。

② 范常喜:《百年來琉球官話課本研究綜述與展望》,《域外漢籍研究集刊》第 17 輯,中華書局,2018 年,第 457 ～ 500 頁(收錄於本書第 14 ～ 41 頁)。

一、普通會話課本中的語料來源

(一)來源於交際對話實錄

現存琉球官話課本以普通會話類課本爲多,如《中國語會話文例集》《學官話》《官話問答便語》等。這些會話課本以情景功能爲綱進行編寫,采用問答式對話體語言,生動有趣,有着很强的針對性和實用性。其語料的主要來源應是當時各種情境下的對話實錄。例如:

(1)《學官話》:(琉球病人)門生這幾時,身上有些賤恙,特來求先生看看脉。藥撮一劑,帶回去吃。(福州醫生)你這身上什麼意思?説給我知道,我好加減。(琉球病人)我這身上覺得四肢無力,脚手痠軟,腰又痛,頭又暈,茶飯又不愛吃,肚子又飽脹,心口裏祇管要發惡膽,口水長淌的,渾身好不難過的。(福州醫生)大便、小便有麼?(琉球病人)大便、小便是有的。(福州醫生)小便紅不紅呢?(琉球病人)小便有些紅。(福州醫生)身上有發潮熱麼?(琉球病人)早起頭都好,到下半晚,就發潮熱。(福州醫生)這個病無妨事,你是冒着風失表的,如今寒深了,我撮一劑藥,帶回去吃,今晚表得些汗出來就好了。(琉球病人)多謝先生,藥資明日送來罷。(福州醫生)好,不打緊。請了。(24a～24b)

《學官話》的場景設在福州,主要是爲了應對琉球人在福州的生活而編寫的課本。明清時期,福州作爲琉球進貢登陸的起點和離開中國大陸的起點,在整個進貢貿易和文化交往中起到了極爲重要的作用。福州河口一帶設有琉球館,在中國的官方文獻中稱作"柔遠驛"。該館驛始建於明成化八年(1472),重建於清康熙六年(1667),明代至清末用於接待琉球國赴華朝貢的賓客和商人等。琉球貢使在福州登陸後一般先住在柔遠驛,再到京城覲見中國皇帝。當時有大量從事進貢貿易的琉球商人以及"勤學人"(自費留學生)隨貢船來到福州,或從事貿易,或學習官話和禮數以及各種生產技藝。上引對話應當是琉球人在福州生病後看中醫時的對話情景。

　　1947 年,福州人傅衣凌等到水部河口一帶調查琉球通商史迹,調查到一位曾經給琉球人看過病的醫生,傅先生謂:"於是以友人徐吾行君之介,訪問當地名醫高潤生先生,探求口碑史料。高先生世居水部,年已七十餘,談於少年時,曾爲琉人醫病,當時情形仿佛可憶。"① 可見,當時琉球人在福州的確有求醫問藥的事實。此外,王振忠對於上述對話也曾指出:"'表',在福州方言中是指用藥物將人體内所感受的風寒發散出來。而'撮一劑藥',則爲福州人之通俗常言。舊時人看病,多到中藥鋪中開藥,藥鋪老闆往往即坐堂醫生,無論什麼病,'小便紅不紅'('紅'的意思并非確指尿的顏色,而衹是與通常的顏色相比是否有所不同),從來就是坐堂醫生問得最多的一句話。"② 由此亦可證《學官話》中本段琉球病人與福州醫生對話的真實性。

(二)來源於早期的會話課本

　　由於對話交流的情境和功能具有較高的一致性,所以不同時期不同作者編寫的漢語會話課本内容多有相承襲之處,琉球官話課本亦是如此,後面編寫的會話課本往往直接利用前代課本的語料,或者在前面課本語料的基礎上稍作更新修改。如:

　　(2)天理本《學官話》:昨日京都有人回來,説是在蘇州捱着我們上京的人。他替我們帶信回來,説是他們一路平安。想今年的公事辦得快,到十二月裏就得回來,我們大家都歡喜了。(18b)

　　▲《中國語會話文例集》:上京的昨日有人帶書來了,説道是一路平安,而今已到蘇州了。想今年公事做得快,十二月間可以回家,我們大家都歡喜了。(3b)

　　(3)天理本《學官話》:昨晚好幾個朋友到樓上去玩耍,大家坐在那裏吃茶,談談些閒話,差不多到三更時候纔回來睡覺,今日身上好不自

① 傅衣凌:《福州琉球通商史迹調查記》,薩士武、傅衣凌、胡寄馨編著《福建對外貿易史研究》,福建省研究院社會科學研究所,1948 年,第 59 頁。
② 王振忠:《清代琉球人眼中福州城市的社會生活——以現存的琉球官話課本爲中心》,《中華文史論叢》2009 年第 4 期,第 55 ~ 56 頁。

在,坐着就要打盹,做不得事情。(9a)

　　▲《中國語會話文例集》:昨晚同朋友去某人家裏吃茶,大家談談頑頑,差不多三更的時候回來睡覺,今日身上不自在,坐着就打盹,讀不得書。(5b)

　　據考證,《中國語會話文例集》編成於明代晚期①,是目前所知最早的琉球官話課本,《學官話》則很可能編成於清代中期②,後者語料多有承襲前者之處自可理解。不過由於二者的編撰時代相差較遠,使用對象、使用場景甚至對話實際也變得不同,所以《學官話》在利用這些語料時都多多少少作了一些修改。

(三)來源於聖諭宣講内容

　　聖諭宣講是貫穿明清兩代的社會教育運動。明代宣講的内容是明太祖"聖諭六言",清代宣講的則是康熙"聖諭十六條"和雍正"聖諭廣訓"。自淵源論,清代的聖諭宣講是在明代基礎上的繼承和發展③。當時琉球人爲了學習官話和中國禮數,曾把《六諭》《聖諭》等書作爲課本。康熙四十七年(1708),琉球人程順則將明末清初時期學者范鋐所作,約成書於康熙年間的《六諭衍義》刊行後帶回琉球。程順則在該書跋文中談到:"然六經四書,多微言奥旨,祇可自喻之於心,何能日日宣之於口?惟是編字字是大道理,却字字是口頭話,男女老幼莫不聞而知之。教者省力,學者易曉。導之之術其有善於此者,雖然更有説。稗官野史皆里巷常談,然無關風俗,無補人心。不如此書既可以學正音,兼可以通義理,有明心之樂,無梗耳之言,一舉兩得。予所以重梓而傳之,俾國中俊秀可備貢使之選

① 　内田慶市編著:《関西大学長澤文庫蔵琉球官話課本集》,關西大學東西學術研究所,2015年,第3～14頁;范常喜:《新見琉球官話課本〈中國語會話文例集〉文獻價值試論》,《北京大學中國古文獻研究中心集刊》第16輯,北京大學出版社,2017年,第261～273頁(收録於本書第74～87頁)。
② 　瀬户口律子、李煒:《琉球官話課本編寫年代考證》,《中國語文》2004年第1期,第77～84頁。
③ 　趙克生:《從循道宣誦到鄉約會講:明代地方社會的聖諭宣講》,《史學月刊》2012年第1期,第42～52頁。

者日而講月而熟。他年答津吏而咨貢務,語語正音,流似江河,運若血氣,是則予之所厚望也夫。"由此可知,程順則刊刻此書目的是爲了琉球子弟學習官話并教導倫理①。

琉球官話會話課本中,有些内容當出自《六諭》《聖諭》類説解内容,試比較下列兩段内容:

(4)《官話問答便語》:我想人生在世,君臣、父子、兄弟、夫婦、朋友,這五倫的道理不可不知。蜂蟻尚重君臣,爲人豈不盡道? 當思君恩山重海深,民溺同於己溺,民飢同於己飢。在官者月糜廩禄,榮宗蔭子,待下何等優厚? 求其正心忠君愛國者少,不過苟且職任而已。這是爲臣之道大有虧了。羊有跪乳之恩,鴉有反哺之誼,尚知父母,爲人豈不盡道? 當思父兮生我,母兮育我。十月懷胎,三年乳哺,未寒而加子以衣,未飢而加子以食,稍有疾病,父母日夜心中不安。如此深恩,昊天罔極,求其真心實意愛慕父母者少,不過奉養無缺,他就自稱能孝順,豈知那不孝順處還多哩。這是爲子之道大有虧了。(26a～26b)

▲《六諭衍義》第一條:聖諭第一條曰孝順父母。怎麽是孝順父母? 人在世間,無論貴賤賢愚,那一個不是父母所生的? 而今的人與他説父母,他也知有父母;與他説孝順是好事,他也知孝順是好事。爭奈孝順的少,不孝順的多,是何緣故? 這不是他性中没有孝順的良心,衹是虧損久了,如人在夢中無人叫醒他。試想,父母十月懷胎、三年乳哺,受了多少艱難,擔了多少驚怕。偎乾就濕、出入提携,兒子有些疾病,爲父母的禱神求醫,恨不得將身替代。未曾吃飯,先怕兒飢,未曾穿衣,先愁兒冷。巴的長大成人,就定親婚娶,兒子出門遠行,牽心挂意,蚤去遲來,倚門懸望。

木津祐子對此指出:"這樣看來,雖然没有找到跟《官話問答便語》完全相同的底本,不過講五倫道德時所需要的一些套語表述法,很可能

---

① 曹永和:《關於琉球程順則與其所刊刻〈指南廣義〉》,《第一屆中國域外漢籍國際學術會議論文集》,聯合報文化基金會國學文獻館,1987年,第294頁。

在廣泛場合已被普遍接受。也許可以這麼説：琉球人在編課文時，衹要把自己的認同意識放在中華傳統方面，那麼，所需要的述説方式就都是在他們的眼前早被準備好的。……朝鮮通事編的官話課本《老乞大》也有跟《官話問答便語》相似的講五倫道德的章節，而且出現得幾乎没有脈絡（前後不連續），這很可能反映了中國域外學徒的普遍心態。就是説，要學習官話、編寫課本時，他們的關心不僅在寫純粹的語言課本上，而且要將中國文化知識（即五倫道德或格言彙集等）也放在課本裏面。"①

此外，清代來華西人同樣十分重視《聖諭廣訓》類官話宣講內容，因爲他們不僅借此瞭解中國民衆的心態，而且還將其進行翻譯注釋，用作學習中國話的教本。1859 年威妥瑪在其《尋津録》一書中對《聖諭廣訓》作了節譯，以便來華西人學習漢語之用。鮑康寧翻譯《聖諭廣訓》的詮釋本也是爲了同一目的②。顯然西人將《聖諭廣訓》中的內容用作學習漢語材料的做法，與琉球官話課本編寫者如出一轍。

二、專用會話課本中的語料來源

琉球官話專用會話課本共存 2 種，分別是：《白姓官話》《條款官話》。《白姓官話》中的語料取自琉球人與中國飄風難人的對話實録，《條款官話》中的語料則采自琉球人跟中國册封史等人之間的外交對話記録。

（一）《白姓官話》中的語料來源

《白姓官話》是一部琉球人爲了救助中國清朝海上飄風難人而編寫的專用漢語會話教材。這部教材基於真實的歷史事件編寫而成。課本的主要

---

① 木津祐子撰，吳正嵐譯：《琉球的官話課本、"官話"文體與"教訓"語言》，《域外漢籍研究集刊》第 4 輯，中華書局，2008 年，第 31 頁。

② 周振鶴：《聖諭、〈聖諭廣訓〉及其相關的文化現象》，周振鶴撰集，顧美華點校《聖諭廣訓：集解與研究》，上海書店出版社，2006 年，第 618 ～ 620 頁；司佳：《傳教士緣何研習〈聖諭廣訓〉：美國衛三畏家族檔案手稿所見一斑》，《史林》2013 年第 3 期，第 90 ～ 97 頁；劉珊珊：《西方傳教士眼中的〈聖諭廣訓〉》，《歷史檔案》2015 年第 2 期，第 96 ～ 103 頁。

内容是敘述山東省登州府商人白世蕓雇用蘇州府常熟縣瞿張順船前往江南賣黃豆,旅途中不幸遭遇颱風,與水手朱三官等人一起漂流到了琉球國。在琉球受到上至琉球國王,下至琉球通事等人的熱情款待和幫助,一年後乘貢船返回福州一事。試比較下述相關內容①:

(6)《白姓官話》問:老兄,貴處是那裏人。答:弟是山東人。問:山東那一府那一縣。答:是登州府萊陽縣。問:老兄尊姓。答:弟賤姓白。問:尊諱? 答:賤名世蕓。問:尊號? 答:賤字瑞臨。問:寶舟是何處的船? 答:是江南蘇州府常熟縣的。問:兄是山東的人,怎麼在他船上? 答:因他的船在弟敝處做買賣,弟雇他的船,載幾擔豆子,要到江南去賣,故此在他船上。問:兄們是幾時在那裏開船呢? 答:是舊年十二月十八日,在本省膠州地方開洋的。問:怎麼樣駛到敝國來呢? 答:不知道駛到半洋,忽然遇着暴風,把大桅杉板、船梢、篷舵盡行打壞,船裏的貨物都丟吊去,那些沒有丟的,也給海水打濫了。現今船上柴米水都沒有了,這個時候總是會死。誰想皇天保佑,十二月二十九日,漂到貴國大島地方,狠蒙地方老爺可憐我們,天天賞給柴米,才得活命。(1a～1b)

(7)《白姓官話》:(飄風中國難人)水夫,朱三官沒幹了,快去請通事來。(飄風中國難人)通事請坐。(琉球通事)呵。有坐,他不好了麼? (飄風中國難人)不好了。(琉球通事)噯! 可憐可憐。你們快寫一張報故的呈子,我去報知老爺,奏明國王知道,好去備辦棺材衣衾殯殮埋葬的事情。(飄風中國難人)呈子該怎樣寫? 求通事教導。(琉球通事)也沒有別的意思,祗是這樣説:他的病是幾時起的,蒙這裏老爺怎麼樣請醫生替他調治,總不見效,某月某日死了,求老爺奏明王爺,可憐中國異鄉人,賜下棺木埋葬,感恩不盡的意思,就是這樣寫去就是了。(飄風中國難人)具呈難人瞿張順,爲據實報明,更乞憐憫事切。順船上

---

① 關於《白姓官話》所記史實的考證,參見松浦章著,楊蕾、王亦錚、董科譯:《清代上海沙船航運業史研究》,江蘇人民出版社,2012年,第115～121頁;瀨户口律子、李煒:《琉球官話課本編寫年代考證》,《中國語文》2004年第1期,第78～79頁。

水手朱三官,因去歲在洋被風,艱苦受驚,染成癆症。今年三月間,在奇界島內吐血數次,奈無醫生藥治。四月初七日到運天港,蒙該地老爺延請醫生藥治,未見稍愈。本月十七日送至泊村,又蒙本地老爺賜下兩位醫生,效脈服藥,并賜人參調治。奈因病根太深,不能見效,不幸於七月初七日酉時身亡。懇乞老爺更加哀憐,奏知王爺,賜棺收殮,庶免屍骸暴露,擇地埋葬,得安魂魄於泉下,順等不勝急切,待命之至,上呈。(飄風中國難人)通事你看看,就是這樣罷。(琉球通事)寫完了麽? 我拿去送給老爺。列位請了,我去就來。(42b～43b)

▲乾隆十五年十一月十八日琉球國中山王給中國福建布政史司的咨文中説[1]:

乾隆十五年四月初七日,據大島地方官報稱,舊年十一月二十九日海船壹隻飄到本地。其船戶瞿張順等口稱,張順等壹拾叁名係江南蘇州府商人,本年十一月初七日山東開船,欲往江南蘇州府劉□貿易。行到洋中陡遭颶風,十二日到膠州,十八日膠州開船。□□洋中忽遇暴風,失舵斷桅。二十九日飄到大島地方,即蒙地方官修理船隻,發給米柴醬菜烟等項。十五年二月十九日彼地開船,詎料洋中又逢大風,二十一日□到奇界地方,衝礁打壞,登岸保命等由。即刻彼地方官給與廩餼收養,隨將所飄難民瞿張順等壹拾叁名并撈□物件本年四月初四日送到山北運天地方,彼地方官轉送既至中山泊村地方,即便發□安插,給與廩餼衣服等項,委官瞻養,泊村地方官毛內間等呈稱,難民水梢朱三官□十二月間在奇界地方身染吐血病症。……醫士盡心,用人參等種。奈病根已深,十二月初八日酉時身故。

該文文尾開列了兩船的人員名單,其中蘇州商船人員中有"常熟縣船戶瞿張順……客人白瑞臨"。乾隆十六年(1751)九月"禮部爲奉諭優獎護

① 沖繩縣立圖書館史料編集室編,生田滋校訂:《歷代寶案》(校訂本),第5冊,沖繩縣教育委員會,1996年,第60～63頁。

送内地遭風商民之琉球貢船事致内閣典籍廳移會附上諭一”專門就琉球國
“將閩縣遭風船户蔣長興等、常熟縣船户瞿長順等留養二年,給予口粮,隨
船護送來閩”之事特别嘉獎了國王尚敬及“其在船之官伴水稍人等”①。兩
相對比可知,《白姓官話》中的語料應當是當時琉球通事集團與中國飄風難
人瞿張順、白世雲等的對話實録②。

(二)《條款官話》中的語料來源③

《條款官話》是琉球通事如何對答中國使節的問答手册,其成書時代
應在趙新、于光甲等清朝册封使一行前往琉球的同治五年(1866)以前。
1609年,日本薩摩藩入侵琉球後遂將琉球作爲該藩的附庸國納入自己的
統治之下,并推行“隱蔽政策”,對中國隱瞞統治琉球的事實。在隱蔽政策
開展過程中,薩摩島津氏通過琉球的進貢貿易獲得所需的中國物品。另
一方面,爲了維持王國體制,不令受統治於薩摩的事實被中國發覺,琉球
國首里王府也自發性地貫徹實施隱蔽政策。有清一代,中國遣使往封琉
球八次,使節一行人數多達四五百人,逗留期間也長達四五個月。在使節
一行逗留期間,首里王府爲了防止日琉關係敗露進行了種種隱蔽工作。
此外,及至琉球王國末年,王府認爲除了對日琉關係進行隱瞞之外,還有
必要對敕使(册封正副使)可能問及的有關琉球外交、内政的種種問題進
行設想,并將提問的標準回答向通事作出指示。

《條款官話》正是在這一歷史背景下出現的。抄本末尾寫有“右は勅
使樣御尋之節御返答之條　官話組仕候事”等字句,説明正是爲應對清廷
册封正副使的種種提問而編寫。因此,與其説《條款官話》是一本學官話
的課本,倒不如説是一部意在對通事做出隱蔽應對指示的問答指南。正

---

① 中國第一歷史檔案館編:《清代中琉關係檔案三編》,中華書局,1996年,第51頁。
② 參見木津祐子:《『白姓』の成立と傳承——官話課本に刻まれた若き久米村通事た
　　ち》,《東方學》第115輯,2008年,第123～140頁。
③ 關於《條款官話》的編寫背景參見喜舍場一隆(1997):《『条款官話』について》,《國
　　學院雜志》第98卷第8號,1997年,第34～56頁;赤嶺守:《〈條款官話〉初探》,馮明
　　珠主編《盛清社會與揚州研究》,遠流出版事業有限公司,2011年,第117～130頁。

因如此,其中的問答語料應即當時的外交對話實録。如[1]:

（8）問:我聽見説番洋的人飄到這裏,你們琉球報知留在長崎。西洋的人叫他帶了那難人一齊回本國去。又聽見説那長崎的人因有洋船,順便托他寄信在球日本的人,我看起來,琉球替日本原有交際往來,這事真真不錯了？ 答:我們敝國原没有替他交際往來,那報知的事有些緣故,他飄來時節,那度佳喇的人留在這裏,他明明知道難人的事情,他回國之日,把那洋人的事講給日本的人知道,那日本的人傳知洋人,可就這樣麽！ 那書信到來的事,也有些緣故,那度佳喇的人在敝國染病,請醫生調治,所以那長崎的朋友把個書信寄給病人問候,并没有替他結交往來。

（9）問:我聽見西洋的人説你們琉球服從日本,是真的麽？ 答:不是這樣的,我們敝國地方褊小,物件不多,原來替那日本屬島度佳喇人結交通商買辦,進貢物件又是買的日用物件。那度佳喇的人在日本收買那些東西,賣給敝國。想必那西洋的人看得這個舉動,就説琉球在那日本的所管。我們敝國原來天朝的藩國,世世荷蒙封王。此恩此德,講不盡的。那有忘恩負義,服從日本的道理。

三、副讀本式課本的語料來源

副讀本式的琉球官話課本語料則源自中國的擬話本小説《人中畫》。《人中畫》本爲明末清初我國的話本小説,琉球人將其改編爲課本用於當時的官話學習,其改編保留了原話本的回目、詩詞、故事情節,主要是將其中的白話語言改編成了更利於口語交際的官話對話。若將小説原文與琉球改寫本進行對比,立馬可見其語料的來源及其改寫痕迹。

（10）琉球本《人中畫·風流配》第一回:司馬玄感義氣贈功名,吕翰林報私恩竊柯斧。詩曰:"一男一女便成儔,那得人間有好逑。虞舜

---

[1]　高津孝、陳捷主編:《琉球王國漢文文獻集成》第 35 册,復旦大學出版社,2013 年,第 16 ～ 19、32 ～ 33 頁。

英皇方燕婉,香山蠻素始風流。莫誇夜月芙蓉帳,羞殺春風燕子樓。美不愧才才敵美,一番佳話自千秋。"話説四川成都府有個秀才,兩個字的姓司馬,名字叫做玄,號叫子蒼。生得清秀,生得好白,聰明伶俐,一見都曉得。十八歲就中了四川解元。父母要替他娶老婆。他想講,蜀中一塊小地方,那有生得好女人。古稱燕國趙國,有生得好的女人,且等上京去會試過,遍處細細察訪,有没有再來議論。娘老子也没奈他何,由他去了。一路上遇着的朋友,見他後生没有娶老婆,騙他去婊子家頑。那裏曉得他年紀雖然小,眼睛却高,看得這些婊子就像屎尿一樣,全不動心。到了京裏,尋個房子住下。(1a~2a)

　　▲嘯花軒本《人中畫・風流配》第一回:司馬玄感義氣贈功名,吕翰林報恩私竊柯斧。詩曰:"一男一女便成儔,那得人間有好逑。虞舜英皇方燕婉,香山蠻素始風流。莫誇夜月芙蓉帳,羞煞春風燕子樓。美不愧才才敵美,一番佳話自千秋。"話説四川成都府有個秀才。覆姓司馬,名玄,表字子蒼。生得骨秀神清,皎然如玉,賦姓聰明,一覽百悟。十八歲就中了四川解元。父母要與他議親。他想道:"蜀中一隅之地,那有絶色? 古稱燕趙佳人,且等會試過,細訪一遍有無,再議不遲。"父母强他不過,祇得聽他入京。一路上,遇着的朋友見他少年未娶,都誘他到花街去頑耍。誰知他年紀雖幼,眼睛却高,看得這些妓女就如糞土一般,全不動念。到了京師,尋個寓所住下①。

　　兩相比較可知,作爲副讀本的琉球官話課本《人中畫》中的語料當源自母本嘯花軒本系統②。作者將這些語料在母本基礎上作了進一步的改寫,使其更加適合當時的官話學習者使用。如把"覆姓司馬,名玄,表字子蒼"改成"兩個字的姓司馬,名字叫做玄,號叫子蒼",把"生得骨秀神清,皎然如玉,賦姓聰明,一覽百悟"改成"生得清秀,生得好白,聰明伶俐,一

① [明] 无名氏原著,趙伯陶校點:《人中畫》第1頁,收入 [清] 徐震等原著,丁炳麟等校點:《中國話本大系珍珠舶等四種》,江蘇古籍出版社,1993年。
② 參見木津祐子:《琉球本『人中畫』の成立——併せてそれが留める原刊本の姿について》,《中國文學報》第81號,2011年,第36~57頁。

見都曉得"。改寫之後,令語言盡脱其文言色彩,更加口語化、交際化。

明清時期朝鮮半島的漢語教科書《老乞大》《朴通事》《訓世平話》等也都有大量語料采自我國的古代小説。日本江户時代的唐話課本《鬧裹鬧》《養兒子》《唐話纂要》等同樣也吸收了話本小説的内容和形式。清末西方人編寫的漢語課本《中文學習指南》《漢語入門》等也選録了《今古奇觀》《聊齋志異》等小説篇章①。當下的國際漢語教材中,文學作品仍然是其主要的語料來源。由此可見,利用口語小説編寫漢語課本,古今中外皆是常見現象。

四、公文寫作類課本的語料來源

琉球官話寫作課本實際上屬於應用公文範文集,由當時使用的稟文、呈文等應用文整合而成,可模仿性和實用性極强。現存此類課本已發現2種,分別是《呈稟文集》《漢文集》。

(一)《呈稟文集》語料來源

琉球人入華朝貢時,存留通事要在福州處理各種公務,與當地政府官員打交道,故而需要熟練掌握寫作呈稟文的技巧,琉球官話寫作課本《呈稟文集》正是因此而編集的範文集。兹録楚南家文書本《呈稟文集》所收稟帖和呈子各一例如次②:

(11)《呈稟文集》第1·10篇:百總看館呈:具稟。琉球國存留通事△等,爲懇柔遠人,以全館驛事。切,△等,向蒙副老爺天恩,令陳百總巡查,一應閑雜人等,不敢進駟騷擾。今陳百總身故,誠恐營厮無知,進館騷擾,盗折樓板雜物,難以阻止。叩乞副老爺始終全恩,遴委百總巡視,以全館驛,以柔遠人,恩同二天。切稟。康熙　年　月　日　具稟。

(12)《呈稟文集》第1·13篇:求入京進貢事:具呈。琉球國正議大

① 參見林彬暉:《域外漢語教科書編選中國古代小説戲曲作品研究》,湖南人民出版社,2010年,第56~193頁。
② 法政大學沖繩文化研究所編:《楚南家文書「呈稟文集」》,法政大學沖繩文化研究所,2015年,第14、15頁。

夫鄭思善等,爲仰體皇仁,府循舊例、謹陳衷悃,以便再貢進京事。盛朝德意浩蕩,懷柔萬國。琉球向化已久,順治十三年至今,歷二十餘載,愧貢物不腆,難酬大德。敝國主惟有表文,效順獻誠之儀。命△等親齎覲聖,以將恭敬,罔敢怠玩。三年兩貢,新齎表文。舊例昭然可考。近奉俞旨,免赴京師。又蒙大老爺躬膺大命抵閩,禮優宴賜。此乃朝廷憐恤之中,復加優獎。善等跋踖難安,何敢憚勞,敢不趨闕拜謝。但天朝煌煌,眷念微臣,有加無已。若循例進京,恐効順獻誠之心,轉爲違旨獲戾之舉。合情備陳苦衷,叩乞大老爺恩賜超拔,俾善等循例進京,足見聖人有道,無遠弗屆,庶國主効順之心,使臣得以上達,洪恩造就,薄海頌德不替。切呈。康熙五年十月　日。

(二)《漢文集》語料來源

《漢文集》是當時琉球人遭到海難時,爲請示清政府地方官員的救護而備集的各類文書範例,同樣也是當琉球人來華時常備的公文寫作範本。茲録琉球大學圖書館藏宮良殿内文庫本《漢文集》所收公文兩篇如次①:

(13)《漢文集》第1篇:具報琉球國屬八重山島難民某等,爲據實報明事。切難夷△等,要裝載貢米,投納王府,率領水梢△十餘名,△月△日本島開船,不想駛到半洋,遇着暴風,所載大米雜項,抛棄海中,破篷折桅,任其漂流。正在萬死一生之秋,幸賴皇天福庇,飄到貴地,共得活命,伏乞貴官垂憐難民,轉稟大老爺,發館安穩,給食養贍,則戴鴻恩于無既矣。切稟。同治六年丁卯八月△日,琉球國難民△等頓首拜。

(14)《漢文集》第6篇:具稟難人△等,爲解送福州,以便回國事。切難民△等,裝載貢賦,前赴那霸,不意塗遇颶風,隨波逐浪,而任其飄流。幸邀天眷,指引生路,△月△日飄至貴國洋面。奈本船傷損已多,不堪修理,尚或淹留日久,恐不副貢船返棹之期,而失搭歸之便。伏乞大老爺垂憐遠人,恩准拊搭貴地便船,護送福州,以便回本籍,則感佩覆

---

① 亦可參見徐藝圃:《來華琉球難民的"急救篇"——〈漢文集〉内容評述》,《第五屆中琉歷史關係學術會議論文集》,福建教育出版社,1996年,第119~120、123頁。

載再造之德矣。切稟。同治△年△月△日,琉球屬島八重山難人謹具。

可以看出,無論是《呈稟文集》還是《漢文集》,其中的範文均當取自當時的實用文書,這與英國人威妥瑪於 1867 年編寫的漢語公文寫作教材《文件自邇集》[①],日本明治時期的《清國公文一斑》(關口隆正編,村田直景 1902 年版)、《支那交際往來公牘》(金國璞編,泰東同文書局 1902 年版)、《日清往來尺牘》(吳泰壽編,博文館 1904 年版)等公文書信教本,以及當下出版的各類留學生《實用漢語寫作教程》《漢語應用文寫作教程》等均有着驚人的相似之處。

五、本節結語

語料是編寫任何語言教材的基本材料。琉球官話課本中的語料來源較爲複雜多樣:普通會話類課本中的語料多取自當時的交際對話片斷、聖諭宣講内容等;專用會話課本取自與飄風難人的對話實録和琉球人跟中國册封史之間的外交對話記録;副讀本式的課本語料則源自中國的擬話本小説;公文寫作類範文集取自當時正在使用的各類呈稟公文。

語料的真實性、實用性、趣味性一直是國際漢語教材編寫者遵循的基本原則。琉球官話課本的語料不僅來源豐富,而且極具實用性、真實性與趣味性。無論是普通會話課中的交際對話,還是專用會話課本中的海難救助、外交溝通,以及實用寫作課本中的呈稟公文,無不體現出語料的真實性和實用性。副讀本式的課本語料直接取自我國的話本小説,完整地保留了故事情節與敘事結構,從而很好地實現了課本語料的趣味性和生動性。

明清時期,無論是東亞朝鮮的漢語教科書、日本的唐話課本,還是西方的外交官、傳教士等所編漢語教材,都將交際對話、小説戲曲、實用公文作爲語料編入其中。直至今日,這些語料仍然是國際漢語教材的主要語料來源。琉球官話課本編寫者不僅與同時代的東西方漢語課本編寫者有

---

①　程龍:《威妥瑪〈文件自邇集〉淺析》,《中國文化研究》2012 年第 1 期,第 206 ～ 212 頁。

着共同的語料選擇旨趣,而且與今天正在使用的教材編寫者也有着相似的語料選擇理念,這充分展現出其國際漢語教材史的研究價值。

第四節　《文例集》所存明代琉球漢語教學史料考

明清兩代,琉球王國爲了培養精通官話和禮數的人才,在國内創辦了明倫堂、國學等漢語教學機構,同時向中國派遣公費留學生"官生"與自費留學生"勤學人"。通過國内、國外這兩種途徑,培養了大量漢語人才,爲中琉文化交流做出了重要貢獻。經過徐恭生、董明、羅小東、瀬户口律子等先生的研究,明清時期琉球派往中國的"官生"和"勤學人"在華漢語學習情況已經比較清楚[①]。

至於琉球國内的漢語教學情況,清代部分也相對清晰。根據真境名安興、島倉龍治等先生的梳理可知[②],明朝洪武年間"閩人三十六姓"從福建遷入琉球,定居在久米村(現那霸市久米町一帶)。隨後久米村人成爲負責琉球與中國進貢、貿易等外交事務的特殊群體。清康熙五十七年(1718)在久米村孔子廟創設了本村子弟公共教育機構"明倫堂"。在此實施漢語官話教育之外,還傳授經學與詩文,進行表奏文、咨文等外交文書的學習,從而奠定了琉球漢文和漢語官話的教育基礎。清嘉慶三年(1798),尚温王在首里設立琉球最高學府"國學",教授四書、五經、《唐詩合解》及官話,隨後根據需要還增加了呈文、咨文、録文、諭文等科目。同時,首里還建立了"三平等學校",這三間學校按照行政區域招收學生,學校運行機制同國學大同小異。可以看出,清代以來琉球國内的漢語教學

---

① 參見徐恭生:《琉球國在華留學生》,《福建師範大學學報(哲學社會科學版)》1987年第4期,第102～107頁;董明:《明清時期琉球人的漢語漢文化學習》,《北京師範大學學報(人文社會科學版)》2001年第1期,第109～116頁;羅小東、瀬户口律子:《明清時期琉球國的漢語教育》,《世界漢語教學》2007年第1期,第136～142頁。

② 島倉龍治、真境名安興編著:《沖繩一千年史》,日本大學,1923年,第396～397、406～414頁;真境名安興:《沖繩教育史要》,沖繩書籍販殻社,1965年,第119～155頁。

主要是依托久米村的明倫堂和首里府的國學及"三平等學校"等機構展開的。

　　然而,明代琉球國内的漢語教學情況則相對模糊。根據以往的研究約略可知,明代久米村人的漢語教學主要有私塾和公塾兩種形式。琉球文化大家久米村人程順則在康熙年間所撰《廟學紀略》云[①]:

　　　　按興學之始,例延中國大儒教授生徒,如明之毛擎台諱鼎、曾德魯、張五官、楊明州四先生,至今國人能道之。夫木有根本,學有淵源,四先生教澤及於我國,炳若日星,及今弗紀,後將無有傳之者。至於四先生之前,則不可考矣。

由此可知,明朝時久米村人曾延聘中國的儒者毛擎台、曾德魯、張五官、楊明州等人教子弟讀書。這可能是私塾性質的漢語教學活動。公塾設在久米村的天妃宫,明萬曆九年(1581)在中國國子監留學的官生鄭迥歸鄉後曾在天妃宫集合久米村子弟進行儒學教育。鄭秉哲《琉球國舊記》卷四云[②]:

　　　　萬曆年間,有鄭迥者嘗以官生入監。返國後,旋擢紫金大夫(今稱總理唐榮司)司教,每旬三、六、九日詣講堂,稽查諸生勤惰。厥後金正春亦授斯職,時奉王諭選擇文理精通者一人爲講解師,以教通事、秀才等,又擇句讀詳明者一人爲訓詁師,以誨若秀才等,然而未設學校,但於天妃宫以爲講堂。至於康熙五十八年己亥,尚敬王世代始設學校於聖廟之東,而廟學燦然大備矣。

據此可知,明朝時琉球國内主要是通過久米村的私塾和天妃宫公塾進行漢語教育,但其中的具體教學情況并不瞭解。

　　值得注意的是,近年發現的明代晚期琉球官話課本《中國語會話文

---

① 那霸市企畫部市史編集室編集:《那霸市史·資料篇·第1卷之6·家譜資料二(下)·久米村系》,那霸市企畫部市史編集室,1980年,第552頁。
② 高津孝、陳捷主編:《琉球王國漢文文獻集成》第15冊,復旦大學出版社,2013年,第33～34頁。

例集》(後文簡稱《文例集》)中有一些關於漢語教學的對話片段[①],涉及教學對象、教學方法、教學内容、考試、教師等多個方面。根據其中所涉地名和場景來看,大部分對話可以確定是發生在當時久米村的天妃宮學堂,或者發生在琉球國内其他地方,衹有小部分對話可能發生在中國福建。這些對話鮮活生動,展現了明代琉球國内漢語官話教學的許多細節,可以在一定程度上彌補史料缺失的遺憾。根據《文例集》中明確所記"假如去大明時"之事以及書末所列曲詞中有"滿洲家韃婆子"的文字,可將其編寫年代定爲明代晚期。此時琉球久米村的明倫堂以及首里府的國學尚未成立,所以明本《文例集》中所見漢語教學史料反映的應該主要是久米村公塾天妃宮學堂或私塾的教學情況。我們曾經對《文例集》的漢語教育史價值做過簡單揭示[②],但未展開詳論。本節擬在此基礎上將《文例集》中關於漢語教學的史料全部摘出,并略作考述,以期能爲琉球漢語教育史以及漢語傳播史的研究提供一些參考資料。

一、久米村公塾天妃宮學堂的教學史料

琉球久米村公塾天妃宮學堂設在本村"天妃宮",亦即上天妃宮,而非首里府那霸天使館附近的下天妃宮。清徐葆光《中山傳信録》卷二:"上天妃宮在久米村,夏給諫子陽《使録》云此爲嘉靖中册使郭給事汝霖所建,他無碑記可證。"[③]天妃信仰在琉球的傳播源於明初閩人三十六姓移居琉球,明景泰八年(1457)尚泰久王曾鑄鐘懸於上下天妃宮,可見上天

---

①　參見内田慶市編著:《関西大学長澤文庫藏琉球官話課本集》,關西大學東西學術研究所,2015年。

②　范常喜:《新見琉球官話課本〈中國語會話文例集〉文獻價值試論》,《北京大學中國古文獻研究中心集刊》第16輯,北京大學出版社,2017年,第261～273頁(收録於本書第74～87頁)。

③　黄潤華、薛英編:《國家圖書館藏琉球資料匯編》(中),北京圖書館出版社,2000年,第110～111頁。

妃宮當非嘉靖時册封使郭汝霖所始建①。呂青華指出②:

> 上天妃宮一直是久米村人的信仰生活的中心,不僅是册封船滯琉期間供奉船上媽祖的臨時處,也是平日處理朝貢文書的辦公室,更是教育久米村子弟的場所,可以説上天妃宮和久米村人的日常生活緊密結合在一起,在册封使的眼裏,久米村的上天妃宮仿佛中國駐外使館,所以册封船上的媽祖不入琉球王國所建的下天妃宮,而安奉在上天妃宮。

可見,天妃宮在久米村人甚至整個琉球政治生活中都有着非常特殊的地位。前文已經指出,萬曆年間,明朝國子監官生鄭迥歸鄉後曾經在天妃宮集合久米村子弟進行儒學教育,這可能是天妃宮學堂作爲公塾進行漢語教育的開始。《文例集》中有兩處比較明確的關於天妃宮學堂漢語教學的對話片段,例如:

　(1)阮先生,今日大老爺駕到天妃宮,要看門生們講書,如今都講完了,念詩聽如何?門生去大家商量罷。　　長史老爺,今日小弟大家都歡喜了。小弟年幼,大老爺面前考試,惟恐講錯,如今行禮都完了,故此歡喜。　　稟上各位老爺,如今學生們念唐詩一首麽,老爺聽一聽。　　剛纔先生説大老爺面前念詩,那時候讀得不好聽,可笑可笑。(13a)

從本段對話中"駕到天妃宮要看門生們講書"的内容可知,此處對話的地點應該在天妃宮學堂。從抄本文字留下的三處空格可知,本段對話由四句組成。這四句話應當是久米村天妃宮學堂裏考試的情形。從"要看門生們講書""大老爺面前考試"等均可以説明當時天妃宮學堂的漢語教學設有"考試"環節。"考試"由"大老爺"主持,考的内容是"講書"和"念唐詩"。學生們遇到考試都很緊張,生怕講錯。學生們念唐詩時自覺念得不好聽,比較害羞。程順則《廟學紀略》云③:

---

① 李獻璋:《媽祖信仰の研究》,泰山文物社,1979年,第472頁。

② 呂青華:《琉球久米村人的民族學研究》,臺灣政治大學博士學位論文,2008年,第172頁。

③ 那霸市企畫部市史編集室編集:《那霸市史·資料篇·第1卷之6·家譜資料二(下)·久米村系》,那霸市企畫部市史編集室,1980年,第552~553頁。

又按舊例,以紫金大夫一員司教,每旬三、六、九日詣講堂,稽察諸生勤惰,兼理中國往來貢典并參贊大禮,歷年久遠者,無從記其姓氏,今所可考者,明萬曆間鄭迴以官生入監返國後授長史,旋擢斯職。其後則有蔡堅、金正春、鄭思善、周國俊(國俊以正議大夫授紫金大夫)、王明佐、蔡國器、蔡鐸爲之。

由此可知,明朝萬曆年間,鄭迴曾作過天妃宮學堂的"司教","每旬三、六、九日詣講堂,稽察諸生勤惰",這與《文例集》中所説的"到天妃宮要看門生們講書"恰相一致。這種由"大老爺"主持的漢語考試在康熙年間明倫堂建成後仍然得到延續。清周煌《琉球國志略》卷六云[1]:

五十六年,紫金大夫程順則啓請建明倫堂,又於堂北祀啓聖併四配神主。五十七年冬堂成,蓄經書略備,國王又敬刊《聖諭十六條》,命程順則演其文義,月吉讀之。官師則紫金大夫一員司之,每三、六、九日詣講堂,稽察諸生勤惰,兼理中國往來貢典。講解師則擇久米內文理精通者一人爲之,不拘大夫、都通事、秀才皆可,歲廩十二石。訓詁師則擇句讀詳明者一人爲之,歲廩八石。

其中的"講解師"重在講解所學文章的義理,"訓詁師"重在幫助學生瞭解字詞的含義與讀音。這二者都爲學生們讀四書、五經服務。例(1)中所云考試內容之"講書"應即針對這些內容所做。

首里府於乾隆五十四年(1789)成立的國學也設有月考以及季考。講談生月考內容爲:一、《四書體注》(一張半),五經中的《詩經衍義》《書經體注》《易經會解》《禮記陳浩注》《春秋胡傳》等(共一張半)以及二十一史的選段(共一張)等內容的"訓點"[2];二、根據老師命題起草論文[3]、呈文、咨文、錄文等諸文體中的一種(共三張)。官話詩文生的月考

① 黃潤華、薛英編:《國家圖書館藏琉球資料匯編》(中),北京圖書館出版社,2000年,第958頁。
② 按:《禮記陳浩注》之"浩"當爲"澔"之誤。
③ 按:"論文"當爲"諭文"之誤。

內容則爲：一、用官話朗讀《尊駕》《白姓》《人中話》(共一張)①，注意平仄句讀；二、《四書體注》(共一張半)中內容的"訓點"；三、作詩，詩的體裁由教師從五言四韻、試帖詩、今體詩五言七律中選取。季考則在每年的二、五、八、十一月由琉球王府派遣攝政、三司官、吟味役等到現場監督，考試形式大致如前述②。由此可見，琉球首里府國學中設立的這些考試項目應當是前述上天妃宮、明倫堂漢語考試的進一步細化。

例(1)第二、三句起首分別是"長史老爺"與"稟上各位老爺"來看，本段文字起首的"阮先生"可能并非老師，應當是來天妃宮督學的考官。琉球久米村阮氏一族入琉相對較晚。阮明原是福建漳州府龍溪縣人，明萬曆十九年辛卯奉敕至中山，蒙國王隆禮且賜宅於唐榮；阮國原是福建漳州府龍溪縣人，萬曆三十五年九月二十八日奉旨爲三十六姓補抵中山，賜宅唐榮③。阮氏在琉傳三世之後便已入清，故這裏的"阮先生"應當是萬曆到崇禎年間第一、第二世阮姓之人。"長史老爺"應是一種官稱，明初久米村人主要負責朝貢貿易事務，明朝通常任命"長史"兩名以負責冊封與進貢等事務。根據琉球史書《球陽》卷四記載："萬曆丙申，王遣王舅毛鳳儀等謝襲封恩，附奏洪武永樂間賜閩人三十六姓，其孫子知書者授大夫、長史，爲貢謝之司，習海者授通事、總官，爲指南之備。"④清周煌《琉球國志略》卷九中記載久米村人擔任的職位曰⑤：

久米府官：紫金大夫四員，總理唐榮司一員(即於四員中以一員統轄一村事爲最尊，主朝貢、禮儀、文移)。正議大夫、中議大夫、長史、都通事、加遏闥理銜副通事、副通事、通事(皆久米人秀才習漢文者任其職)。

① 按："人中話"當爲"人中畫"之誤。
② 島倉龍治、真境名安興編著：《沖繩一千年史》，日本大學，1923年，第410頁。
③ 那霸市企畫部市史編集室編集：《那霸市史·資料篇·第1卷之6·家譜資料二(下)·久米村系》，那霸市企畫部市史編集室，1980年，第152、176頁。
④ 鄭秉哲等原編，球陽研究會編：《球陽》，角川書店，1982年，第207頁。
⑤ 黃潤華、薛英編：《國家圖書館藏琉球資料匯編》(中)，北京圖書館出版社，2000年，第1035～1036頁。

據此可知,到了清代久米村人的"長史"一職被逐漸固定下來①。從對話中可知,久米村的"長史"會到學堂中督查諸生的學習情況。清趙新《續琉球國志略》卷二云②:

> 自嘉慶十七年至道光四年,那霸四邨(若狹町邨、西東兩邨、泉崎邨)、唐榮二邨(大門邨、久茂地邨)、島中人等(凡那霸人氏,寓居唐榮邨中者,號島中)各建學校,置講課之法。四時那霸官親臨各學稽察勤惰,總理司、長史等亦於四時按臨島中鄉學稽察勸勵。學校有六,……各設講解師一員(唐榮人充之),主取官一員,中取筆者各二員。凡邨中冠童皆入學,講習四書、小學等書。

其中"總理司、長史等亦於四時按臨島中鄉學稽察勸勵"與天妃宮學堂中從事督教工作的"長史"相類似。

(2)昨夜下雨,滴滴打打,睡不着。　看堂的人快快起來罷,日頭約有上午時辰,讀書的也大家要到了,怎麼不起來掃得乾净呢?若有人看你這樣懶惰就不便了。　老兄家裏請坐罷,我要去請老先生來。　再一會去請他好了,如今還没有會二十個人,怎麼敢請得他呢?恐怕一請他就來麼,就得罪他了。　如今好請他麼?　也還早些,再多得五六個人纔該請他了。　如今有個二十多人,去請他好麼?　好了。如今請他,那一個是年紀最小的?快去請老先生來。　我是最小的,天天去請了。今日也該我去的,不曉得怎麼樣脚子有些痛,勉强出來了,某人是高我一年的,也替我同年的③,請老兄,今日該叫他去請先生罷?明日會好些,就天天都是我去請。　我纔回來了,先生講"就來開學堂"。　先生告暇,這兩天没有開學堂了。　有甚麼告暇呢?　有事情。有些不自在。　有些快活。

① 參見富島壯英:《近世の行政組織と役職》,池宮正治、小渡清孝、田名真之編《久米村:歷史と人物》,ひるぎ社,1993年,第23～30頁。
② 黃潤華、薛英華編:《國家圖書館藏琉球資料匯編》(下),北京圖書館出版社,2000年,第219～220頁。
③ 按:"某人是高我一年的,也替我同年的"兩句,抄本中原爲墨書雙行小字。

今日就開學堂。　　　今日没有教書。（4b ～ 5b）

從這段對話中的"看堂的人"以及學生有 20 多人推測,本段對話也應該是發生在天妃宮學堂。學堂有專門"看堂的人",而且此人住在學堂裏面,要負責早起打掃衛生。可能因前夜下雨影響了睡眠,導致這位照看學堂的人第二天早上没有按時起床掃除。教書的"老先生"不住在學堂,每天早晨需要學生基本到齊後纔去請他過來授課。由於每天去請先生的學生都是學堂中最小的那一位,可能該生有些怨言,故而以"不曉得怎麼樣脚子有些痛"爲由没有去請,同時推薦了高他一年或者同年的代替他去請。若老師有事或身體不舒服,可以"告暇",就不開學堂了。

二、疑似天妃宫學堂的教學史料

《文例集》中還有幾處關於漢語教學的對話片段,但不能明確發生在天妃宫學堂,故單列於此,例如:

（3）……事,不講書了。　　禀上先生,聽説□□□□□□□□□,□考門生 且 講書。門生四書的□□□□□□求先生用心 教導 門生。　　法司老爺□□□□ 久 米府的 人都 □□□,要講中國言語□□□□去中國,如今 怎麼樣纔 好呢? 教我罷。　　我教□□□天天用心學官話,自然後來會説了,又教□□要緊是不要怕羞。（1b）

本段對話中有"□考門生且講書",這與例（1）中"今日大老爺駕到天妃宫,要看門生們講書"的表述相似,所以不排除對話發生天妃宫學堂的可能。但從這種師生的一對一單獨對話來看,也有可能是發生於私塾。從"講書""四書"可知,當時所讀之書是"四書""五經"類漢文古籍。其他琉球官話課本中也有此類對話内容,如[1]:

問:"你那裏也讀書麼?"答:"讀書。"問:"讀什麼書?"答:"四書五經都讀。"問:"會寫漢字麼?"答:"會寫。讀書寫字和中國都是一樣的,總是字同音不同就是了。"（《學官話》7b）

---

[1]　瀨户口律子:《学官話全訳》,榕樹書林,2003 年,第 249 頁。

從這些内容來看,當時的漢語教學仍然跟中國私塾、公塾的母語教學相類,學的内容仍是儒家經典四書、五經。不過從《學官話》所云"總是字同音不同就是了"似透露出琉人讀漢籍用的方法是"和式訓點,漢字球音"。"和式訓點"乃是日本人用來學習漢文的方法。這一方法早在琉球尚豐王時(1621～1640)既已使用,當時日本禪僧泊如竹來琉球擔任尚豐王的老師,在琉球逗留3年,傳朱子學,以和式訓點的方法教授漢籍[①]。不過,明陳侃《使琉球録》云:"陪臣子弟與凡民之俊秀者,則令習讀中國書,以儲他日長史通事之用。餘但從倭僧學書番字而已。"[②] 由"從倭僧學書番字"看來,"和式訓點"法應該在此之前已經傳入琉球。遷入琉球的閩人三十六姓後裔,漢語水準應該逐漸降低,不久琉球語便會成爲其母語,所以吕青華認爲:"1654年在久米村移入政策實施之後,加入許多'擅漢語'琉球人,表示琉球語已經替代閩語或官話,成爲久米村人的母語。"[③] 清潘相《琉球入學見聞録》卷二云[④]:

> 臣按:琉球讀書,惟官生專學漢人誦習,其從人仍用其國之法,或依文順序,或顛倒錯雜,或二字相連,或逐字頓斷,或以其字母之字,一爲正文,一爲餘腔,或又以數字爲正文,數字爲餘腔,且一虛字而有讀有不讀,一實字而於此於彼其讀不同。所刻之書,或於白文小注之旁附鐫球字正文,或止刻勾挑及餘腔之字。即購得中國書,亦照球刻添注。

可見,當時琉球人的確是運用"和式訓點"的方法讀漢文古籍。《學官話》中所説"字同音不同"可能指的正是這一方法所致。

---

① 水上雅晴:《琉球士人漢籍學習舉隅——以漢籍中寫入的訓點和注記爲考察中心》,《復旦學報(社會科學版)》2013年第6期,第50頁。

② 黄潤華、薛英編:《國家圖書館藏琉球資料匯編》(上),北京圖書館出版社,2000年,第66～67頁。

③ 吕青華:《琉球久米村人的民族學研究》,臺灣政治大學博士學位論文,2008年,第147頁。

④ 黄潤華、薛英編:《國家圖書館藏琉球資料匯編》(下),北京圖書館出版社,2000年,第465～466頁。

從"法司老爺□□□□久米府的人都□□□,要講中國言語□□□□
去中國,如今怎麼樣纔好呢"可知,久米府的人學習官話應當是琉球政府
的要求。"法司"亦稱"三司官",是琉球國朝廷的最高執政機構,也是這
個機構所有官員的官職名稱。《中山世譜》卷三:"法司(名氏不傳,昔者以
法司稱'阿司多部',至明末始稱法司)。"① 另據明陳侃《使琉球録》所記,
嘉靖甲午(1534年)五月十八日:"世子遣法司官一員來,具牛、羊、酒、米、
瓜、菜之物爲從者犒,亦有酒、果奉予等。"② 由此看來,當時久米府的人學
習官話應當是琉球政府爲滿足進貢之需而作的規定,而這些"久米府的
人"應當是學習官話的主體,其他官話課本中也有相關的内容,如③:

> 那時候我們敝國的人從没有見聖人的教化,也没有聽見聖人的道
> 理,中國的禮數全全不曉得。我們國王差幾十個人到中國去學,後來到
> 洪武二十五年間,皇上撥閩人三十六姓來這裏教導,到萬曆年間,又撥
> 閩人六姓也到這裏來教導,中國的禮數纔略略曉得一點。……通事貴
> 居在那一府呢? 敝居在久米府。首里府的人,也會講官話麽? 不會。
> 他怎麼不學官話呢? 首里府的人,就像中國的滿洲人一樣,他不做通
> 事,所以不學官話,久米府的人,就是明朝裏發來四十二姓的人,就像
> 你中國漢人一樣,凡有中國飄來的船,替那到中國進貢的船,都是用久
> 米府的人做通事,所以要學官話,纔會替國王辦得事情。(《白姓官話》
> 40a～41a)

由此可見,琉球國内漢語教育始於明洪武年間賜閩人三十六姓,其後人在
久米府"教人讀詩書、習禮數、寫漢字,設立聖廟、學宫"(《官便》23a)④。
學成之後"有文理通達的,有官話明白的",舉拔出來做官,爲琉球國王

---

① 殷夢霞、賈貴榮主編:《國家圖書館藏琉球資料續編》(下),北京圖書館出版社,2002
年,第82頁。
② 黄潤華、薛英編:《國家圖書館藏琉球資料匯編》(上),北京圖書館出版社,2000年,第
30頁。
③ 瀬户口律子:《琉球官話課本研究》,吴多泰中國語文研究中心,1994年,第162～
163頁。
④ 瀬户口律子:《官話問答便語全訳》,榕樹書林,2005年,第250頁。

辦事。尤其是官話熟練者要做通事，爲朝貢貿易及海難救助等服務。清
張學禮《中山紀略》記載閩人遷居琉球一事時云："賜三十六姓人教化
三十六島子孫，世襲通使之職，習中國之語言文字，至今請封、謝恩、朝貢
皆諸姓之後。"[1] 這一記述可與此相印證。

　　（4）各位通事、秀才，我有 一件 事同你商量。我們大家還没有到中
　　國，故此不知道官話，如今大家相見時節要學官話好不好？你的意思更
　　好了，這樣麽，如今就到先生面前去講這個話，求教先生罷。（1b ～ 2a）
例（4）中有 "我們大家還没有到中國" 的話，説明此處對話發生在琉球國
内，但不能明確是否發生在天妃宫學堂。這些學習官話的人因未到過中
國，缺乏目的語環境，所以提議同學們見面時要説官話，以便有更多開口
練習的機會。不過這個提議尚需要得到教師的允准，可見當時教師采用
的教學方法可能仍然是私塾先生死記硬背的傳統教學法，并未采取這種
創設語境加大口語練習的方法。此外，從本段對話首句可知，這裏學習官
話的學生都已經是 "通事、秀才"，不是一般的琉球人。清徐葆光《中山傳
信録》卷五云 [2]：

　　　　久米村皆三十六姓閩中賜籍之家，其子弟之秀者，年十五六歲，
　　取三四人爲秀才。其十三四不及選者，名若秀才，讀書識字。其秀
　　才，每年於十二月試之，出四書題，令作詩一首，或八句，或四句，能者
　　籍名升爲副通事，由此漸升至紫金大夫（紫金大夫亦稱曰親方）。此
　　爲久米子弟入仕之始。

據此可知，對話中所説的這些 "通事、秀才" 都應是久米村的年輕人，已經
有了一定的漢語、漢文基礎。

　　（5）明日七月十三，中元的節將來。我們大家掃庭接神，請先生寬
　　我們大家幾天讀書。好了，這是孝順的情意。　　　　天要下雨了，快些把

---

①　殷夢霞、賈貴榮主編：《國家圖書館藏琉球資料續編》（上），北京圖書館出版社，2002
　　年，第707頁。

②　黃潤華、薛英編：《國家圖書館藏琉球資料匯編》（中），北京圖書館出版社，2000年，第
　　431頁。

曬的書收起來。　　　今日要出來讀書,頭痛讀不得書,你替我告暇。有些好麼? 出來讀罷。(4a)

中元節是我國民間傳統祭祖節日,此時百姓各自在家裏打掃庭堂,設祖先靈位,接神祭祖。福建地區多安排在農曆七月十三開始。黃仲昭《八閩通志》卷三①:

> 中元追遠,郡人最重是節。自五六月間即漬紙而糜之,刻模印爲金銀錠,捶錫爲薄,以飾銀錠,煮栀子汁,染錫簿以飾金錠,家以數千百計。迨是月十三日各灑掃室堂及庭,設先世像位,日具牲醴庶羞祭奠,至十六日,乃積楮錢雜金銀錠,逐位焚獻。

琉球久米村人多爲閩人三十六姓的後裔,其習俗多襲自閩省。因此例(5)對話中同樣將中元節祭祖安排在七月十三。由於中元節祭祖一般需安排在自己家中,故知本段對話極可能發生在琉球久米村,但不能確定是發生在公塾天妃宮學堂。這段對話説明,當時學堂裏的學生可以因中元節祭祖向老師請假,老師也爲此 "孝順的情意" 而允准。例(5)後半段是 "曬書" 及頭痛告假的對話,這説明久米村比較潮濕,學堂裏的書需要時常取出來曬。學生若有病也可以讓同學幫他向老師請假。

(6)今日天氣熱的緊,你書看完了麼? 仝到波上山去乘凉。　　　我們看的書還不曾看完,你先去等我,我後來就是了。　　　你必定來麼?　　　呵,必定來。(4a～4b)

本段對話中有 "仝到波上山去乘凉" 的話,據此推測這些對話發生地也在琉球國内。"波上山" 是琉球一處游玩勝地。清李鼎元《使琉球記》曰②:

> 二十二日,癸卯,晴,午後,偕介山、寄塵策騎遊波上山,一名石筍崖,以形似名之也。石垣四周,垣内板閣離立三楹。下有平堂三楹。垣後可望海,沿海多浮石,嵌空玲瓏,潮水擊之,聲作鐘磬。東北有山曰雪崎,又東北有小石山曰龜山,稍下爲護國寺,國王禱雨之所。

---

① [明] 黃仲昭:《八閩通志》(上),福建人民出版社,1990 年,第 51 頁。
② 殷夢霞、賈貴榮主編:《國家圖書館藏琉球資料續編》(上),北京圖書館出版社,2002 年,第 755 頁。

　　波上山上有護國寺,位於那霸市若狹町,至今仍是沖繩一處知名旅游
景點。從這段對話來看,當時久米村的漢語教學當中,學生因天氣太熱不
想看書可以到"波上山去乘凉"。

三、學堂外的官話學習史料

　　明清時期,中國政府赴琉册封人員抵琉後,需候風而歸,故居琉時間
較長。明陳侃《使琉球録》記曰:"使琉球與使他國不同。……琉球在海
外,候北風而後可歸,非可以人力勝者。日久不免會多,會多不無情褻,
勢所必至也。"① 陳侃此次册封於嘉靖十三年(1534)5 月 25 日抵琉,9 月
12 日啓程返國,在琉球滯留時間長達百日②。因此,册封使團有足夠的時
間與當地人交流。方寶川指出:"封使及其從客實際上又是一個文化代表
團。他們在琉球,按規定完成了各種典禮和外交活動之後,必須等待適當
的風候,確定歸期,其歸期往往都在數月以後,因此,他們多有充裕的時間
與琉球各界人士相交往,得以各施所長,廣泛地傳播中國的文化。"③ 清李
鼎元《使琉球記》中記載琉球國王尚温稱贊李鼎元曰:"乃承教訓國中士
子,每遇進見,必策以忠孝。副使大人更爲小邦廣聲教,輯《球雅》。國之
略曉文字者,皆得就教尊前,執經問業。父師之恩,尤深感戴。欣幸久住,
親炙多人。"④ 於此可見,赴琉册封使團居琉期間與當地人進行了廣泛的交
流,對於登門求教者,悉心指導,所以國王尚温纔以"父師之恩,尤深感戴"
言之。琉球人借此機會向册封使團人員學習或練習官話,自屬情理中事。
這在《文例集》中也有體現,例如:

　　(7)老兄請坐,弟們還未到中國,言語不通,請兄們指點教我,學

① 黃潤華、薛英編:《國家圖書館藏琉球資料匯編》(上),北京圖書館出版社,2000 年,第
　　41 頁。
② 參見夫馬進編:《增訂使琉球録解題及び研究》,榕樹書林,1999 年,第 6～8 頁。
③ 方寶川:《明清册封使及其從客在中琉關係中的作用》,《福建師範大學學報(哲學社會
　　科學版)》1989 年第 4 期,第 114 頁。
④ 殷夢霞、賈貴榮主編:《國家圖書館藏琉球資料續編》(上),北京圖書館出版社,2002
　　年,第 799 頁。

得幾句也好。有閒的時候,到這裏來談談,千萬不要見外。　　不敢。
我也一樣,我初到貴國,更求你的事。一來說,還不知這裏的風俗;二
來呢,又不知這裏的路上,雖聽見好玩的所在,總去不得了。幾時有閒
麼? 同我去各處遊玩遊玩。(2a)

從 “弟們還未到中國”“我初到貴國” 等內容來看,該段對話應當發生在
琉球國內學漢語者與赴琉中國册封使團人員之間,對話地點應是琉球那
霸,而非久米村。對話中 “我初到貴國”“雖聽見好玩的所在,總去不
得了” 等語應當是册封使團成員所講。明代赴琉册封使團居琉期間,
與琉球人交往頗多,亦經常受邀游玩當地景致。明陳侃《使琉球錄》
記載[1]:

　　　八月中秋節,夷俗亦知爲美,請賞之,因得遍遊諸寺。……是日,
　王因神降,送迎無暇,遣王親侍遊。至未刻邀坐宴,不甚豐而情意則
　款洽矣。諸從人皆召至堦下,令通事歡飲[2],旅進旅退,各以班序,至
　醉而止。向夕回館,明月如晝,海光映白,松影篩青,令輿人緩步徐
　行,縱目所適,心曠神怡。樂兹良土,忘其身之在海外也。

從 “請兄們指點教我,學得幾句也好” 可知,琉球人希望用跟中國册
封使聊天的方式學習或練習官話。册封使爲了打發時間,也非常樂意跟
當地會些漢語的人聊天閒談,故回答 “有閒的時候,到這裏來談談,千萬
不要見外。”由此可見,赴琉册封人員在一定程度上充當了官話老師的
角色。

　　(8)今年上京來的通事秀才與你講些中國官話麼? 學生也曾聽他
講來,南京、北京的話都講得好,極是好聽得緊。又聽他說上京一路的
好光景。我們思量,也要去看一看,無奈不差我,因此心悶。今年罷了,
明年必要討一差,到中國去觀光景,走一遭。(6b ～ 7a)

從本段對話中 “今年上京來的通事秀才與你講些中國官話麼” 可知,當時

① 黃潤華、薛英編:《國家圖書館藏琉球資料匯編》(上),北京圖書館出版社,2000 年,第
　　43 ～ 44 頁。
② 按:“歡” 疑爲 “勸” 之誤。

未到過中國的琉球官話學習者會向進貢歸國的"通事秀才"請教官話。而從"南京、北京的話都講得好"來看,當時來到中國進貢的琉球"通事秀才"經過中國目的語環境的熏陶,官話水準已得到大幅提高。

　　(9)你們列位,受國王的恩惠,須要盡忠報國纔是道理。假如不盡忠,人饒你天亦不饒你。　　呵。學生曉得,再不敢欺。　　你們列位,倚靠我身邊,須要小心,不要放肆。假如放肆,上下都不好呢。　　你們列位,奉公上爲國,下爲身,不要欺心。欺心的人,定受天誅。　　列位進城日公事完畢時,只管我家來。你們唐營的列位,大家要教子弟讀書纔合道理。爲人不識字,無事時候真是十分快活,假如去大明時,你們唐營列位做個筆文的官,不識字可不失吊禮〈體〉囬〈面〉呢?(9b ～ 10a)

從本段對話中的"只管我家來""你們唐營的列位"推測,本段對話不似發生在天妃宮學堂。"唐營"是琉球久米村早期的名字。清周煌《琉球國志略》卷四云:"……皆洪武中賜閩人三十六姓居之,不他徙,故名'唐營',亦稱'營中',後改'唐榮'。"[1] 清齊鯤《續琉球國志略》卷四上:"久米村,一名'唐榮',即古之普門地也。明洪武賜唐人三十六姓聚族於此,故曰'唐營',又以顯榮者多,故改曰'唐榮'。國王厚其裔,世其糈,故取世祿之義,曰'久米'。"[2] 從"你們列位"的訓誡口吻推測,説話人應該是一位久米村德高望衆的長者。這位長者要求"唐營的列位"在家要好好教導子弟讀書,并告誡他們教好子弟識字,因爲將來"唐營"的人有可能承擔"筆文的官",到"大明"去進貢交流。這説明"唐營"的子弟從小會受到父輩們一定的漢語漢字熏陶和教導,衹不過有些父輩公事太忙,没能很好地教家中子弟讀書寫字。

---

① 黃潤華、薛英編:《國家圖書館藏琉球資料匯編》(中),北京圖書館出版社,2000 年,第 824 頁。

② 殷夢霞、賈貴榮主編:《國家圖書館藏琉球資料續編》(上),北京圖書館出版社,2002 年,第 530 ～ 531 頁。

四、來華勤學人官話學習史料

明清時期,琉球人除了派遣公費生"官生"來華學習外,還有相當數量的自費生、半自費生赴閩求學,這些人被稱作"勤學人"。不過"勤學"一詞最早見於清初,據《久米村系家譜》記載,康熙二十二年(1683)九月十九日,久米村人程順則"爲勤學事"隨謝恩使、紫金大夫王明佐來華[1]。光緒元年(1875)日本阻止琉球向中國進貢,琉球停止了勤學人的派遣。在此期間,琉球政府還曾對"勤學人"在福建學習的時間做出過限制。據《球陽》卷十二記載,尚敬王十九年(1731)時"始定唐榮在閩年數",具體規定如次[2]:

> 洪武以來,唐榮之人或入閩,或赴京讀書學禮,不定回限。通于諸書,達于衆禮,得精熟日而後歸國。今年新定,以七年爲回來限。醫生上國學醫術者,亦以七年爲回來限。獨衆僧上國參禪學道,又以十五年爲歸國限矣。

勤學人赴閩後會拜入當地先生門下求學,所學習内容主要包括"讀書習禮"與生産技藝兩個方面。《文例集》中有兩處對話應該是在華請教老師如何學習官話的史料,例如:

(9)先生。這裏怎麽講?　　我們是今年纔到中國,官話還不知道,還恐怕有失禮所在,勞動先生留心教我。借重你。　　呵。纔知道你的事情。這樣意思麽,這以後天天到我家裏來,玩一玩罷了。那時節,不論甚麽事,用心教你就是了。(4b)

(10)你天天催我寫官話,如今寫與你。你要用心去學,若不學,講不明白,空寫也是没用的。(7a)

從例(9)"我們是今年纔到中國,官話還不知道"可知,這段對話是琉球人剛到中國,向中國先生學習官話場景。這種對話在其他琉球官話課本

---

①　深澤秋人:《清代における琉球使節の再檢討——渡唐役人としての勤學人中心に》,《第六届中琉歷史關係學術會議論文集》,中國第一歷史檔案館,2000年,第251頁。

②　鄭秉哲等原編,球陽研究會編:《球陽》,角川書店,1982年,第300頁。

中也多次出現,如①:

　　　　學生今年初到中國,一心要學官話,求老先生教我。……你要學官話,這個不難,一要勤苦,二要留心,日久自然曉得,先在眼前日用言語,學習明白,然後那些事物的話,皆可漸漸理會得來。呵,學生領教。(《官話問答便語》1a)

　　　　晚生今年做總管到中國,没有什麽别的緣故,一來要學官話,二來要學中國的禮數。如今到這裏了,求老先生着實用心教訓教訓。答:好得很,弟自然效勞。(《學官話》3b～4a)

　　　　學生一心要學官話,如今釘幾張紙送到先生這裏來,求先生有閑的時候替學生寫些官話教我。答:你將紙放在這裏,我得空的時節就寫,寫好了,慢慢來教你。説:有勞先生了不得。(《學官話》5a)

例(10)與《學官話》5a中的内容大體一致,故照此推測,也應當是在華求教老師的場景。王振忠曾指出②,當時琉球勤學人到閩拜師對象多爲福州城内的老儒。福州地區許多皓首窮經、科場失意的讀書人,不得不開塾授徒藉以糊口。在這種背景下,琉球人在福州便很容易找到學習官話和中國禮數的先生。清孫衣言所評定的《琉球詩録》中有一些《寄榕城鄭夫子》《呈榕城鄭夫子》《呈榕城陳夫子》之類的詩歌③,便是琉球弟子寫給福州先生的文字。據此看來,例(9)、例(10)很可能是明代琉球人在閩學習官話時與福州先生的對話。

　　　另據文圓的研究④,明代赴閩勤學生人數較少,根據已公布的家譜材料及其相關史料統計,共有6人,但所學内容皆爲天文曆法、生産技術等,

---

① 以下三例分别見於:瀬户口律子:《官話問答便語全訳》,榕樹書林,2005年,第296頁;瀬户口律子:《学官話全訳》,榕樹書林,2003年,第256、254頁。

② 王振忠:《清代琉球人眼中福州城市的社會生活——以現存的琉球官話課本爲中心》,《中華文史論叢》2009年第4期,第41～48頁。

③ 黄潤華、薛英編:《國家圖書館藏琉球資料匯編》(上),北京圖書館出版社,2000年,第831、863、914頁。

④ 文圓:《清代琉球赴華勤學生之研究》,福建師範大學碩士學位論文,2018年,第9～10頁。

并未涉及漢語學習。如金鏘於成化元年（1465）八月十五日，以通事身份，隨正議大夫程鵬赴閩，學造曆法①。這也是目前所知最早的琉球勤學生。野國於萬曆三十三年（1605）以總管身份隨使團赴閩，學習番薯栽培之法②。《文例集》中兩例在華學習官話的內容可以説明，在明代時琉球的勤學人在華不僅學習生產技藝，同時也學習漢語官話，與清朝時來華的琉球勤學人學習内容并無二致。

五、本節結語

　　以上對《文例集》中所見明代琉球漢語教學史料作了輯録和簡單考證，由此可以得知明代晚期琉球的一些漢語教學情況。從久米村公塾天妃宫學堂的教學史料可知，明代晚期琉球的漢語教學主要集中在天妃宫學堂。學堂裏有 20 多名學生，1 位老師。學生早上去上學，需要年齡最小者去請老師。此外，還有 1 位專門照看學堂、打掃衞生的“看堂人”。天妃宫學堂的漢語教學設有“考試”環節，以督查諸生的學習情況。“考試”由“長史”等“大老爺”主持，考的内容是“講書”和“念唐詩”。學生們遇到考試都很緊張，生怕講錯。這與清代琉球久米村所建明倫堂及首里府所設國學中的漢語教學情況基本相同。

　　《文例集》中疑似天妃宫學堂的教學史料很可能大部分也都是發生在天妃宫學堂，通過這些史料可知，當時爲滿足琉球政府與中國的進貢貿易需求，久米村人是學習漢語的主體。所讀之書是“四書”“五經”類漢文古籍。久米村中的很多漢語學習者尚未到過中國，不會講官話，需要見面時彼此講官話進行練習，而老師的教學方法可能仍然是私塾先生死記硬背的傳統方法。學生若有病、有事可以向老師請假。若因天氣太熱不想看書，學生也可以到波上山去乘涼。

　　除了學堂中的漢語學習之外，琉球漢語學習者還儘可能地利用現有

---

① 那霸市企畫部市史編集室編集：《那霸市史·資料篇·第 1 卷之 6·家譜資料二（下）·久米村系》，那霸市企畫部市史編集室，1980 年，第 55 頁。

② 鄭秉哲等原編，球陽研究會編：《球陽》，角川書店，1982 年，第 206 頁。

條件進行官話練習。如利用中國册封人員在琉之際與其用官話聊天,練習漢語口語;向來中國進貢回國的"通事秀才"請教官話。此外,"唐營"久米村的子弟從小也會受到父輩們一定的漢語、漢字熏陶和教導,衹不過有些父輩公事太忙,没能很好地教家中子弟讀書寫字。這些熏陶和官話練習都是學堂中漢語教學的有益補充。

　　《文例集》中兩例在華學習官話的内容説明,明朝時來華琉球勤學人不僅學習生産技藝,同時也學習漢語官話,與清朝時來華的琉球勤學人學習内容相一致。這也從一個側面説明,到明代晚期,久米村人已基本上當地化,母語已變成琉球語,所以纔需要到中國學習官話。這與當下海外華裔學習漢語的情形極爲類似。

第五章　中琉交流史考察

第一節　長澤本《文例集》所存"曲座"考

關西大學圖書館長澤文庫收藏的《中國語會話文例集》殘本,是明代晚期的琉球官話課本[1]。從內容來看,《文例集》分爲兩部分,前一部分是會話集,後一部分是題作"曲座"的唱詞。"曲座"部分共存唱詞 11 首,從內容來看,應當與我國明代的民間戲曲以及琉球御座樂有關。本節着重對抄本末尾所錄 11 首"曲座"唱詞略作考述,以期能爲明代戲曲在琉球的傳播研究提供參考。

一、"曲座"資料述略(上)

（1）第一首:

曲座

滿州家,韃婆子,難描難畫。不梳頭,不搽粉,好打着一個練槌。金圈子,銀圈兒,兩耳垂挂。上身穿着貂皮襖,腳下蹬着馬皮靴。帶過一匹馬兒,背上一個鞍兒,拿了一張弓兒,搭上一條弦兒,插上一枝箭兒,架了一架鷹兒,打了一個圍兒,取了一個火兒,吃了一袋烟兒,醉了一個昏兒。馬一聲"呀媽綽綽呵喇哈哈嗒老子的南蠻賊攘的,强强嘴兒還要打。"（13a～13b）

第一首前的"曲座"二字在抄本中單獨一行,當是以下 11 首唱詞的

---

① 參見范常喜:《新見琉球官話課本〈中國語會話文例集〉文獻價值試論》,《北京大學中國古文獻研究中心集刊》第 16 輯,北京大學出版社,2017 年,第 261～273 頁(收錄於本書第 74～87 頁)。

總題。以"曲座"稱之,可能與琉球所稱的"御座樂"之名有關。"御座樂"是琉球王朝時代的一種儀式、宴饗音樂,因在室內坐着爲貴人演奏,故名"御座樂"。包括用樂器演奏的器樂合奏"樂"和加入歌唱的"唱曲"。其音樂深受中國明代、清代音樂的影響①。

　　第一首中的内容當與我國北方狩獵民族有關,元代《梨園樂府下》所收以下兩首無名氏的南曲小令可資對照。《柳營曲·題章宗出獵》:"白海青,皂籠鷹,鴉鶻兔鶻相間行。細犬金鈴,白馬紅纓,前後御林兵。喊嘶嘶飛戰馬蹄輕,雄糾糾御駕親征。廝琅琅環轡響,古丁鐺鐙敲鳴,呀刺刺齊和凱歌行。""紅錦衣,皂雕旗,銀盤也似臉兒,打着練槌。鷹犬相隨,鞍馬如飛,排列的雁行齊。圍子首鳳翅金盔,御林軍箭插金鈚。別溜禿魯説體例,亦溜兀剌笑微微,呀刺齊和凱歌回。"② 滿人入關後,嚴控漢人排滿,思想統治甚嚴,"滿州家,韃婆子"此類違礙之詞理應在禁毁之列。由此看來,該曲詞在中國本土可能已遭禁毁亡佚,因此我們也未能查到其確切的出處。

　　(2)第二首:

　　　　悶來思,取一面菱花來照,昭一昭我容顏,我容顏方那少甚麽來可。自在事,爲冤的家,我到情人少好,爲病兒到緣緣記,相思淡醉難的調。對菱花照,不知我的有情有義的人而奴重重,菱花鏡樓樓了。
(13b～14a)

　　第二首似源自我國的元明散曲,試比較下列《紅綉鞋》唱詞:"手拿着菱花來照,折磨的粉碎胭憔,這相思病苦最難熬。什麽靈丹藥,要好是自調,若見我意中人即漸好。"③

　　(3)第三首:

　　　　普救寺,造得好。張生遊喜,猛抬頭,觀見了一對的仙女。象別寺,

① 參見王耀華:《琉球御座樂與中國音樂》,人民教育出版社,2003年,第2頁。
② 隋樹森編:《全元散曲》,中華書局,1964年,第1736頁。
③ 林辰選編:《豔曲》,春風文藝出版社,1993年,第253頁;劉琦、郭長海主編:《歷代豔歌》,作家出版社,2005年,第301頁。

紫竹的林,觀音出滔。法聰和尚開言誂,張相公你休胡言,前邊走的催相國府鶯鶯張相公,後邊走的是紅娘姐。(14a)

第三首唱詞顯然是與《西廂》有關。明代民歌中錄有《西廂記》曲,其詞曰:"張生有意挂梧桐,帶領琴童。普救清閒到寺中,見鶯鶯就去問法聰。他是個仙女下界,怎不引了魂靈。聽説弗話僧言,謹敲西廂面前門,面前門。"[1] 可與第一首唱詞相對參。

明萬曆七年(1579)福建長樂人謝傑作爲册封副使,與正使蕭崇業一起出使琉球,他在《琉球録撮要補遺》中曾記載漢戲《西廂》在琉球的演出情況:"居常所演戲文,則閩子弟爲多。其宫眷喜聞華音,每作輒從簾中窺之。長史恒跽請典雅題目,如《拜月》《西廂》《買胭脂》之類皆不演,即《岳武穆破金》《班定遠破虜》亦嫌不使見。惟《姜詩》《王祥》《荊釵》之屬,則所常演。夷詢知,咸嘖嘖羨華人之節孝云。"[2] 由此看來,《西廂》也是閩子弟常演劇目,祇不過因演出場合較爲正式嚴肅,本次未能表演而已。《文例集》選録的《西廂》唱詞很可能與謝傑所記的《西廂》有關。

(4)第四首:

　　瓜子兒課(嗑)了三十三,白紙兒包了汗巾[兒]纏,稍〈捎〉與我的肝肝,你在雲南我在四川,哎呦我的肝,要得相逢難上難,難上難。(14a ～ 14b)

第四首中的"瓜子兒"是我國明代情歌中常見的贈物,比如明代民歌《挂枝兒·贈瓜子》:"瓜仁兒本不是個希奇貨,汗巾兒包裹了送與我親哥,一個個都在我舌尖上過。禮輕人意重,好物不須多。多拜上我親哥也,休要忘了我。"又如山歌《送瓜子》:"瓜子尖尖殼裏藏,姐兒剥白送情郎,姐道郎呀,瓜仁上個滋味便是介,小阿奴奴舌尖上香甜仔細嘗。"[3] 至今流行

① 周玉波、陳書録編:《明代民歌集》,南京師範大學出版社,2009 年,第 57 頁。
② [明]謝傑:《琉球録撮要補遺》,黃潤華、薛英編:《國家圖書館藏琉球資料匯編》(上),北京圖書館出版社,2000 年,第 572 ～ 573 頁。
③ [明]馮夢龍著,陸國斌等校點:《馮夢龍全集·掛枝兒山歌等五種》,江蘇古籍出版社,1993 年,第 12、28 頁。

於我國福建地區的民歌"瓜子仁小調"同樣也是如此,唱詞作:"一盤瓜子三十三,手巾包來汗巾藏,思想奴親哥,思想奴親郎,食了瓜子想着郎,相公們啦,嘟音啦,哎嗨哎嗨喲,食了瓜子想着郎。"[①]據此看來,第四首唱詞可能也是源自我國明代的民歌。

（5）第五首:

樓兒下,窗兒外,忽聽八哥兒說話。他說是,客來了,快些快些倒茶。慌得奴,急巴巴忙把妝臺來下。我祇當是冤家至,下的樓來不是他,急急忙忙,又去相迎□□的蚕他說,貓來了哥哥去打去打。（14b）

第五首內容與我國清代民歌《劈破玉·正盼佳期》似有相近之處,不過并非同一首唱詞。試比較歌詞:"正盼佳期,貓兒洗臉,又搭上那喜鵲亂叫,忽聽的門兒外,梆梆的不住的連敲。慌的我翻身滾落下牙床,走着我好不心焦。吱嘍嘍將門開放,却原來是貓咬尿胞。祇當是冤家,不承望是捎書人到。那人兒控背躬身,尊一聲大嫂,不是你的冤家,是替你冤家把書信兒捎。羞的我面紅過耳,接過書來瞧瞧。"[②]

二、"曲座"資料述略（下）

（6）第六首:

青山的在,綠水的在,我的冤家不在。風常的來,雨常的來,書信兒不來。病不的害,災不的害,我的想思常害。春去我的悶不去,花開我的悶不開。想思兒病,醉難挨,倒在牙床起不來,反來覆去的滿膛〈瞳〉淚好傷懷。淚珠兒的汪汪冤家,滴滿了十個東洋海,東洋海。（14b ～ 15a）

第六首是我國明代較爲流行的民歌俗曲,調名《急催玉》,明萬曆年間流傳。萬曆三十九年（1611）刊《摘錦奇音》第一卷:"青山在綠水在,冤家不在;風常來雨常來,情書不來。災不害,病不害,相思常害。春去愁不

① 將樂縣民間文學集成編委會編:《中國歌謠集成·福建卷·將樂縣分卷》,將樂縣民間文學集成編委會,1991年,第159頁。

② 蒲泉、群明編:《明清民歌選》(乙集),古典文學出版社,1956年,第38～39頁。

去，花開悶未開。倚定着門兒，手托着腮兒，我想我的人兒，泪珠兒汪汪滴滿了東洋海，滿了東洋海。"① 唱詞與第六首基本相同。

（7）第七首：

相思病，我爲你多愁多悶。相思病，害得我非重非輕。鵲噪都是假，燈花又不明。周易文王先生先生哥，奴甚怪你易卜差池卦兒斷不準。（15a）

第七首是琉球御座樂唱詞《相思病》。在琉球歷史上，該曲名最早見於 1671 年琉球第五次上江戶時的演奏記錄。《琉球往來二》"寬文十一年（1671）七月琉球來朝" 中有《相思病》的歌詞："相思病我爲你多愁多悶，相思病害得我非重非輕，鵲巢都是假，燈花有不明，周易文王先生，周易文王先生，先生哥，奴甚快你易卜差池卦兒斷不準。"②

劉富琳考證發現，在明代《摘錦奇音》中的《時尚急催玉歌》第一段唱詞，與御座樂《相思病》的唱詞基本相同③。此外，湖南地區傳統戲曲《昭君和番》中有唱詞作 "哎！相思病，我爲你多愁多悶。靈鵲噪，都是假，燈花兒開也不靈。"④ 似乎也與《文例集》中所錄《相思病》唱詞有關。

（8）第八首：

紅綉鞋，露濕了，拿在花臺上晒。是誰家小尖膀，偷去了我的花鞋，偷鞋的人，到家裏，就把相思來害，快送還我的花鞋。冤家今晚許你姻緣諧。（15a ～ 15b）

第八首唱詞尚未查到確切出處。

---

① 姜彬主編：《中國民間文學大辭典》，上海文藝出版社，1992 年，第 917 頁；[明] 馮夢龍編著，陸國斌等校點：《馮夢龍全集·掛枝兒山歌等五種》，江蘇古籍出版社，1993 年，第 29 ～ 30 頁。

② 參見王耀華：《琉球御座樂與中國音樂》，人民教育出版社，2003 年，第 74 ～ 75 頁；比嘉悦子：《御座楽の歌詞について》，《御座楽の復元に向けて——調査と研究》，御座樂復原演奏研究會，2007 年，第 37 頁。

③ 劉富琳：《琉球御座樂〈送親親〉〈一更裏〉〈相思病〉〈爲學當〉考釋》，《中央音樂學院學報》2011 年第 3 期，第 60 ～ 61 頁。

④ 湖南省戲劇工作室主編：《湖南戲曲傳統劇本·湘劇第四集》，湖南省戲劇工作室，1980 年，第 207 頁。

（9）第九首：

　　紗窗外，月兒高，高樓上，誰品玉簫。玉簫吹的是凄凄凄凉調，調兒裏，盡都是離愁，愁殺人。寂寞無聊，聊將心事○○ ˍ 天告，告老○怎不由人①。人去了，水遠山遥，聽天孤雁哀孤雁哀。哀別別的我，掩上紗窗，窗兒裏，燭滅光消，消魂落魄誰誰誰知道。（15b）

　　第九首是《紗窗外》，與第七首一樣曾是琉球御座樂名，但唱詞與此不同。據《通航一覽卷之十六·琉球國部十六》"來貢"記載，明和元年（1764）十一月二十五日琉球人"奉奏樂曲之名帖"中，有《紗窗外》曲名："第四唱曲：天初曉（自注明曲），紗窗外（自注明曲），三弦：德村里之子，琵琶：神村里之子。"并附《紗窗外》唱詞作："紗窗外，月影斜，映照梁上，那得睡着，寂然獨坐，想思想思道。我來時，日暑風薰，既上京，霜雪相交，地異時殊，客心客心動。又想起，這般此行，何幸是，多沐恩波，却及我身，榮光榮光好。若在家，不爲遠勞，如何我等，沐恩沐恩多。"②

　　明代萬曆年間黄文華編《詞林一枝》收有民間曲名《羅江怨》，其中一首與《文例集》所收第九首極爲相似，唱詞如次："紗窗外，月正高，忽聽得誰家吹玉簫。簫中吹的相思調相思調。訴出他離愁多少，反添我許多煩惱。待將心事從頭從頭告，告蒼天不肯從人，阻隔着水遠山遥。忽聽天外孤鴻孤鴻叫，叫得奴好心焦。進繡房泪點雙抛，凄凉訴與誰知道。"③

（10）第十首：

　　琵琶兒，弦子兒，都是鉤魂票。汗巾兒，泪珠兒，殺人一把鋼刀。烟袋兒，荷包兒，都是虛圈套。有了銀子□他好④，没有銀子兩開交。你好

---

①　按：原字即墨書圈號，似是所抄原本有缺文，故用圈號示之。其中"老"後之字，我們推測當爲"天"字。

②　參見王耀華：《琉球御座樂與中國音樂》，人民教育出版社，2003年，第97～101頁；比嘉悦子：《御座楽の歌詞について》，《御座楽の復元に向けて——調査と研究》，御座樂復原演奏會，2007年，第41頁。

③　鄭振鐸：《中國俗文學史（下）》，東方出版社，2012年，第528頁。

④　本句缺字殘留陽平點號，據文意或可擬補作"和"。

似禮拜寺棺材,□□須[1],發送過的人多少。(16a)

　　第十首似亦與明代散曲有關,該曲有唱詞作:"煙花寨埋伏窩巢,綉房中刑部天牢,汗巾兒一似追魂票。破肉皮任你們燒,青絲髮剪了幾遭,燒剪都是催錢鈔。你説我笑裏藏刀,香茶啞謎虚圈套。有錢的是我孤老,無錢的兩下開交,有錢那管村和俏。"[2]

　　(11)第十一首:

　　常思念,常思念,常常思念。泪不乾,泪不乾,泪珠兒不乾。可憐見,可憐的可見。聽得相逢喜上喜,聽得□□難上難。淹(俺)本是離鄉在外的人兒冤家,你不心疼淹〈俺〉誰疼淹〈俺〉。(16a)

　　第十一首唱詞尚未查到確切出處。

三、本節結語

　　從上述考查分析可以看出,《文例集》末尾所收"曲座"歌詞當爲明代傳入琉球的民歌唱詞,這些唱詞在當地流傳較廣,於是官話學習者將之采入官話課本以助學習。與之類似的是,元明時期,朝鮮半島的官話課本《老乞大》《朴通事》《訓世平話》等曾將當時元雜劇和明代南戲的内容改編到教材當中[3];清代乾隆十三年(1748)福建漳浦人蔡奭所編官話正音書《新刻官音彙解釋義音注》曾將《西廂記》等福州地區流行的曲詞編入其中[4],以便於當地人學習官話之用;1886年出版的英國人威妥瑪編寫的《語言自通集》第二版亦曾請中國人將《西廂記》改編成《踐約傳》作爲其教材的一部分[5]。

[1]　按:此字僅存"頁"旁,擬補作"須"。
[2]　謝伯陽編:《全元散曲》,齊魯書社,1994年,第4595頁。
[3]　林彬暉、艾初玲:《14、15世紀朝鮮漢語教材與元明時期的戲曲小説——以〈老乞大〉、〈朴通事〉、〈訓世評話〉爲中心》,《閩江學刊》2011年第4期,第121～126頁。
[4]　[清]蔡奭:《新刻官音彙解釋義音注·笑談便語》,乾隆十三年(1748)萬寶樓重鐫本,第72頁;福建省戲曲研究所:《福建戲史録》,福建人民出版社,1983年,第117頁。
[5]　參見林彬暉:《〈踐約傳〉對〈西廂記〉的改編及其文化意義——兼論清末西人所編漢語教科書的價值》,《東南大學學報(哲學社會科學版)》2011年第2期,第109～113、125頁。

　　由此看來,將人們喜聞樂見的曲詞編入官話課本當中是早期此類教材的共同選擇。從另外一個角度來看,這類官話教科書已成爲當時戲曲傳播的一種特殊載體,因而在一定程度上也保留了一部分戲曲史料,頗值得相關研究者關注①。

第二節　赤木本《廣應官話》所存閩琉交流史料考

　　《廣應官話》現存兩種抄本,一種藏於天理大學圖書館,另一種藏於法政大學冲繩文化研究所赤木文庫。赤木本《廣應官話》的情況我們曾做過介紹②,與天理本相比,赤木本中有些内容屬於珍貴的閩琉交流史料,這些史料不僅可以豐富我們對清代閩琉交流歷史的認識,而且也有利於深化對琉球官話課本語料來源與改編過程的研究。有鑒於此,本節擇取其中三則,略作考述。

一、閩縣林合興商船杠椇清册

　　赤木本《廣應官話》下卷目録有"船册集"一項,在形式上與天理本上卷目録中的"船身門、船上杠椇"兩項相對應,編入的意圖也相一致,均是爲應付當時中琉海上往來所涉及的船舶術語而設。

　　赤木本"船册集"在正文中題作"商船杠椇",所收内容實際上是一艘商船的杠椇清册。此清册題爲"閩縣商船主林合興今將本船長闊丈尺并大小杠椇等項備造清册"。内容爲"計開:本船奉祀天后聖母寶像全堂。燭臺一對,琉璃燈一架,船身長八丈三尺五寸,含檀闊一丈九尺五寸五分,油婆闊二丈,龍骨長,梁座全樟,梁十九倉内五倉全樟,水底全杉木,船面

---

① 參見林彬暉:《域外漢語教科書編選中國古代小説戲曲作品研究》,湖南人民出版社,
　　2010年。
② 參見范常喜:《法政大學冲繩文化研究所赤木文庫藏琉球官話課本〈廣應官話〉述
　　略》,《域外漢籍研究集刊》第13輯,中華書局,2016年,第53～70頁(收録於本書第
　　87～101頁)。

全杉木,上下樟極共四十二個……”①。

　　本清册起首所記商船主“林合興”,是清代中葉福建有名的海洋貿易商人,其事迹在有關史料中屢見記載。雍正四年(1726),閩浙總督高其倬在其所奏《禁止短擺船隻等事折》中言及,雍正三年(1725)船户林合興等十九船,趁福建巡撫毛文銓初上任,未諳地方情形,藉稱澎湖人民需船裝運鹽魚糧米,呈請開禁。其後又有方永興等十三船,亦由泉州海防同知詳請准許航行,於是短擺大船公然往來於澎湖與大擔門外,專爲從福建偷渡臺灣的閩粤兩地之人作接手。高其倬在奏摺中還進一步指出,林合興等各船户内多有從前曾被查拿案件尚未審結的人犯,實非善類②。由此可見,船户林合興曾參與違法運送偷渡臺灣的閩粤人。

　　雍正四年(1726),蘇禄蘇丹國(國境位於今菲律賓南部)初次遣使訪華,商船主“林合興”作爲被救的飄風海難人員,爲其訪華使節導引了海上航行路綫。此事在蘇禄蘇丹方面給雍正皇帝的表文中提到:“臣正在思念乏人,幸有龔廷彩自吕宋而到本國……臣視陳、龔二人雖爲商賈,而品行端方……喜進趨之有人,實由天假之便也。又適去年有商舶一隻,桅舵俱失,被風飄至臣國,船户林合興,攬載商人李衡章、陳茂森等,細驗牌照,係往海南生理。臣念聖朝難商,即令陳、龔二人引導入港安置。……今者,幸來船指南之有人,識重洋别道之可通……是用遣正使嗽嘛禄達臣龔廷彩、副使巴禄達臣阿石丹,奉臣赤心,仰陳彤陛,敬獻本國土物……聊效野人負喧之意……謹拜表以聞。”③

　　乾隆二十三年(1758),温州府永嘉縣所立“嚴禁苧麻内藏雜物”碑,碑文末尾云:“給閩省衆商:林合興、周源興、吴泰武、吴恒順……等,公請

①　原文有注釋文字,并且每物單行書寫,此處所引略去了注釋文字,并加注了標點改爲連寫。詳參節末附録。

②　參見 [清] 高其倬:《閩浙總督奏聞禁止短擺船隻等事摺》,《臺灣文獻史料叢刊第 4 輯(69) 雍正朱批奏摺選輯、清奏疏選匯 (合訂本)》,大通書局,1984 年,第 106 ～ 108 頁。

③　夏春江編著:《蘇禄王和蘇禄王墓》,中國海洋大學出版社,2002 年,第 170 頁;中山大學東南亞歷史研究所編:《中國古籍中有關菲律賓資料彙編》,中華書局,1980 年,第 221 頁。

勒石嚴禁,碑存天后宮内。"① 其中所列閩省衆商之首即 "林合興"。

此外,林合興還與救助琉球的海上飄風難人發生過關係。雍正十年(1732)初,琉球人石垣等 48 人遭遇海難飄至臺灣基隆,得到當地救助并被輾轉送至福州。這些難民準備按例附搭琉球接貢船返國,但因人數過多,恐有水中覆没之虞。於是,在當時福建布政使劉藩長的安排下,雇募了林合興的一隻商船隨接貢船一起回國。雇船之時便將商船杠梱一一清點造册,以備他日歸還時檢驗核對。當時所造清册抄件至今保存在琉球國往來文書《歷代寶案》當中②。

雍正十年(1732)七月初七,石垣等人與接貢使毛允仁等一起回到琉球。琉球國王尚敬得知難民雇募商船回國,立即命人修葺堅固,於十月特遣都通士蔡堛坐駕該船前往福建送還。雍正十一年(1733)正月初九日,這隻商船送交到船户林合興手中③。《歷代寶案》詳載了此事④,雇船之時記曰:"雇募林合興商船一隻,聽夷人自撥舵水駕駛,與接貢船隻一同乘汛返國,年冬修葺送回,取具船户、夷官甘結存案外,合將該難番石垣等被飄情由,同名數行李箱一并造册。"送還所雇商船時記曰:"隨即轉飭該廳,查明船上杠梱等項,着令船户林合興領駕具報去後,兹據該廳查驗明白,隨即給還船户林合興照舊領駕外,合將該廳送到數册轉造清册。"

根據以上這些記載,同時比對《歷代寶案》中所録林合興商船杠梱清册可知,除了存在部分文字訛誤之外,赤木本《廣應官話》收録的 "商船杠梱" 清册内容幾乎全同於《歷代寶案》所收。因此,我們可以確定,赤木本《廣應官話》收録的 "商船杠梱" 清册,即運送 "石垣" 等琉球海難人員的林合興商船杠梱清單。琉球的官話學習者爲了更好地掌握船上杠梱的官

① 俞光編:《温州古代經濟史料彙編》,上海社會科學院出版社,2005 年,第 446 頁。
② 臺灣大學編:《歷代寶案》,臺灣大學,1972 年,第 2137 ～ 2139 頁。
③ 李國榮:《從歷史檔案看雍正朝中琉難船互救關係》,《中國邊疆史地研究》1999 年第 4 期,第 53 頁。
④ 冲繩縣立圖書館史料編集室編,神田信夫校訂:《歷代寶案》(校訂本),第 4 册,冲繩縣教育委員會,1993 年,第 210、211 ～ 212 頁。

話名稱,於是直接將其作爲學習材料編入了課本。但是,課本中所録清册究竟抄自《歷代寶案》還是原件,目前尚難確知。

二、閩中進士劉敬與

赤木本《廣應官話》在"身體門"末尾比天理本多出了一些内容,其中有一部分題作"閩中劉敬與贈賜小兒名開列于後",接着附列了五個人名,分別是"長名有物字以忠,次名有恒字以敬,三名有喜字以孚,四名有慶字以大,五名有譽字以嘉"。這應是當時閩中人劉敬與爲他人小孩取的備用名字。

劉敬與,福建福清人,雍正元年(1723)癸卯科第三甲進士,作過翰林院庶起士,後轉行人司行人,曾參與纂修《福建通志》①。清代黄任(1683～1768)所撰《福清劉敬與傳》云:"劉敬與字鄰初,福清人,孝友而肆力於學,研究經史。雍正癸卯成進士,授庶起士改行人司。親老乞歸,侍養十六年,生事葬祭,盡誠盡禮,服闋就職,而恬於榮利,未幾又乞假歸,當事聘修省志,偕謝道承爲總裁,棄取裁奪悉當,公慎不阿,既蕆事,延主鼇峰講席,訓諸生讀書敦行,所識拔皆儁才,尋以憂辭去,杜門課子。敬與問學淹貫,言理宗程朱,言詩法漢魏,視世俗饾飣訓詁之學弗顧也。著《易經解》《閑愚齋諸集》(見《續通志》)。"②

可見,劉敬與不僅"問學淹貫",而且曾中進士在京任職,亦曾在福州的鼇峰書院做過講席,弟子衆多,顯然是當地名儒。琉球人來中國朝貢,其貿易、生活、官話學習等多集中在福州,所以對劉氏自當不會陌生。另據琉球久米系《蔡氏家譜(具志家)》記載,乾隆十九年(1754)琉球赴京都通事蔡功熙與存留通事魏開業、傳譯通事鄭殿枚等,曾在閩拜前翰林院

① 〔清〕郝玉麟等修,〔清〕謝道承、〔清〕劉敬與等纂:《福建通志》,乾隆二年(1737)刊。
② 董秉清等修、王紹沂纂:《永泰縣志·藝文志》,民國七年(1918)刊,第32頁。本節所引據《中國地方志集成·福建府縣志輯》第19輯,上海書店出版社,2000年,第188頁。

行人司劉敬與爲師,學習“册封諭祭并款待天使之禮及諸帖手本之事”①。據此推測,赤木本《廣應官話》此處的“閩中劉敬與贈賜小兒名”,很可能即琉球人入閩拜訪劉氏或從其學習時當面求得,并隨後將其記入了自己所用的官話課本中。

此外,琉球名儒蔡溫(1682～1762)請劉敬與爲其文集《澹園集》(1747年刊)作序,可見劉氏在當時琉球人心目中的地位。此事在國内相關文獻中也有記載,不過遺憾的是將“劉敬與”誤刻爲了“劉敬輿”,故在此順帶稍作辨析。潘相《琉球入學見聞録》(1764年刊)卷二云:“《澹園集》,七卷,鑴於乾隆丁卯等年,有自跋、紫金大夫曾恂德侯跋、閩人劉敬輿兩序。”②潘相書中所述及的“劉敬輿”當即“劉敬與”之誤。“劉敬輿”是清代著名文史學家趙翼之内弟,名欽,字敬輿,江蘇陽湖人,生於雍正二年(1724),卒於嘉慶四年(1799),享年76歲③。蔡溫《澹園集》刊於乾隆丁卯年,即1747年,當時蔡溫已65歲,而劉敬輿方24歲,亦無甚名氣,不太可能被蔡溫請來作序。至於“劉敬與”,雖尚不知其確切生卒年月,但據其雍正元年(1723)已高中進士來看,年齡當與蔡溫相仿。另據潘相所記“劉敬輿”爲“閩中”人,但實際上“劉敬輿”是江蘇陽湖人,而“劉敬與”則是福建福清人,福清在清代隸屬福州府,正是所謂“閩中”。因此,爲蔡溫《澹園集》作序的應是福建福清的“劉敬與”,而非江蘇陽湖的“劉敬輿”④。

三、漳浦蔡奭《新刻官音彙解釋義音注》等正音書

赤木本《廣應官話》在“身體門”末尾比天理本多出的内容中,還有一部分對列了官話與鄉談的詞語,如“假頭鬃,正假頭髮”“殻心無毛,正

① 那霸市企畫部市史編集室編集:《那霸市史·資料篇·第1卷之6·家譜資料二(下)·久米系》,那霸市企畫部市史編集室,1980年,第314～315頁。
② 黄潤華、薛英編:《國家圖書館藏琉球資料匯編》(下),北京圖書出版社,2000年,第463頁。
③ 參見杜維運:《趙翼傳·序》,時報文化出版事業有限公司,1983年,第23頁,注47。
④ 詳參范常喜:《〈琉球入學見聞録〉所記人名“劉敬輿”當爲“劉敬與”考》,《中國典籍與文化》2019年第2期,第145～150頁。

露頂”“頭無毛,正禿了”等14對,另有18個詞語混列一起,未用“正”字以區別。除此之外,還附列了四幅圖,分別爲“人面圖”“背面圖”“背身圖”“人身圖”(圖1)。這四幅圖上詳細標示了人體各器官的名稱,有些部位還同時對列了“鄉談”與“官話”兩種説法。

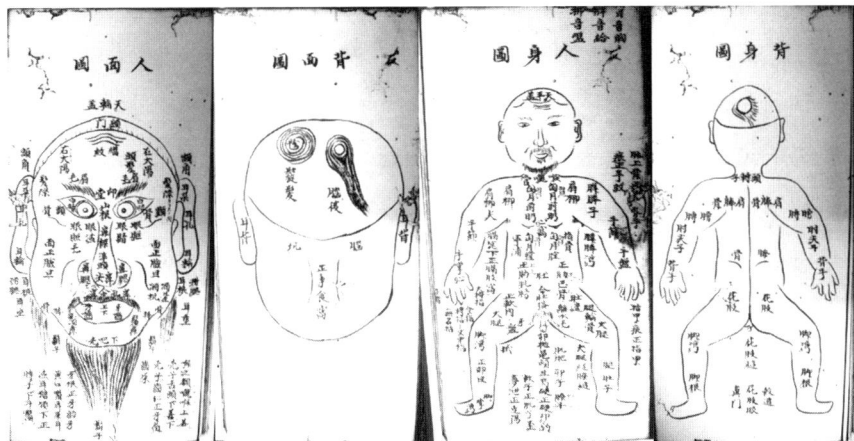

圖1　赤木本《廣應官話》“身體門”所録圖文

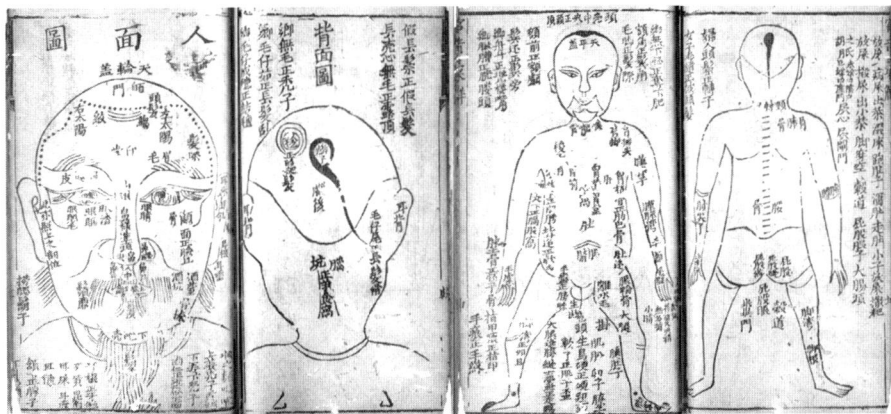

圖2　《新刻官音彙解釋義音注》卷首所録圖文

通過比對圖2可知,以上這些内容顯然是直接借鑒移植了當時福建地區流行的官話正音書中的相關部分。這些内容同見於以下三書:《新刻官音彙解釋義音注》《新刻官話彙解便覽》《較正官音仕途必需雅俗便覽》。前兩書由福建漳浦人蔡奭所撰,《新刻官音彙解釋義音注》現存乾隆十三年(1748)萬有樓(或寫作萬寶樓)重鐫本,卷前書"乾隆十三年仲春漳浦西湖八十四老人蔡奭伯龍氏纂著,侄觀瀾季澄氏參訂,孫本桐蔡侯氏全校"。《新刻官話彙解便覽》是後來在前書基礎上修訂而成,作爲前書的普及本出現的,大英圖書館藏有該書的乾隆甲寅(1794)刊本①。《較正官音仕途必需雅俗便覽》封面題曰"漳浦張錫捷先生著""泉郡以文居刊行",刊行的具體時間不詳。不過據其序言可知,此書是張錫捷在蔡奭之書基礎上編撰而成,顯然應成於蔡書之後②。這些書都是清代雍正、乾隆時期在閩地推廣官話正音的產物③。

目前上述三種官話正音書在國內相對罕見,日本法政大學沖繩文化研究所則均有收藏,是"楚南家文書"中舊藏的琉球古文書,其中兩種尚存"魏掌政"的簽名。"魏掌政"見於琉球久米系《魏姓家譜(楚南家)》,此人生於道光六年(1826),漢語漢文水平頗高,咸豐六年(1856)做過都通事,七年轉爲漢文組立役并文之類作爲之師匠,但卒年不詳④。這些正音書應即魏掌政家族學習官話時所用。據此亦可知,當時在閩地流行的官話正音書已經流傳到了琉球,并被當地人用作了學習官話的參考書。因此,琉球人將正音書中的部分內容移植編入自己所用的官話課本當中,自然是順理成章之事。

---

① 參見高田時雄:《清代官話の資料について》,《東方學會創立五十周年記念東方學論集》,東方學會,1997年,第771～784頁。

② 關於此三書的編寫背景、作者、版本及現藏等情況,詳參木津祐子:《〈新刻官音彙解釋義音注〉から〈新刻官話彙解便覽〉へ》,高田時雄:《明清時代の音韻學》,京都大學人文科學研究所,2001年,第65～88頁。

③ 雍正六年(1728),清政府重點針對閩粵兩省不通官話的官員們,頒布了"諭閩廣正鄉音"諭令,這促使閩粵兩地遍設教授官話的正音書院,正音讀本也隨之應運而生。參見鄧洪波:《正音書院與清代的官話運動》,《華東師範大學學報(教育科學版)》1994年第3期,第79～86頁。

④ 那霸市企畫部市史編集室編集:《那霸市史·資料篇·第1卷之6·家譜資料二(下)·久米系》,那霸市企畫部市史編集室,1980年,第47～48頁。

四、本節結語

以上對赤木本《廣應官話》所保留的三則閩琉交流史料作了簡單的考述,通過考述可知,這三則史料與當時的中琉海難救助,以及琉球人的來華朝貢和官話學習等事項有關,屬於寶貴的閩琉交流史料。琉球官話課本語料豐富,來源多樣,其中有相當部分内容出自當時的歷史事實,這在《白姓官話》中已得到充分的體現[1],赤木本《廣應官話》所保留的相關史料再次有力地證明了這一點。

此外,這三則史料僅見於赤木本,而均不見於天理本,説明這些史料應是赤木本使用者根據自己的實際需要所加。由此也可以看出,分類語彙集這類課本一直以抄本流傳,使用者在使用過程中,不可避免地會根據自己的需求進行增減删改,其中的語料有可能會屬於不同的歷史層次,研究者在利用時應當稍加留意。

本節附録:赤木本《廣應官話》所録"林合興商船杠棋清册"校注[2]

商船檳棋

閩縣商船主林(合興)今將本船長濶丈尺併大小檳棋[3]等項脩造清册湏至册者

計開

——　本船奉祀

---

[1]　參見瀬户口律子、李煒:《琉球官話課本編寫年代考證》,《中國語文》2004 年第 1 期,第 77 ~ 84 頁。

[2]　本校稿以赤木本《廣應官話》"船册集"所録"林合興商船檳棋清册"爲底本,用臺灣大學本《歷代寶案》中所收録的相應内容進行對校,參見臺灣大學編:《歷代寶案》第二集第四册卷一八,臺灣大學,1972 年,第 2137 ~ 2139 頁。底本與對校本中的簡體字、俗寫字等基本上保持原貌,必要時加注説明。赤木本"商船檳棋"清册抄本中絶大部分物件右側多用朱筆標示琉球語譯文,今皆略去,另外,原抄本中的單行或雙行小字,校稿中皆加括號,以示區别。

[3]　《歷代寶案》"棋"誤作"柤"。

天后聖母寶像全^①堂

　　— 燭臺^②一對

　　— 琉璃燈^③一架^④

　　— 船身長八丈三尺五寸

　　— 含櫃濶一丈九尺五寸五分

　　— 油婆濶二丈

　　— 龍骨長

　　— 樑座全樟

　　— 樑十九倉内五倉全樟

　　— 水底全杉木

　　— 船面全杉木

　　— 上下樟極共四十二個

　　— 水底全油灰媒

　　— 両舷全油骨硃烏烟

　　— 頭桅全根杉木長四丈三尺五^⑤大二^⑥尺二寸

　　— 大桅全根松木長七尺五寸^⑦大六尺三寸

　　— 尾楼桅一根杉木

　　— 遛舵一門

　　— 白柯櫓二枝

　　— 佳真正副椗三門

　　— 杉木頭梢一枝

────────────

① 《歷代寶案》"全"字殘。

② 《歷代寶案》"燭臺"作"铁燭臺"。

③ 《歷代寶案》無"燈"字。

④ 《歷代寶案》"天后聖母寶像□堂""铁燭臺一對""琉璃一架"連寫。

⑤ 《歷代寶案》"五"後有"寸"字,赤木本脱。

⑥ 《歷代寶案》"二"作"三"。

⑦ 《歷代寶案》"七尺五寸"作"七丈五寸",二本似皆誤,實當爲"七丈五尺"。

　一　棕正椗繂一条大七尺五寸五分^①長四十丈

　一　棕副椗繂一条大七寸二分長三十^②丈五尺

　一　棕椗奴二条每条大五寸長一丈五尺

　一　棕椗車奴二条每条大二寸五分長一丈八尺

　一　棕桅楠一条大三寸八分長一十六丈六^③尺

　一　棕大篷^④踏^⑤二条每条大三寸七分長一十三丈六尺

　一　棕大篷觔大小共三十三条

　一　棕大篷繚繂共二十四条

　一　棕大篷褲胶繂共二十二条

　一　棕頭篷觔大小共十三条

　一　棕頭篷褲胶繂十二条

　一　棕舵吊四条每条大三寸九分内(二条長二丈　二条長三丈六尺)

　一　棕舵虎尾一条大三寸一分長一丈

　一　棕頭篷繚繂十三条^⑥

　　一　棕杉板邊繩二条每条大三寸五分長一丈五尺

　　一　棕杉板出尾繩一条大四寸長五丈

　　一　新蔴頭桅�ంంं繂二条每條大四寸六分長七丈六尺

　　一　新蔴頭^⑦椷^⑧㭠二条(一条長三丈三^⑨尺大四寸五分　一条長二丈五尺大二寸七分)

　　一　新蔴頭桅櫳邦一条大二寸六分長四丈三寸五分^⑩

---

① 《歷代寶案》"七尺五寸五分"作"七寸五分",赤木本誤。

② 《歷代寶案》"三十"作"三十三"。

③ "六"字墨書點掉,并旁改作"三"。《歷代寶案》作"三"。

④ 赤木本"篷"字多俗寫作"篷",後文不再一一指出。

⑤ 《歷代寶案》"踏"誤寫作"踏"。

⑥ 《歷代寶案》此條置於"棕頭篷觔大小共十三条"之後。

⑦ "頭椷"二字中間右側,朱書旁補"桅"字。《歷代寶案》此處有"桅"字。

⑧ 《歷代寶案》"椷"作"繚"。

⑨ 《歷代寶案》"三"作"二"。

⑩ 《歷代寶案》"三寸五分"作"三尺五寸",赤木本誤。

一　新蔴頭篷踏二条每条大二寸六分長七丈六尺

一　新蔴頭篷邦寸全共条[1]

一　新蔴大篷緋縤二条每条大七寸二分長十[2]二丈二尺

一　新蔴大篷繩[3]栂二条内(一条大八寸長四丈七尺五分[4]　一条大五寸長四丈七尺五分[5])

一　新蔴大篷櫳邦一条大五寸長四丈

一　新蔴大篷邦寸全

一　新蔴大篷風頭邦一条大五寸長四丈

一　舊[6]蔴大篷撞嘴一条

一　新蔴大篷尾吊一条大三寸長一十三丈五尺

一　新蔴大篷尾踏一条大三寸五分長一十三丈五尺

一　新蔴大篷繚綜[7]五[8]条

一　新蔴大篷剪一条大三寸五分長四丈五尺[9]

一　新蔴大篷扎縤二条每条長一丈五尺大一寸五分

一　附鈎二個每条[10]

一　新蔴大篷下[11]胶馬一条大三寸五分長四丈五尺

---

[1]　《歷代寶案》"条"前有"九"字,赤木本誤脱。另,此句《歷代寶案》置於"新蔴頭桅櫳邦一条大二寸六分長四丈三尺五寸"之後。

[2]　《歷代寶案》"十"前有"一"字,赤木本似脱。

[3]　《歷代寶案》"繩"作"繚"。

[4]　《歷代寶案》"分"作"寸"。

[5]　《歷代寶案》"分"作"寸"。

[6]　《歷代寶案》"舊"作"旧"。

[7]　《歷代寶案》"綜"作"鬃"。

[8]　《歷代寶案》"五"作"三"。

[9]　《歷代寶案》此條置於"新蔴大篷尾踏一条大三寸五分長一十三丈五尺"之後。

[10]　以上二條《歷代寶案》合書爲一條作"新蔴大篷扎縤二条附鈎二個每条長一丈五尺大一寸五分"。

[11]　《歷代寶案》"下"誤作"不"。

　一　新蔴斗頭綟^①一条長一丈五尺^②大三寸

　一　新蔴舵苓四条

　一　篾^③勒肚綟一条大五^④寸長一十三丈

　一　铁斗頭鈎一把

　一　铁頭桅箍六個

　一　铁大桅箍五個

　一　铁舵頭箍三個

　一　铁橹箍十二個

　一　铁頭梢箍一個

　一　铁舵抐箍一個

　一　铁鍋二口（鼎盖^⑤鍋盖全）

　一　椗檐六条

　一　車子共

　一　舵牙二条

　一　楼牛橄^⑥四条

　一　車員全

　一　鹿耳^⑦全

　一　篷架全

　一　拜坪全

　一　楼尾亭^⑧俱^⑨全^⑩

---

① 《歷代寶案》"綟"作"綜"。

② 《歷代寶案》"尺"誤作"寸"。

③ 《歷代寶案》"篾"作"蔑"，當即"篾"之異體。

④ 《歷代寶案》"五"作"三"。

⑤ 《歷代寶案》"盖"誤作"孟"。

⑥ 《歷代寶案》"橄"作"橄"。

⑦ 《歷代寶案》"耳"字殘缺。

⑧ 《歷代寶案》"楼尾亭"作"尾楼亭"。

⑨ 《歷代寶案》"俱"誤作"佀"。

⑩ 以上四條《歷代寶案》合書爲一條作"車員鹿〇蓬架拜坪尾楼亭佀全"。

— 新做頭篷①一橹　— 新做大篷一橹

— 新做楼尾②硬篷五橹

— 拜坪板全(共五張内二張樟板)

— 官倉板全(共板十塊)③

— 阿班倉板全(共板④一十八⑤塊)⑥

— 前倉板全(共板⑦一十八塊)

— 舵工倉板全(共板⑧一十八塊)

— 總哺倉板全(共十⑨塊)

— 倉底水溝板全

— 樟楼透一塊

— 樟梯板一⑩塊

— 橄面板全(共計二十三塊)

— 水櫃一架

— 木灶二架

— 大鼓一面(連鼓架⑪)

— 大鑼一面

— 媽祖布旗一面

— 尾楼明瓦燈⑫一架

---

① 《歷代寶案》"篷"字殘損,僅餘辵部。
② 《歷代寶案》"楼尾"作"尾楼"。
③ 《歷代寶案》"共板十塊"作大字接排。
④ 《歷代寶案》"板"字無。
⑤ 《歷代寶案》"八"作"捌"。
⑥ 《歷代寶案》"共一十捌塊"作大字接排。
⑦ 《歷代寶案》"板"作"計"。
⑧ 《歷代寶案》"板"字無。
⑨ 《歷代寶案》"十"前有"一"字。
⑩ 《歷代寶案》"一"作"六"。
⑪ 《歷代寶案》"連鼓架"作"連架"。
⑫ 《歷代寶案》"燈"作"灯"。

—　杉板一隻（櫓一板^①無板）

—　木搥三個

—　毛底升桅餅全

—　官倉梯一架

第三節　琉球官話課本方言語料重考

　　關於琉球官話課本中方言語料的研究，學者們已有所論及，如佐藤晴彦、瀨户口律子、郭芹納、陳澤平、木津祐子、王振忠、張全真、李丹丹等^②。不過，由於清代的官話并無一個官方統一的成文標準，所以研究者對於其中方言詞的判定和討論多據當今的福州話和其他各地方言來立論，但這種對比分析顯然在時間層面上是不對稱的，因此一定程度上導致得出的結論并不一定符合當時福建人對官話和方言的認識。

　　清代乾隆十三年（1748）福建漳浦人蔡奭所編官話正音書《新刻官音彙解釋義音注》（後文簡稱《官音》），以及此後編寫的《新刻官話彙解

---

①　《歷代寶案》"板"作"枝"，赤木本誤。

②　佐藤晴彦：《琉球官話課本研究序説——写本〈人中画〉のことば（2）》，《人文研究》第 32 卷第 4 號，1980 年，第 267 ～ 288 頁；瀨户口律子：《琉球官話課本研究》，吴多泰中國語文研究中心，1994 年；瀨户口律子：《琉球官話課本の研究》，榕樹書林，2011 年；郭芹納：《對〈日本琉球的中國語課本《廣應官話》〉一文的一點商榷》，《漢語史研究集刊》第 3 輯，巴蜀書社，2000 年，第 242 ～ 246 頁；陳澤平：《試論琉球官話課本的音系特點》，《方言》2004 年第 1 期，第 47 ～ 53 頁；木津祐子：《清代福建的官話——以琉球官話課本的語法特點爲例》，《第五屆國際古漢語語法研討會暨第四屆海峽兩岸語法史研討會論文集（Ⅱ）》，臺灣中央研究院語言學研究所，2004 年，第 1 ～ 11 頁；王振忠：《清代琉球人眼中福州城市的社會生活——以現存的琉球官話課本爲中心》，《中華文史論叢》2009 年第 4 期，第 41 ～ 110 頁；張全真：《〈白姓官話〉所記錄的南京方言及山東方言現象發微》，《長江學術》2009 年第 2 期，第 92 ～ 100 頁；李丹丹：《清琉球官話課本〈人中畫〉語法研究》，北京大學出版社，2013 年。本節所引諸家對方言詞的認定觀點出自上述文獻者不再一一出注，僅在正文括注年份和頁碼。

便覽》(後文簡稱《便覽》)[①],是當時福建人學習官話的教材。爲了便於官話學習,兩書中廣泛收羅了當時日常所用的官話表達,并與其當地的方言詞句相對應。《官音》《便覽》二書與琉球官話課本基本同時,其中所收官話又是福建人所認定的官話,因此二書可以爲以往所認定的課本中方言詞語的重新判定提供最爲直接的參照。此外,《官音》《便覽》二書還曾被用作當時琉球人學習漢語官話的參考書,甚至有部分内容還直接被移植到赤木本《廣應官話》當中。因此,利用《官音》《便覽》中所列官話、方言詞語,重新考察琉球官話課本中以往被認定的方言詞語是合適的。

　　有鑒於此,本節以《官音》《便覽》所收語料,對以往研究者認定的琉球官話課本中的方言詞語做一重新審視。文中通過與《官音》《便覽》二書所收詞語相比對,首先對以往研究者認定的方言詞中,以上二書也認定爲方言詞的 12 個詞語略作考察;其次對以往認定爲方言詞,二書却認定爲官話的 30 個詞進行重新審視;最後對琉球官話課本中的官話性質試作補論。本節所用琉球官話課本悉依天理大學藏本,名稱較長的課本多用簡稱,如《官話問答便語》簡稱《官便》,《白姓官話》簡稱《白姓》。《人中畫》所收故事名《風流配》《自作孽》等均以首字稱之。《官音》用日本大東文化大學語學教育研究所藏複印本[②],《便覽》用日本法政大學冲繩文化研究所藏 "楚南家文書" 本[③]。

---

① 據木津祐子研究,蔡奭先編撰了《官音》,《便覽》是後來在其基礎上修訂而成,是作爲《官音》的普及本出現的。日本法政大學冲繩文化研究所以及筑波大學大塚秀明先生均藏有《官音》一書,上書 "乾隆十三年仲春漳浦西湖八十四老人蔡奭伯龍氏纂著"。關於此二書的編寫背景、作者、版本及現藏等情況,詳參木津祐子:《『新刻官音彙解釋義音注』から『新刻官話彙解便覽』へ》,高田時雄編《明清時代の音韻學》,京都大學人文科學研究所,2001 年,第 65～88 頁。
② 此本複印自筑波大學大塚秀明先生架藏本。
③ 此本僅存《便覽》上卷。

一、《官音》《便覽》也認定爲方言的詞語（12 個）

1. 愛

《白姓》：讀書、學官話那些人，愛回來不愛回來，這個都隨他的便。（39a）

《官便》：説鄉談慣了，愛學官音，還是千難萬難。（25b）

《學官話》：腰又痛，頭又暈，茶飯又不愛吃，肚子又飽脹。（24a）

《學官話》：那書一些也不愛讀。（19b）

王振忠（2009:42）："'愛回來不愛回來'，顯係福州式官話的表述方式。"張全真（2009:97）認爲，《白姓》中的"愛"表示"想"的意義不單出現在福建方言中，在山東方言中也有出現，是否也在其他方言中使用也很難斷定。李丹丹（2013:170）認爲，"愛"表示"要、想"，除見於福州話外，還見於梅縣等地的客語、陽江等地的粵語、潮州等地的閩語（訓讀作"欲"）等。因此，"愛"表示"要、想"并非福州話的區別性特徵。按：《官音·身體舉動》6a："不愛食，正口澀。"又 8b："不愛行，正懶走。"可見，表示"想、要"的"愛"的確被當時的福建人視作方言詞。

2. 吃不去

《學官話》：弟酒量有限，吃不去了。（15b）

瀨戶口律子（2011:204）歸入受福州話影響的語法。同時指出："'吃不去了' 是 '吃不下去了' 的意思。"按：《便覽·實事常談》14a："食不去，正吃不下了。"[1] 可見，"不去" 用作補語的確是當時福建地區的用法。

3. 酒厚、酒薄

《學官話》：這個酒厚不過的。（15b）

《學官話》：這個酒薄得狠。（15a）

瀨戶口律子（2011:177）將其歸入受閩語影響的詞語。按：《官音·飲食調和》26a："酒厚，正酒嚴；酒薄，正酒淡。"可見，用"厚、薄"表示酒的

---

[1] 《官音·實事常談》73a 未錄此語。

"濃、淡" 的確是當時的閩語表達。

4. 舊年

《學官話》: 我們王舅是舊年來的。(10a)

"舊年" 還見於《官便》《白姓》以及《琉球官話集》等課本中。瀨戶口律子(2011:169、198)將其歸入受福州話影響的詞語。按:《官音·時令神明》15b:"舊年,正去歲。"可見,"舊年"的確被視作方言詞。

5. 母妗

《官便》: 稱母舅之妻曰母妗。(37a)

瀨戶口律子(2011:176)將 "母妗" 歸入受閩語影響的詞語,并謂:"'母妗' 在《學官話》中也有用例,《白姓》中未見。福州話現在一般用'依妗'。"按:《官音·人品稱呼》10b:"母妗呼妗母,稱妗娘胎,令母妗,家母妗。"可見,"母妗" 可視爲閩語詞。

6. 鬧熱

《官便》: 真真鬧熱得緊。(30a)

《學官話》: 那街坊自然鬧熱的。(34b)

瀨戶口律子(2011:180)將其列入受南方話影響的詞語,并謂:"《白姓》中'鬧熱''熱鬧'均未見用例,《官便》《學官話》中均有,而且《學官話》'鬧熱'用得比較多。"按:《官音·口頭套語》64b 所列官話表達有 "熱鬧,冷淡",并未見 "鬧熱" 的説法。可見,"鬧熱" 可視作南方方言詞。

7. 爬龍船

《官便》: 這五月初一日起,至初五日止,五天都爬龍船。初一日,各處龍船,出水未齊。初五日,各人要回家做節,爬一陣都散去了。這兩天,故此不好看。初二、初三、初四,這三天,各處龍舟,都在水面鬥爬,那些看龍舟的,各帶酒肴,雇隻小船,撑在江中,船頭上豎着錦標,給那些爬龍舟的搶。(29b)

瀨戶口律子(2011:172)認爲,"爬龍船" 是受福州話影響的詞彙,并謂:"爬龍船:劃龍船,福州話'爬龍船'與'劃龍船'是同音字。《白》中用'爬龍舟'。'劃'在閩語、西南官話中與'爬'同音。《學》中未見。”王振忠（2009:64）謂:“直到上個世紀70～80年代,福州長輩還津津樂道地説起以前‘大橋頭看爬龍船’……這與琉球官話課本的描述頗相吻合。……《琉球官話集》‘三字官話’中,有‘看龍舟’、‘爬龍舟’和‘劃龍舡’三詞。第一、第三個詞是官話,第二個則是福州當地的方言。”按:《官音·戲耍音樂》37a:“爬（爬）龍船,正劃龍船、競渡。”其下雙行小字注云:“船造龍行（引按:似爲“形”之誤）,端午競渡。”據此可知,“爬龍船”“爬龍舟”均當爲福州方言詞。

8. 起

《白姓》:住的房子有了麽? 還没有做,就要動工起蓋了。起得及嗎? 起得及。在那裏起蓋呢? 就在這西邊。（13a）

瀨户口律子（2011:162、171）將其歸入受福州話影響的詞彙。按:《官音·士農工商》49b:“起厝,正造房子;起廟,正蓋廟宇。”可見,當時的福建地區方言中的確用“起”表示建造房屋之義。

9. 湯匙

《官便》:菜碗、湯匙、湯甌。（22a）

《學官話》:茶罐兒、湯匙、調羹。（41a）

瀨户口律子（2011:174）將其歸入受閩語影響的詞語,并謂:“福州話以前用,現在不使用了。”按:《官音·器具服飾》17a:“湯匙,正調羹。”可見,“湯匙”的確是當時閩人所用之詞。不過,此詞亦見於北方官話,如《二十年目睹之怪現狀》第五一回:“早有當差的送上一份湯匙刀叉。”

10. 早起

《學官話》:早起好晴不過的,到吃飯後下起雨來,去不得。（2b～3a）

《學官話》:早起頭都好,到下午晚,就發潮熱。（24b）

“早起”還見於《廣應官話》《琉球官話集》《人中畫》等。瀨户口律子（2011:198）將其歸入受福州話影響的詞語。郭芹納（2000:243）認爲,“早起”在元明以來的北方話（以至吴語等）中使用甚廣,在《元曲選》《水滸傳》《三言》《二拍》等書以及現代作家的作品中皆可發現許多用例,不當視爲受閩語影響的詞語。李丹丹（2013:141）也認爲“早起”不是福州話的區別性特徵。按:《官音·時令神明》15b:“蚤起,正清早。”其中的“蚤起”即“早起”。可見,在當時的福建地區的確視“早起”爲方言詞,與之相對應的官話詞是“清早”。

11. 栽

《白姓》:兄們到這裏,敝國的甘蔗、番薯,大約還没有吃着,今日弟們備有幾觔,送你各位先生嘗嘗,不要棄嫌。(31a)……不過是弟們家裏栽的。(32a)

瀨户口律子(2011:188)將“栽”歸入其他方言使用的詞彙,但并未明確是哪處方言。按:從《白姓》前後文可知,“不過是弟們這裏栽的”一句中的“栽”是就前文所送“甘蔗”和“番薯”説的。《官音·士農工商》49b:“栽菜,正種菜苗;栽芋,正種芋頭;栽番薯,正種地瓜;栽苧仔,正種白麻。”根據這些記述可知,當時福建地區的方言中與官話中的“種”相對應的是“栽”。

12. 做戲

《官便》:今日太保廟做戲。(10a)

《學官話》:明日萬壽庵,那箭道裏做戲,好看得狠。(5b)

瀨户口律子(2011:196、200)將其歸入其他方言地域的詞語。按:《官音·戲耍音樂》38a:“做戲,正唱戲;戲做一棚,正唱戲一本;做正音,正唱官腔;做白字,正唱泉腔;做大班,正唱昆腔;做九甲,正唱四平;做潮調,正唱潮腔。”由此可知,“做戲”確當爲福建方言。此外,此詞也見於他處,如《儒林外史》第二五回:“鮑文卿也就收拾,帶着鮑廷璽,領了班子,到天長杜府去做戲。”

以上對以往研究者認定的方言詞、方言用法中,《官音》或《便覽》二書也認定爲方言的12個詞語、方言用法作了對比考察。不過需要指出的是,由於清代的官話并無一個明確的共同語標準,而《官音》和《便覽》的作者爲福建漳州漳浦人,其中對官話的理解必然會帶着一定的地域和個人色彩。琉球官話課本基本上是琉球的勤學人在福州學的官話,與漳浦人理解的官話可能也會有所區別。因此,此處所列出的這12個方言詞語、方言用法,雖然《官音》或《便覽》也均將其列入方言,但當時福州地區的人可能仍會將其視作官話。也就是說這 12 個詞在漳州人心目中屬於方言土語,而在福州人心目中仍然可能屬於官話,福州人將這些帶着地域色彩的官話教給了琉球人,於是被保留在了琉球官話課本當中。因此,研究者將這 12 個詞歸入方言詞語也不一定合乎當時的官話實際。

二、《官音》《便覽》認定爲官話的詞語(30 個)

1. 挨

《學官話》:他們一天挨一天,總不修拾。(19a)

《官便》:閑常怎麽不放? 都挨到秋時,何緣故呢? (45b)

瀨户口律子(2011:178)將其歸入受閩方言影響的詞。李丹丹(2013:137)認爲,"挨 / 捱" 表示拖延見於同時期其他語料中,如《儒林外史》《紅樓夢》《醒世恒言》等,不是福州話的區別性特徵。按:《官音·口頭套語》67a 列有官話表達 "捱一天",其中的 "捱" 當即課本中表示拖延的 "挨",可見,"挨" 被視爲官話詞。

2. 表

《官便》:你是昨天在山上吃酒,脱衣服冒着風,這個不妨。請一位醫生看脈,撮一劑藥表表,發些汗出來就好了。(4a)

《學官話》:這個病無妨事,你是冒着風失表的,如今寒深了,我撮一劑藥,帶回去吃,今晚表得些汗出來就好了。(24b)

王振忠(2009:55):"'表',在福州方言中是指用藥物將人體内所感受的風寒發散出來。" 按:《官音·病症醫藥》58a:"發汗,正發表。" 可見在當時的福建地區,"表" 亦被視爲官話詞。

3. 便

《官便》:你要買什麽菜? 講來趕早好去買,買便就好到山上去,再挨越遲了。……我要用肉幾觔,鷄一大隻,鮮魚兩尾,羊肉、海參、蚶、蠣蟥、蟶、切面、時果,共成十全。其餘還要酒、元寶、陰銀、錢紙、香燭等項,彙便叫人挑去。(3a ～ 3b)

瀨戸口律子(2011:170)將其歸入福州方言詞,并認爲是"現成,具備,備辦停當"之義。王振忠(2009:88~89):"'買便就好到山上去,再挨越遲了',明顯是福州式的官話。'買便'的意思是'買好了'(以下的'彙便',指全部集攏了)。"按:《官音·實事常談》77a所列官話例文:"相公,菜便了,請坐坐吃酒。"可見,其中的"便"同樣是"備辦妥當"之義,顯然被視作了官話詞語。

4. 不過(形容詞+不過)

《學官話》:好看不過的,再一會。(32a)

《學官話》:你纔曉得這裏的人,好利害不過的。(34b)

《廣應官話》:朝北的房子,冬天來北風一吹,冷不過的。(78a)

瀨戸口律子(2011:217~218)將其歸入受南方方言影響的語法。按:《官音·口頭套語》68b所列官話:"在行不過、淘氣不過、囉嗦不過、艱苦不過、難爲不過、好吃不過、好玩不過、方便不過、偬懂不過、强梁不過、聰明不過、乖巧不過、齊整不過、高興不過、失禮不過、混障不過、利害不過、忠厚不過、害羞不過、俏皮不過、輕快不過、四海不過。"可見"形容詞+不過"亦被視爲官話表達。

5. 不好看相

《學官話》:你們慌手慌脚的,不好看相。(17a)

《人中畫·風》:祇可恨現成的親事,白白給別人搶去,未免不好看相,所以嘆氣。(3b)

《人中畫·風》:若是和韻不好,到是自家不好看相。(62a)

瀨戸口律子(2011:201)將其歸入受福州話影響的語法。李丹丹(2013:142)認爲"不好看相"廣泛存在於下江官話、北方官話當中,如《喻世明言》《儒林外史》《醒世姻緣傳》等,并非福州話的區別性特徵。按:《官音·實事常談》74a:"不好看,正不好看相。"可見,"不好看相"在當時的福建地區被視爲官話表達。

6. 各樣

《學官話》:駁馬剪絡各有各樣,賊總是一般的。(36a)

瀨戶口律子(2011:173～174)將其歸入受福州話影響的詞語,并且認爲此處的"各樣"與"不同"同義。此句意思是説"駁馬剪絟,是不同的名字,但都是賊。"按:《官音·口頭套語》65a 所列官話表達有"各樣"一詞,顯然被視爲官話詞語。

7. 好

《官便》:使我站在外面等候,好不耐煩,故此懶得進來。(19a)

《官便》:今日身子困倦,頭好疼,又發潮熱。(4a)

《學官話》:這個霧下得好厚哩。(40b)

李丹丹(2013:156)通過與《老乞大》相比較,認爲琉球官話課本中程度副詞多用"好"是與南方方言的"蠻、盡、好"相對應。按:邢福義曾經指出,廣東、海南、臺灣、香港等地的人愛説"好"字句,認爲"好"做程度副詞是"南味兒"説法①。南方方言中,南京、揚州、蘇州、上海等都用"蠻",閩語用"野、盡"。據此可知,"好"用作程度副詞當是南方話的用法。不過,《官音·口頭套語》66a 所列官話中有"好熱鬧""好齊整""好奇怪",其中"好"皆用作程度副詞。可見,"好"作程度副詞在當時的福建地區被視爲官話。

8. 歡喜

《官便》:你不要仔細。誨人不倦,是先生本等,你來問,我先生更歡喜。(16a～16b)

"歡喜"還見於《廣應官話》,瀨戶口律子(2011:192)將其列入受南方話影響的詞語。按:《官音·口頭套語》64b 所列官話表達有"歡喜、高興",可見,"歡喜"當屬官話詞。

9. 家伯姆

《官便》:稱父之兄弟之妻,曰家伯姆、家叔嬸。(37a)

瀨戶口律子(2011:176)將"家伯姆"歸入受閩語影響的詞語,并

---

① 邢福義:《南味"好"字句》,《華中師範大學學報(哲社版)》1995 年第 1 期,第 78～85 頁。

謂:"'姆'是'老婦人'、'伯母'的意思。福州話現在用'依姆'。"按:《官音·人品稱呼》10a:"伯呼伯伯、伯父、伯子,稱伯爺、伯台、令伯、家伯。姆呼伯母、大伯娘,稱伯爺娘、令伯母、家伯母。"可見,"家伯母"亦屬官話詞。

10. 脚臁

《廣應官話》:脚肚、脚臁、脚筋。(44a)

瀬户口律子(2011:196)將其歸入受福州話影響的詞語。按:《官音·身體舉動》3b:"肕廉骨,正脚廉(雙行小字注:骨有廉隅)。"其中的"肕廉"當即"脚臁",可見,"脚臁"亦當屬官話詞。

11. 儘

《官便》:錢鋪儘多,豈在我一鋪?(9a)

《官便》:我省中好玩的所在儘多。(33b)

瀬户口律子(2011:202)將其歸入受福州話影響的語法成分,并謂:"儘"與"很""太"同義,福州話以及閩語都有如此用法,明代白話小説《二刻拍案驚奇》中也有此用例。王振忠(2009:92):"此處的'儘多',是很多的意思,福州話原作'儘俪',翻成官話,也就成了'儘多'。"按:《官音·口頭套語》64b所列官話表達有"有些、儘穀、狠好",其中的"儘穀"即"很够",可見,此類程度副詞"儘"也被視爲官話。

12. 快活

《學官話》:那一塊不走到,玩到快活,昨日才回來。(1b)

瀬户口律子(2011:170)將其歸入受福州話影響的詞語,并謂"明代白話小説中也有此用例,如《水滸全傳》第10回"。按:《官音·口頭套語》64b所列官話表達有"快活"一詞,又66b列有"不快活",又68b有"快活得狠"。可見,此詞亦是官話詞。

13. 臉面

《學官話》:我們大家要爭氣,挣個臉面,用力勤讀。(19b)

瀬户口律子(2011:177)歸入受閩語影響的詞語,同時指出:《官便》和《白姓》中無此詞,清代白話小説《紅樓夢》《儒林外史》中也有此用例。”按:《官音·時事常談》74a:"無體面,正没有臉面。"可見,"臉面"也當歸入官話詞。

14. 卵包

《學官話》:我那一天去看戲,戲臺底下,有個大卵包的人,站在那裏看戲。(35b)

瀨户口律子(2011:166)將"大卵包"視爲福州方言詞,即"大陰囊"之義,現在福州話使用"類掃"。王振忠(2009:101):"大卵(卵)包,即大陰囊,爲舊時福州當地的一種地方病(這在傳教士留下的福州醫學文獻中,多有所見)。"按:抄本中的"卵"當即"卵"之誤①。《官音·身體舉動》3a:"甡帕,正卵胞、胞囊。"其中的"卵胞"當即《學官話》"卵包"之異寫,據此可知,"卵(卵)包"亦當是官話詞語。

15. 略略

《官便》:若是略略有點力量,也要輕輕鋪序。(51a)

瀨户口律子(2011:169)將其歸入受福州話影響的詞語,并謂:"現在福州話不用了,以前用。明代白話小説《水滸全傳》第8回亦有此用例。"按:《官音·問答詈駡》78b所録官話例句云:"我告訴你,很久的債,略略些將就亦罷,那裏筭得。"可見"略略"也被視爲官話詞。

16. 起大風

《學官話》:不然,恐怕起大風的時候,就會吹倒。(15b)

瀨户口律子(2011:171)將其歸入受福州話影響的詞語。按:《官音·天地山水》43b:"做風台,正起風報""做東海,正起東風""回南,正起南風""做徽北,正起北風"。可見,"起大風"也應是官話表達。

17. 齊整

《學官話》:今晚南門外扮故事,齊整得緊。(5b)

瀨户口律子(2011:197)將"齊整"歸入南方方言詞。按:《官音·口頭套語》66a所列官話中有"好齊整"。又《笑談便話》70b所列官話例句:

---

① 也可能是缺筆避諱所致。

"新架起一座三進房子,家裏頭要用甚麽東西物件,都辦得齊整。"又《問答嘗罵》76b:"桌子椅子都擺得齊齊整整。"可見,"齊整"在當時的福建地區被視爲官話。此外,"齊整"較早見於三國時期,如《三國志·魏志·鄭渾傳》:"入魏郡界,村落齊整如一。"北方官話一直沿用,如《官場現形記》第六回:"金鼓齊鳴,好不齊整,好不威武。"因此,"齊整"應當視爲官話詞。

18. 棄嫌

《白姓》:送你各位先生嘗嘗,不要棄嫌。(31a)

瀨户口律子(2011:169):"'不要棄嫌'在《白姓》中出現了三次,《官便》和《學官話》中未見。福州話以前曾用此詞,但現在使用'嬞'。厦門話現在仍然使用。"按:《官音·口頭套語》65a所列官話表達有"棄嫌"一詞,顯然被視爲了官話詞語。此外,"棄嫌"還見於元曲和明代小説,如元·李壽卿《伍員吹簫》第二折:"這個則是豆兒粥……如不棄嫌,這兩罐都與將軍食用波。"《警世通言·莊子休鼓盆成大道》:"婆娘道:'我央你老人家爲媒説合,若不棄嫌,奴家情願服事你主人。'"

19. 切麪

《官便》:你要買什麽菜?講來趕早好去買,買便就好到山上去,再挨越遲了。……我要用肉幾觔,鷄一大隻,鮮魚兩尾,羊肉、海參、蚶、蠣蟥、蠣、切麪、時果,共成十全。其餘還要酒、元寶、陰銀、錢紙、香燭等項,彙便叫人挑去。(3a)

瀨户口律子(2011:158)將"切麪"歸入受福州話影響的詞語。按:《官音·飲食調和》27a:"麪條,正切麪。"可見,"切麪"在當時并不認爲是方言,而是官話。

20. 攂擱

《官便》:用木架攂着車動,叫做攂擱;人站在人肩上,名爲肩馬。這兩樣的,祇是官模,轉動不作聲。又有地上走的,名爲嚷歌。這個又有官模,又會唱曲,更覺好看。(6a)

《學官話》:纔出門不多遠,就碰着一駕攂擱,那火把點得亮烄烄的,

把那鑼鼓不住的打,號頭喇叭不住的吹,那擡擱的故事,就車起來,官模又好,人又生得好,真真愛死人,好看不過的。(32a)

瀬户口律子(2011:159)將其歸入受福州話影響的詞彙。王振忠(2009:60)指出:"擡擱亦作臺閣,是以木板爲臺,上布劇景,以善唱者分坐其中,兩旁笙簫和之,四人昇前後,謂之臺閣。不僅是元宵,立春之日亦有擡擱。清代侯官(今福州)進士李彦彬所撰的《榕亭詩鈔》,就對嘉慶年間福州民間迎春時妝扮臺閣之盛况,作了較爲細緻的描述。"按:"擡擱"是福州地區的一種民間游藝活動,但這種活動廣泛存在於全國各地,不限於福州一處。《官音·戲耍音樂》37b:"迎藝,正妝擡閣。"同時雙行小字注曰:"妝出樓閣,擡遍街市。"綜合這些記述可知,"擡擱"在當時的福建地區被視作官話詞語。

21. 湯

《官便》:湯甌、茶鐘。(22a)

瀬户口律子(2011:159)將其歸入受福州話影響的詞語。按:《官音·飲食調和》77a:"早些摶個湯來洗腆洗澡。"可見,表示熱水的"湯"也被視爲官話詞。

22. 往時

《學官話》:看那街坊上,做買的,做賣的人,比往時分外多。(34b)

瀬户口律子(2011:171)將其歸入受福州話影響的詞語,并謂:"《官便》和《白姓》中未見此詞,福州話中現在已不用,以前使用。"按:《官音·口頭套語》65a所列官話表達有"往時"一詞,顯然當視爲官話詞語。

23. 物件

《學官話》:我敝國地方小,没有出甚麽好物件。(10a)

瀬户口律子(2011:176)將其歸入閩語詞語。按:《官音·笑談便話》70b:"新架起一座三進房子,家裏頭要用甚麽東西物件,都辦得齊整。"可見,"物件"也被視作官話詞語。此外,"物件"也多見於北方官話,如《紅樓夢》第一〇五回:"一進屋門,衹見箱開櫃破,物件搶得半空。此時急得兩眼直豎,淌泪發呆。"

24. 相與

《學官話》:我們都是好相與的朋友。(4b)

瀨戶口律子(2011:181)將其歸入南方方言詞,并指出:"清代白話小說《儒林外史》中亦有此用例。"按:《官音·口頭套語》66a 有 "好相與"。《問答詈罵》76b 所列官話例句有:"咳,相公這樣妙人,初相與,不賣不好意思。""你看我是個好相與的人不是好相與的人。"據此可見,"相與"也是官話詞語。

25. 晏

《學官話》:好的,如今就來修拾,趁早來去,若是晏了,就沒趣。(22a)

瀨戶口律子(2011:181)將其歸入受南方話影響的詞語,并謂:"吳語、粵語也有同樣的用法。《官便》和《白姓》中未見此詞。明代白話小說《醒世恒言》卷 3 也有用例。"李如龍認爲,"晏"有晚義,這樣的用法也見於贛語和吳語,但是祇有閩語能單説①。李丹丹(2013:171)據此認爲,《學官話》中的 "晏" 是單説,可以視作受福州話影響的成分。按:《官音·實事常談》73a:"日晏,正晏了。"可見,"晏了"也被當時的福建人視作官話詞。

26. 一堆

《白姓》:這分明是見棄的話,不愛替我們大家一堆吃就是了。(48a)

瀨戶口律子(2011:164)將其歸入受福州話影響的詞語,并謂:"三種課本中多用 '一起'。"李丹丹(2013:144～145)認爲,"一堆"還見於《醒世恒言》當中,因此表示 "一起" 的 "一堆" 也不是福州話的區別性特徵。按:《便覽·口頭套語》3a 所錄官話詞 "一堆、一塊"②,可見 "一堆" 也被視作官話詞。

---

① 李如龍主編:《漢語方言特徵詞研究》,廈門大學出版社,2002 年,第 304 頁。
② 《官音·口頭套語》未錄此詞。

27. 有

《官便》:這些書我們年年都有買的。(10b)

《學官話》:身上有發潮熱麽?（24b)

《人中畫·風》:不曉得司馬玄有娶親没有?（14a）

瀬户口律子（2011:202）:"在福州話、閩語、南方方言中,'有'可以加在動詞前表示動作的完成。"李丹丹（2013:161）認爲,《老乞大》《紅樓夢》等北方官話語料中均未見"有+VP"的用法,也没有"有+VP+没有"的用法。琉本的"有+VP""有+VP+没有"與粤、客、閩"有+VP"等的功能一致,都表示對事件現實性的肯定。按:《官音·口頭套語》65b"有偏、有慢",其中的"有偏"當是指"用過茶飯了"之義,是一種寒暄客套用語。如《官音·時事常談》73a:"食了,正偏過了。"《白姓》:"請煙,剛纔偏過了。""有慢"是"有所怠慢"之義,《官音·問答詈駡》78a:"有慢有慢,請了請了。"此外,《官音·問答詈駡》78b也録官話例句云:"有勸他一家寬限,一家快還。"可見,"有+VP"也當視爲當時福建地區的官話表達。

28. 月尾

《白姓》:大約要在月尾、月初的光景。(52a)

瀬户口律子（2011:164）將"月尾"歸入受福州話影響的詞語。李丹丹（2013:135）認爲"尾"不是福建話的區别性特徵。按:《官音·時令神明》15b:"月盡,正月尾。"可見,"月尾"也被視作官話詞。

29. 着、不着

《官便》:見你行事不着,就要説你,就要怪你。(28a)

《學官話》:這樣説狠着。(33b)

瀬户口律子（2011:177）將其歸入受閩語影響的詞語。李丹丹（2013:145～146）認爲,"着"表示"對"也見於同時期的粤語課本,今日粤語之陽江話、客語之梅縣話、閩語之厦門、潮州話,表示"對"時都用"着"。因此,"着"表示"對"也不宜視作福州話的區别性特徵。按:《便覽·口頭套語》3b列有"着了""不着"[①],據此可知,"着"表示"對",也被視作了官話詞。

30. 主意

《官便》:國中諸事,都要由他主意。（25a）

《白姓》:看老爺如何主意。（11a）

瀨户口律子（2011:174）將其歸入閩語詞語。按:《官音·口頭套語》65a列有"主意、尚裁、商量"等詞,可見"主意"也是官話詞。此外,"主意"也見於其他官話文獻,如《水滸傳》第三五回:"這件事盡都是我主意,不干四郎之事,你休埋怨他。"《初刻拍案驚奇》卷三四:"却是豪家主意,推他做個庵主。"

三、琉球官話課本的官話性質補論

通過以上對以往研究者所列琉球官話課本中方言詞語的重新審視,我們可以發現,許多被以往考訂作福州話、福建話、南方話等的方言詞語,在當時福建人編寫的官話正音書《官音》《官便》中,均被視作官話詞語。我們不禁要問:難道以往考察出的方言詞語都有問題嗎? 顯然不是,事實上以往認定的方言詞語大部分都是可靠的。個中原因主要是當時的官話并無一個統一的標準,更兼中國幅員遼闊,官話傳布不廣,各地對官話的認識便打上了强烈的地域烙印。因此,無論是琉球官話課本還是《官音》《官便》等官話正音書都吸收了相當數量的當地方言詞語,雖然這些方言詞語在如今看來不應屬於官話,但在當時當地却仍被當作官話并用於琉球留學生的官話教學。從前文考察可知,在這些被視作官話的詞語當中,有一些可以明確是福州話或者閩語色彩的詞語。如前文指出的表示晚義的"晏",李如龍便將其視作閩語特徵詞。下面可以再舉一例:

---

① 不過,《官音·口頭套語》65b、66a、66b中與"着了""不着"相對應的原先分別作"是了""不是",可見當時的人在"着"表示"對"是否是官話詞這一點上還是有所猶豫和反復。

《官便》:"學生書中大半曉得,内中衹有一二句細微處不當憧,想要問先生,恐問得多,先生勞神。""你不要<u>仔細</u>。誨人不倦,是先生本等,你來問,我先生更歡喜。"(16a ～ 16b)

對於上述對話中的"仔細",王振忠(2009:47 ～ 48)指出:"此處的'你不要仔細',乍看頗難索解——因爲以普通話視之,與上下文完全不搭界,顯得相當突兀。但從福州方言來看,其中的'仔細'二字,應當是由福州話的'細膩'一詞直接翻譯而來。在福州方言中,'細膩'有三個意思:一是仔細,二是客氣,三是小心謹慎。'你不要仔細(細膩)',其實是你不要客氣的意思。"

據李如龍等介紹,福州話中"細膩"有兩個義項,分別是:客氣、小心謹慎。如:"莫細膩,都是自家儂(莫客氣,都是自己人)。""馬垺車真価,過馬垺着細膩(馬路上車很多,過馬路要小心)。"[①]另據周長楫和陳正統的記録[②],漳州話和其他閩南語中"細膩"有三個義項,分別是:小心、認真細心、拘謹客氣。據此可知,王振忠對《官便》中"不要仔細"的解讀和分析符合語言實際,其中的"仔細"二字,的確應當是由福州話的"細膩"一詞直接翻譯而來。

《便覽·實事常談》14a:"莫細二,正不要仔細。"[③]其中"莫細二"之"二"當即"膩"之借音字,漳州話"二""貳"同音,均讀作[dzi⁶][④]。又《官音·問答罵詈》78a 也録官話例句云:"少年家還高量不消仔細,吃幾杯不妨。"同樣是用"仔細"爲"客氣"。由此可見,表示"客氣"的"仔細"的確是由福建話"細膩"直譯成官話所致。由於福建話中的"細膩"有"認真""小心""客氣"三個義項,而官話當中的"仔細"却衹有"認

---

① 李如龍等編:《福州方言詞典》,福建人民出版社,1994 年,第 260 頁。

② 周長楫主編:《閩南方言大詞典》,福建人民出版社,2006 年,第 202 頁;陳正統主編:《閩南話漳腔辭典》,中華書局,2007 年,第 463 頁。

③ 《官音·實事常談》73a 并無此例,有另一例作"細二食,正仔細吃"。用的可能是福州話"細膩"的"小心"義,同樣直接誤譯成了官話"仔細"。

④ 周長楫主編:《閩南方言大詞典》,福建人民出版社,2006 年,第 795 頁。

真”和“小心”兩個義項，當時的福建人學官話時簡單地將“細膩”和“仔細”相對譯，從而產生了“不要仔細”這種并不符合官話表達的説法。但是，這種“中介語”形態的官話表達在當時的福建人眼中仍然屬於官話範圍①。

另據李丹丹（2013：90～91）介紹，關於琉球官話課本的官話性質，以往主要有四種觀點，分別是：以“北京官話”爲基礎的“北方官話”，南京官話（下江官話），南方（地區）官話，福州官話。不過，從琉球官話課本中的整個語料來看，其基礎仍當視作北方官話，但同時也整合了許多南方官話的成分，如“有+VP”的用法和“好”做程度副詞等等。《官音》當中也有同樣的體現，而且在注釋中有明確説明，如《官音·飲食調和》27a：“板食，正餛飩、扁食。”其下雙行小字注云：“北人曰餛飩，南人呼扁食。”顯然《官音》的作者將北方話通用的“餛飩”以及南方話較爲通行的“扁食”全部視作了官話②。又《官音·時令神明》36a：“佛祖，正觀音、大士。”其下雙行小字注云：“南人稱觀音，北人稱大士。”此處顯然也是將南北官話中説的“觀音”和“大士”均列入了當地人需要學習掌握的官話。

不過，琉球官話課本的官話最有特色之處還是夾雜了許多福州話或者説福建話的成分，這些成分顯然是在其他地域無法學到的。即使一些具有閩語色彩的方言詞在粤語、客語等方言中也有用例，但課本的作者和使用背景并不存在與粤、客等方言發生關係的可能，所以其中的許多

---

① 關於這一點，木津祐子談到：“《官話彙解》所反映的語言已經有一點媒介閩南話和官話之間的境界語言色彩。日本通事在境外學習這樣有媒介性的官話，他們把其媒介再强化，嘴裏的中國話正變了南腔北調再加‘東味西道’，簡直是一種很多錯誤的語言。”參見木津祐子：《〈新刻官話彙解便覽〉的音系初探——兼論明清正音書在日本的影響》，《中國音韻學研究會第十一屆學術討論會、漢語音韻學第六屆國際學術研討會論文集》，香港文化教育出版社有限公司，2000年，第254～263頁。

② 福建地區的廈門、建甌等地，至今多稱“餛飩”爲“扁食”。參見李榮主編：《現代漢語方言大詞典》，江蘇教育出版社，2002年，第2935頁。另據調查，三明、莆田、漳平三地也如此稱説。

方言成分仍應視作帶閩方言色彩的詞語[①]。因此從這個方面來説，琉球官話課本的官話應當視作清代福建人説的官話，而當時學官話的琉球勤學人又基本上都集中在福州，因此也可以説他們學習的是福州人説的官話或者説福州人認定的官話。陳澤平（2004：53）認爲："體現在'琉球課本'附注上的音系從整體上説，既不是南京音，也不是北京音，更不是'通行全國的漢民族共同語的標準音'，它僅僅屬於'福州的官話'。"木津祐子（2004：2、9）認爲，琉球人學習的是一種地方化（localize）的官話，在《官話問答便語》《白姓官話》《學官話》中都有與現代閩方言相似的特點，是清代福建的官話。我們認爲，這兩位學者的研究結論最爲公允可信。

---

① 參見瀨户口律子：《琉球〈官話問答便語〉及其語言的考察》，《中國語言學報》第 13 期，商務印書館，2008 年，第 244 頁。

附録一　國外琉球官話課本研究文獻目録 [①]

1. 武藤長平（1917）《琉球訪書志（上中下）》,《歷史地理》第 29 卷第 1、2、3 號,1917 年,第 60 ～ 64 頁,第 75 ～ 77 頁,第 59 ～ 64 頁。此三文後收入氏著:《西南文運史論》,岡書院,1926 年,第 185 ～ 203 頁。

2. 武藤長平（1918）《薩藩及び南島の支那語學獎勵》,《藝文》第 9 卷第 9 號,1918 年,第 86 ～ 91 頁。後收入氏著:《西南文運史論》,岡書院,1926 年,第 60 ～ 62 頁。

3. 島倉龍治、真境名安興（1923）《沖繩一千年史》,日本大學,1923 年,第 395 ～ 417 頁。

4. 天理圖書館（1940）《天理圖書館稀書目録》,天理圖書館,1940 年,第 133 ～ 134 頁。

5. 伊地智善繼（1942）《琉球寫本官話問答》,《支那及支那語》第 4 卷第 12 號,寶文館,1942 年,第 7 ～ 9 頁。

6. 魚返善雄（1943）《南島語學資料管見》,《コトバ》第 5 卷第 8 號,1943 年,第 2 ～ 13 頁。後改名爲《琉球と支那語——南島語學資料管見》,收入氏著:《日本語と支那語》,慶應出版社,1944 年,第 328 ～ 352 頁。

7. 宮良當壯（1948）《『琉球官話集』について》,《國語學會會報》第 8 號,1948 年。後收入宮良當壯著,喜舍場一隆編:《宮良當壯全集 10:琉球官話集》,第一書房,1981 年,第 637 ～ 639 頁。

8. 太田辰夫（1950）《清代の北京語について》,《中國語學》第 34 號,1950 年,第 1 ～ 5 頁。後收入氏著:《中國語文論集 語學篇·元雜劇篇》,汲古書院,1995 年,第

---

① 本目録所輯爲 1917 至 2016 年日本學者發表的關於琉球官話課本研究的各類論著,包括日本學者發表於日本、中國、韓國等國家的成果。日中學者合作的著作,如果第一作者是日本人,亦歸於此。

90 ～ 96 頁。

9. 太田辰夫(1951)《清代北京語語法研究の資料について》,《神户外大論叢》第 2 卷 1 號,1951 年,第 13 ～ 30 頁。

10. 魚返善雄(1957)《人中画と琉球人》,《人間味の文学》,明德出版社,1957 年,第 63 ～ 70 頁。

11. 天理圖書館(1961)《天理圖書館稀書目録・和漢書之部第三》,天理大學出版部,1961 年,第 270 ～ 271、496 頁。

12. 崎山理(1962)《「琉球官話集」を紹介す》,《沖繩文化》第 7 號,1962 年,第 23 ～ 29 頁。

13. 平和彦(1970)《近世奄美諸島漂着の中国人と朝鮮人の護送》,《南島——その歴史と文化》第 3 卷,第一書房,1980 年,第 101 ～ 122 頁。

14. 村上嘉英(1971)《近世琉球における中国語学習の様態》,《東方學》第 41 輯,1971 年,第 91 ～ 100 頁。

15. 佐藤晴彦(1978)《琉球官話課本研究序説——写本〈人中画〉のことば(1)》,《人文研究》第 30 卷第 2 號,1978 年,第 67 ～ 81 頁。

16. 中松竹雄(1979)《琉球官話集にあらわれたる近世琉球語》,《国語学論集》,勉誠社,1979 年。後收入氏著:《沖繩の方言》,櫻楓社,1983 年,第 131 ～ 156 頁。

17. 佐藤晴彦(1979)《琉球写本官話課本のことば》,《中國語學》第 226 號,1979 年,第 88 ～ 98 頁。

18. 佐藤晴彦(1980)《琉球官話課本研究序説——写本〈人中画〉のことば(2)》,《人文研究》第 32 卷第 4 號,1980 年,第 267 ～ 288 頁。

19. 宮良當壯著,喜舍場一隆編(1981)《宮良當壯全集 10:琉球官話集》,第一書房,1981 年。

20. 平和彦(1981)《近世琉球の官話》,《宮良當壯全集月報》第 7 號,第 1 ～ 4 頁。見於宮良當壯著,喜舍場一隆編(1981)《宮良當壯全集 10:琉球官話集》配本,第一書房,1981 年。

21. 矢放昭文(1982)《『琉球官話集』の反切について》,《地域研究》第 12 卷第 1 號,1982 年,第 25 ～ 30 頁。

22. 多和田真一郎（1986）《琉球官話集の語彙》,《琉球の方言10》,法政大學冲繩文化研究所,1986年,第101～122頁。

23. 瀬戶口律子（1988）《琉球写本官話課本——〈白姓官話〉について》,《語學教育研究論叢》第5號,1988年,第146～161頁。

24. 瀬戶口律子（1990）《關於琉球官話課本的研究》,《北京外國語學院·大東文化大學交流協定十周年記念論文集》,大東文化大學,1990年,第222～237頁。

25. 池宮正治（1990a）《『琉球官話集』補注追勘》,《琉球大學法文學部紀要　國文學論集》第33號,1990年,第35～89頁。

26. 池宮正治（1990b）《『琉球官話集』補注追考》,《南西日本の歷史と民俗:小野重朗先生傘寿記念論文集》,第一書房,1990年,第217～234頁。

27. 瀬戶口律子（1991a）《關於琉球官話課本的研究（2）〈尊駕——學官話〉》,《語言研究》1991年增刊,第228～231頁。

28. 瀬戶口律子（1991b）《從聲調上推測〈琉球白姓官話〉的方言性質》,《語學教育研究論叢》第8號,1991年,第158～163頁。

29. 池宮正治（1991a）《『琉球官話集』補注追記》,《琉球大學法文學部紀要　國文學論集》第34號,1991年,第23～63頁。

30. 池宮正治（1991b）《『琉球官話集』補注追論》,《冲繩文化研究》第17號,1991年,第259～303頁。

31. 池宮正治（1991c）《『琉球官話集』補注追攷》,《神·村·人:琉球弧論叢　仲松彌秀先生傘壽記念論文集》,第一書房,1991年,第495～518頁。

32. 瀬戶口律子（1992a）《「白姓官話」写本二種に於ける比較》,《語學教育研究論叢》第9號,1992年,第116～129頁。

33. 瀬戶口律子（1992b）《琉球官話課本の研究（二）——〈尊駕～学官話〉について》,《南島史學》第39號,1992年,第44～53頁。

34. 瀬戶口律子（1993）《琉球官話和福州話》,《林尹教授逝世十周年學術論文集》,文史哲出版社有限公司,1993年,第471～478頁。

35. 瀬戶口律子（1994a）《琉球官話課本研究》,吳多泰中國語文研究中心,1994年。

36. 瀬戸口律子（1994b）《白姓官話全訳》,明治書院,1994 年。

37. 瀬戸口律子（1994c）《琉球官話課本の言語——課本の中の福州語》,《南島史學》第 44 號,1994 年,第 24 ～ 37 頁。

38. 瀬戸口律子（1994d）《琉球官話課本〈広応官話〉の言語》,《東洋研究》第 114 號,1994 年,第 37 ～ 54 頁。

39. 高津孝、榮野川敦（1994）《琉球列島宗教関係資料漢籍調査目録》,榕樹社,1994 年。

40. 兒玉啓子（1995）《古琉球における中国語教育序論——「白姓官話」について》,《神田外語大學紀要》第 7 號,1995 年,第 139 ～ 180 頁。

41. 糸數兼治（1996）《〈呈稟文集〉小議》,《第五届中琉歷史關係學術會議論文集》,福建教育出版社,1996 年,第 29 ～ 57 頁。

42. 小川英子（1996）《琉球官話の由来とその特質》,《東北學院大學論集．人間·言語·情報》第 114 號,1996 年,第 143 ～ 156 頁。

43. 瀬戸口律子（1996）《日本琉球的中國語課本〈廣應官話〉》,《中國語文》1996 年第 4 期,第 283 ～ 287 頁。

44. 瀬戸口律子、佐藤晴彦（1997）《琉球官話課本〈白姓官話〉〈学官話〉〈官話問答便語〉語彙索引》,大東文化大學東洋研究所,1997 年。

45. 喜舍場一隆（1997）《『条款官話』について》,《國學院雜志》第 98 卷第 8 號,1997 年,第 34 ～ 56 頁。

46. 大島吉郎（1999）《『琉球官話集』語彙索引·附翻刻四種》,近代漢語研究會,1999 年。

47. 渡邊ゆきこ（2000）《『琉球官話集』の反切——北方官話としての一側面》,《沖繩大學人文學部紀要》第 1 號,2000 年,第 11 ～ 17 頁。

48. 瀬戸口律子（2000）《〈白姓官話〉兩種抄本的比較》,《紀念陳伯元教授榮譽退休學術研討會論文集》,洪葉文化事業有限公司,2000 年,第 303 ～ 307 頁。

49. 木津祐子（2001）《慶田城家文書「漢文集」について》,《石垣市立八重山博物館紀要》第 18 號,2001 年,第 66 ～ 80 頁。

50. 得能壽美（2001）《竹原家文書「漢文」の内容と異本》,《石垣市立八重山博物館紀要》第 18 號,2001 年,第 55 ～ 65 頁。

　　51. 高橋俊三、兼本敏(2001)《『拾口』の翻字および注釈》,《冲繩國際大學綜合學術研究紀要》第 5 卷第 1 號,2001 年,第 117 ～ 180 頁。

　　52. 石崎博志(2001a)《漢語資料による琉球語研究と琉球資料による官話研究について》,《日本東洋文化論集》第 7 號,2001 年,第 55 ～ 98 頁。此文後經修改增補收入遠藤光曉、竹越孝主編:《清代民國漢語文獻目錄》,學古房,2011 年,第 283 ～ 292 頁。

　　53. 石崎博志(2001b)《「外国語による琉球語研究資料」および「琉球における官話」文献目録》,《日本東洋文化論集》第 7 號,2001 年,第 99 ～ 134 頁。此文後經修改增補收入遠藤光曉、竹越孝主編:《清代民國漢語文獻目錄》,學古房,2011 年,第 283 ～ 292 頁。

　　54. 高橋俊三(2002)《「拾口」における動詞の形態》,《冲繩國際大學日本語日本文學研究》第 6 卷第 1 號,2002 年,第 13 ～ 29 頁。

　　55. 瀨戶口律子(2002a)《明清時期日本琉球的漢語教學》,《外國語學研究》第 3 號,2002 年,第 63 ～ 70 頁。

　　56. 瀨戶口律子(2002b)《談琉球官話課本的詞彙》,《北京外國語大學與大東文化大學交流協定締結二十周年記念論文集》,外語教學與研究出版社,2002 年,第 47 ～ 53 頁。

　　57. 石崎博志(2002)《琉球官話訳『人中画』と白話『人中画』風流配》,上里賢一等:《琉球・中國交流史研究》,平成 11 ～ 13 年度科學研究費補助金(基盤研究(B)(2))研究成果報告書,2002 年,第 90 ～ 154 頁。

　　58. 木津祐子(2002)《ベッテルハイムと中国語——琉球における官話使用の一端を探る》,《綜合文化研究所紀要》第 19 卷,2002 年,第 23 ～ 32 頁。

　　59. 高橋俊三(2003)《『官話』(新本文書)における動詞の形態》,《冲繩國際大學日本語日本文學研究》第 7 卷第 2 號,2003 年,第 67 ～ 84 頁。

　　60. 瀨戶口律子(2003)《学官話全訳》,榕樹書林,2003 年。

　　61. 瀨戶口律子、李煒(2004)《琉球官話課本編寫年代考證》,《中國語文》2004 年第 1 期,第 77 ～ 84 頁。

62. 高橋俊三、兼本敏(2004)《新本家文書『官話』の翻字および注釈》,《地域研究シリーズ：石垣島調査報告書2NO.32》,沖繩國際大學南島文化研究所,2004年,第41～121頁。

63. 木津祐子(2004a)《赤木文庫蔵『官話問答便語』校》,《沖繩文化研究》第31號,2004年,第543～657頁。

64. 木津祐子(2004b)《「官話」の漂着——乾隆年間八重山における「官話」の伝播》,《東と西の文化交流：関西大学東西学術研究所創立50周年記念國際シンポジウム' 01 報告書》,關西大學東西學術研究所,2004年,第241～259頁。

65. 木津祐子(2004c)《琉球編纂の官話課本に見る「未曾」「不曾」「没有」——その課本間差異が意味すること》,《中國語學》第251號,2004年,第34～55頁。

66. 兼本敏(2004)《教本としての『琉球官話集』について——動詞を中心に》,《沖繩國際大學綜合學術研究紀要》第7卷第1號,2004年,第25～43頁。

67. 瀨户口律子(2005)《官話問答便語全訳》,榕樹書林,2005年。

68. 高津孝、榮野川敦(2005)《增補琉球関係漢籍目録》,斯文堂,2005年。

69. 瀨户口律子(2006)《琉球官話課本〈學官話〉兩種抄本的比較》,《外國語學研究》第7號,2006年,第15～21頁。

70. 兼本敏(2006)《琉球における「中国語官話集」の比較》,《南島文化》第28號,2006年,第1～11頁。

71. 木津祐子(2007)《清代琉球の官話課本にみる言語と文献》,《19世紀中國語の諸相：周緣資料(欧米・日本・琉球・朝鮮)からのアプローチ》,雄松堂出版,2007年,第151～174頁。

72. 木津祐子(2008a)《『白姓』の成立と傳承——官話課本に刻まれた若き久米村通事たち》,《東方學》第115輯,2008年,第123～140頁。

73. 木津祐子(2008b)《「官話」文體と「教訓」の言語——琉球官話課本と『聖諭』をめぐって」》,《吉田富夫先生退休記念中国学論集》,汲古書院,2008年,第449～462頁。

74. 木津祐子(2008c)《乾隆二年八重山難民浙江省漂着事件における官話訊問について——『呈稟文集』及び「八重山家譜」を中心に》,《アジア文化交流研究》

第 3 號,2008 年,第 33 ～ 50 頁。

75. 赤嶺守(2008)《「條款官話」第 170 號について》,《琉球國王家·尚家文書の総合的研究》(科學研究費補助金·基盤研究 B 研究成果報告書),琉球大學教育學部,2008 年,第 450 ～ 465 頁。

76. 兼本敏(2008)《「琉球官話の資料集成」における"了"に関する考察》,《冲繩國際大學日本語日本文學研究》第 12 卷第 2 號,2008 年,第 1 ～ 11 頁。

77. 木津祐子撰,吳正嵐譯(2008)《琉球的官話課本、"官話"文體與"教訓"語言》,《域外漢籍研究集刊》第 4 輯,中華書局,2008 年,第 17 ～ 33 頁。

78. 瀨戶口律子(2008a)《琉球〈官話問答便語〉及其語言的考察》,《中國語言學報》第 13 期,商務印書館,2008 年,第 241 ～ 247 頁。

79. 瀨戶口律子(2008b)《18 世紀琉球的漢語教學——以"琉球官話課本"爲中心》,《第 11 回琉中歷史關係國際學術會議論文集》,琉球中國關係國際學術會議,2008 年,第 73 ～ 89 頁。

80. 瀨戶口律子(2008c)《琉球二字官話集と琉球官話》,《大東文化大学外国語学部創設三十五周年記念論文集》,大東文化大學外國語學部,2008 年,第 95 ～ 111 頁。

81. 金城ひろみ(2008)《〈琉球官話集〉音注字之同音分析》,《第 11 回琉中歷史關係國際學術會議論文集》,琉球中國關係國際學術會議,2008 年,第 263 ～ 294 頁。

82. 瀨戶口律子(2009)《琉球官話課本中的"替"字》,《紀念瑞安林尹教授百歲誕辰學術研討論文集》,文史哲出版社,2009 年,第 995 ～ 1002 頁。

83. 瀨戶口律子(2010)《關於〈條款官話〉的語言》,《第十二屆中琉歷史關係國際學術會議論文集》,北京圖書館出版社,2010 年,第 112 ～ 117 頁。

84. 瀨戶口律子(2011a)《琉球官話課本の研究》,榕樹書林,2011 年。

85. 瀨戶口律子(2011b)《關於琉球官話的語言——以〈官話問答便語〉和〈學官話〉的語言比較爲中心》,《清代民國漢語研究》,學古房,2011 年,第 343 ～ 352 頁。

86. 瀨戶口律子(2011c)《「琉球官話」の世界——300 年前の会話テキストが描く民衆の喜怒哀楽》,榕樹書林,2011 年。

87. 木津祐子(2011)《琉球本『人中畫』の成立——併せてそれが留める原刊本

の姿について》,《中國文學報》第 81 號,2011 年,第 36 ～ 57 頁。

88. 赤嶺守(2011)《〈條款官話〉初探》,馮明珠主編《盛清社會與揚州研究》,遠流出版事業有限公司,2011 年,第 117 ～ 130 頁。

89. 木津祐子(2012a)《「官話」の現地化——長崎通事書の二重他動詞「把」と琉球通事書の処置文》,《京都大學文學部研究紀要》第 51 號,京都大學大學院文學研究科,2012 年,第 129 ～ 147 頁。

90. 木津祐子(2012b)《琉球・長崎の通事書研究——「官話」の渡海》,京都大學博士學位論文,2012 年。

91. 金城ひろみ(2013)《琉球官話課本における語彙の分類方法——『琉球官話集』「五字官話」を例に》,《日本東洋文化論集》第 19 號,2013 年,第 149 ～ 161 頁。

92. 木津祐子(2013a)《『廣應官話』と乾隆年間の琉球通事》,《太田斎・古屋昭弘両教授還暦記念中国語学論集》,好文出版,2013 年,第 175 ～ 186 頁。

93. 木津祐子(2013b)《京都大学文学研究科蔵琉球写本『人中畫』四卷付『白姓』》,臨川書店,2013 年。

94. 高津孝、陳捷(2013)《琉球王國漢文文獻集成》第 32 ～ 35 冊,復旦大學出版社,2013 年。

95. 内田慶市(2013)《琉球官話の新資料——関西大学長澤文庫蔵『中国語会話文例集』》,《中國語研究》第 55 號,2013 年,第 1 ～ 22 頁。

96. 瀨戶口律子(2014)《琉球官話課本〈白姓官話〉與〈百姓話〉的比較》,《外國語學研究》第 15 號,2014 年,第 11 ～ 15 頁。

97. 木津祐子(2014)《琉球稿本『官音簡要揀選六條』について》,《東方學研究論集:高田時雄教授退職記念(日英文分册)》,臨川書店,2014 年,第 105 ～ 118 頁。

98. 法政大學冲繩文化研究所(2015)《楚南家文書「呈稟文集」》,法政大學冲繩文化研究所,2015 年。

99. 内田慶市(2015)《関西大学長澤文庫蔵琉球官話課本集》,關西大學東西學術研究所,2015 年。

100. 瀨戶口律子(2015a)《〈廣應官話〉的編者以及若干相關問題》,《語學教育研究論叢》第 32 號,2015 年,第 79 ～ 87 頁。

　　　101. 瀨戶口律子(2015b)《琉球國的漢文教育》,《民俗典籍文字研究》2015 年第 1 期,第 171 ～ 177 頁。

　　　102. 金城ひるみ(2015)《琉球官話課本的詞彙分類——以〈琉球官話集〉爲例》,《現代漢語的歷史研究》,浙江大學出版社,2015 年,第 146 ～ 151 頁。

附録二　國内琉球官話課本研究文獻目録 ^①

1. 徐恭生(1987)《琉球國在華留學生》,《福建師範大學學報(哲學社會科學版)》1987 年第 4 期,第 102 ～ 107 頁。

2. 徐藝圃(1994)《乾隆年間白氏飄琉獲救敘事述論》,《歷史檔案》1994 年第 1 期,第 109 ～ 115 頁。

3. 林萬菁(1994)《讀〈琉球官話課本研究〉》,《語文建設通訊》第 45 期,1994 年。此文後收入林萬菁(1996)《語言文字論集》,新加坡國立大學中文系漢學研究中心,1996 年,第 135 ～ 137 頁。

4. 葉青(1995)《〈琉球官話課本研究〉評介》,《中國語文通訊》第 35 期,1995 年,第 51 ～ 53 頁。

5. 董明(1996)《明清兩代漢語在琉球的傳播》,《世界漢語教學》1996 年第 4 期,第 109 ～ 110 頁。

6. 徐藝圃(1996a)《新發現的研究中琉關係的重要史料——梅孫著〈漢文〉》,《歷史檔案》1996 年第 4 期,第 102 ～ 107 頁。此文又載《第三回琉球・中國交涉史に關するシンポジウム論文集》,冲繩縣教育委員會,1996 年,第 255 ～ 265 頁。

7. 徐藝圃(1996b)《來華琉球難民的"急救篇"——〈漢文集〉內容評述》,《第五屆中琉歷史關係學術會議論文集》,福建教育出版社,1996 年,第 117 ～ 129 頁。

8. 郭芹納(2000)《對〈日本琉球的中國語課本《廣應官話》〉一文的一點商榷》,《漢語史研究集刊》第 3 輯,四川大學出版社,2000 年,第 242 ～ 246 頁。

9. 李葆嘉(2000)《清代琉球官話課本南京音系説》,《中國音韻學研究會第十一屆學術討論會　漢語音韻學第六屆國際學術研討會論文集》,香港文化教育出版社有

① 本目録所輯爲中國學者發表的關於琉球官話課本研究的各類論著,中日學者合作的成果,如果第一作者是中國人,亦歸於此。

限公司,2000年,第261～263頁。

　　10. 董明(2001)《明清時期琉球人的漢語漢文化學習》,《北京師範大學學報(人文社會科學版)》2001年第1期,第109～116頁。

　　11. 王慶雲(2003)《古代朝鮮、琉球漢語教學及教材研究引論——以〈老乞大〉〈朴通事〉〈白姓官話〉爲例》,《雲南師範大學學報》2003年第5期,第48～50頁。

　　12. 吳麗君(2003a)《〈琉球官話課本研究〉評述》,《世界漢語教學》2003年第3期,第109～112頁。

　　13. 吳麗君(2003b)《一部研究琉球人漢語教育的專著——瀨户口律子的〈琉球官話課本研究〉》,《國際漢學》2003年第2期,第267～272頁。

　　14. 林少駿(2003)《清代琉球來華留學生之研究》,福建師範大學碩士學位論文,2003年。

　　15. 陳澤平(2004)《試論琉球官話課本的音系特點》,《方言》2004年第1期,第47～53頁。

　　16. 王勇(2005)《從〈人中畫〉明清兩個寫本看"把"對"將"的句型取代》,中山大學碩士學位論文,2005年。

　　17. 李曉雪(2005)《琉球官話課本〈人中畫〉與嘯花軒寫刻本〈人中畫〉否定標記的歷時比較》,中山大學碩士學位論文,2005年。

　　18. 李煒、瀨户口律子(2007)《琉球官話課本中表使役、被動義的"給"》,《中國語文》2007年第2期,第144～148頁。

　　19. 羅小東、瀨户口律子(2007)《明清時期琉球國的漢語教育》,《世界漢語教學》2007年第1期,第136～142頁。

　　20. 梁静(2007)《從兩種版本〈人中畫〉看關聯副詞從近代漢語到現代漢語的演變》,中山大學碩士學位論文,2007年。

　　21. 李煒、李丹丹(2007)《從版本、語言特點考察〈人中畫〉琉球寫本的來源和改寫年代》,《中山大學學報(社會科學版)》2007年第6期,第71～75頁。

　　22. 李丹丹、李煒(2008)《琉球官話課本的"官話"性質》,《吉林大學社會科學學報》2008年第1期,第138～143頁。

　　23. 李丹丹(2008a)《〈人中畫〉琉球寫本的"自家"——兼論漢語南北雙方反身

代詞發展軌迹》,《中國語學》第 255 號,2008 年,第 78 ～ 94 頁。

24. 李丹丹(2008b)《清琉球官話課本〈人中畫〉語法研究——兼論 "南方官話" 及其相關問題》,中山大學博士學位論文,2008 年。此文後經修改增補以《清琉球官話課本〈人中畫〉語法研究》,於 2013 年由北京大學出版社出版。

25. 張全真(2009)《〈白姓官話〉所記録的南京方言及山東方言現象發微》,《長江學術》2009 年第 2 期,第 92 ～ 100 頁。

26. 王振忠(2009)《清代琉球人眼中福州城市的社會生活——以現存的琉球官話課本爲中心》,《中華文史論叢》2009 年第 4 期,第 41 ～ 111 頁。

27. 張全真、比嘉清松(2010)《〈白姓官話〉所載史實考》,《松山大學綜合研究所所報》第 62 號,2010 年,第 158 ～ 166 頁。

28. 張全真(2010a)《〈白姓官話〉的語言》,《松山大學綜合研究所所報》第 62 號,2010 年,第 136 ～ 144 頁。

29. 張全真(2010b)《〈官話問答便語〉〈學官話〉〈廣應官話〉〈白姓官話〉四種琉球漢語課本中的注音字考》,《松山大學綜合研究所所報》第 62 號,2010 年,第 136 ～ 144 頁。

30. 孟子敏(2010)《琉球漢語教科書〈官話問答便語〉的文字分析考察》,《松山大學綜合研究所所報》第 62 號,2010 年,第 116 ～ 135 頁。

31. 王琳(2010)《清中葉琉球官話的反復問句研究》,《漢語學報》2010 年第 3 期,第 68 ～ 76 頁。

32. 王琳(2011)《琉球官話課本中的 "得" "替" "給" 及相關問題研究》,中山大學博士學位論文,2011 年。

33. 李煒、王琳(2011)《琉球寫本〈人中畫〉的與事介詞及其相關問題——兼論南北與事介詞的類型差異》,《中國語文》2011 年第 5 期,第 419 ～ 425 頁。

34. 李丹丹(2011)《從兩種版本〈人中畫〉的雙音節化看近代漢語的下限》,《貴州師範大學學報(社會科學版)》2011 年第 3 期,第 11 ～ 14 頁。

35. 謝明(2011)《琉球官話課本量詞研究》,中山大學碩士學位論文,2011 年。

36. 陳文哲(2011)《從介詞的角度考察琉球寫本〈人中畫〉的現代語法性質——與嘯花軒本〈人中畫〉和〈紅樓夢〉的對比》,中山大學碩士學位論文,2011 年。

37. 李丹丹(2012)《清代翻譯、改編的漢語口語課本類型》,《華文教學與研究》2012 年第 1 期,第 25 ～ 31 頁。

38. 王琳、李煒(2013)《琉球官話課本的使役標記"叫""給"及其相關問題》,《中國語文》2013 年第 2 期,第 155 ～ 162 頁。

39. 王琳(2013)《清中葉琉球官話課本使役與被動範疇的考察》,《漢語學報》2013 年第 3 期,第 34 ～ 42 頁。

40. 王琳(2014a)《琉球官話課本的能性範疇——兼論南北能性範疇的表達差異》,《漢語學報》2014 年第 4 期,第 41 ～ 51 頁。

41. 王琳(2014b)《琉球官話系列課本的價值、特徵及其歷史影響》,《海外華文教育》2014 年第 3 期,第 283 ～ 288 頁。

42. 潘錚錚(2015)《乾隆時期中國教習對琉球學生教育之探微》,北京外國語大學碩士學位論文,2015 年。

43. 李煒等(2015)《清代琉球官話課本語法研究》,北京大學出版社,2015 年。

44. 范常喜(2016a)《法政大學沖繩文化研究所赤木文庫藏琉球官話課本〈廣應官話〉述略》,《域外漢籍研究集刊》第 13 輯,中華書局,2016 年,第 53 ～ 70 頁。

45. 范常喜(2016b)《赤木文庫藏琉球官話課本〈廣應官話〉中三則清代閩琉交流史料考述》,《海交史研究》2016 年第 2 期,第 81 ～ 92 頁。

部分章節原刊出處

1.《百年來琉球官話課本研究綜述與展望》,《域外漢籍研究集刊》第 17 輯,中華書局,2018 年,第 457 ～ 500 頁。

2.《新發現的兩種森槐堂本琉球官話課本考述》,《文獻》2018 年第 6 期,第 69 ～ 76 頁。

3.《新見琉球官話課本〈中國語會話文例集〉文獻價值試論》,《北京大學中國古文獻研究中心集刊》第 16 輯,北京大學出版社,2017 年,第 261 ～ 273 頁。

4.《法政大學沖繩文化研究所赤木文庫藏琉球官話課本〈廣應官話〉述略》,《域外漢籍研究集刊》第 13 輯,中華書局,2016 年,第 53 ～ 70 頁。

5.《天理本〈琉球官話集〉封面人名補述》,《國際漢語教育史研究》第 1 輯,商務印書館,2020 年,第 100 ～ 103 頁。

6.《琉球寫本〈人中畫〉對嘯花軒本的校勘價值——以〈風流配〉爲例》,《國際漢學》2019 年第 4 期,第 126 ～ 131 頁。

7.《從天理本〈官話問答便語〉注記看清代琉球人的漢語詞彙學習難點》,《漢學研究》2019 年春夏卷(總第 26 集),學苑出版社,2019 年,第 611 ～ 622 頁。

8.《琉球官話課本〈人中畫〉在使用過程中的修改》,《華學》第 12 輯,中山大學出版社,2017 年,第 265 ～ 286 頁。

9.《琉球官話課本編寫語料來源考》,《北京大學中國古文獻研究中心集刊》第 24 輯,北京大學出版社,2022 年,第 313 ～ 330 頁。

10.《琉球官話課本〈文例集〉所存明代琉球漢語教學史料考》,《漢學研究》第 33 輯,學苑出版社,2022 年,第 558 ～ 574 頁。

11.《琉球官話課本〈中國語會話文例集〉所存"曲座"資料述略》,《文化遺產》2019 年第 2 期,第 49 ～ 53 頁。

12.《赤木文庫藏琉球官話課本〈廣應官話〉中三則清代閩琉交流史料考述》,《海交史研究》2016 年第 2 期,第 81 ～ 92 頁。

　　13.《琉球官話課本中方言詞語的重新審視》,《國際漢語教育史研究(二)》,商務印書館,2019 年,第 184 ～ 196 頁。

後 記

　　2007 年 7 月,我留校任教於國際漢語學院(現中文系國際漢語中心),從事留學生漢語教學工作。爲了跟教學工作相銜接,遂於古文字研究之餘開始了國際漢語教育史的研究。由於我的學術背景是古文字與出土文獻整理,屬於漢語言文字學和中國古典文獻學領域,爲了更好地利用這一專業背景,我主動選擇了國際漢語老教材作爲自己的主攻對象。

　　衆所周知,國際漢語老教材數量衆多,分布範圍也比較廣泛,如以《老乞大》《朴通事》等爲代表的元明清時期朝鮮半島的漢語教科書,以《唐話纂要》《唐語便用》等爲代表的日本江户時代的唐話課本,以《官話口語語法》《語言自邇集》《官話類編》等爲代表的西方傳教士及漢學家所編寫的漢語教材等等。與其他老教材相比,現存琉球官話課本雖然在數量方面相對偏少,但均爲抄本,而且其中遍布各種使用者注釋,整理難度較大。更爲重要的是,琉球官話課本種類十分豐富,包括詞句手册、普通會話課本、副讀本、公文寫作教本、專用會話教材等,囊括了國際漢語教材的大部分類别,是研究國際漢語教育史尤其是教材史的絶佳資料。明確了這兩點之後,我便開始着手搜集琉球官話課本原始資料及研究文獻。

　　當時國内能够見到的琉球官話課本及其研究文獻非常有限,主要是瀬户口律子先生的著作和李煒先生的論文。瀬户口律子先生側重於課本的介紹及其語料特點的揭示,李煒先生則着力於利用課本提供的語料進行官話語法方面的研究。琉球官話課本的原始文本也祇能從瀬户口律子先生著作中看到部分天理大學藏本的黑白影印件。我當時深知,琉球官話課本及研究成果主要集中在日本,若僅就自己在國内所接觸到的這些材料開展研究,絶對是天方夜譚。

　　2011 年底,按照相關交流協議,中山大學準備派 1 名老師到日本大東文化大學進行校際交流,主要負責對方 1 年的漢語課教學。我看到這一消息後立馬報了名,因爲大東文化大學正是琉球官話課本研究專家瀨戶口律子教授所在的學校。當時報名後還很擔心落選,結果由於此時日本剛剛經歷年初的里氏 9 級地震,大東文化大學所在地東京處在福島第一核電站重大輻射泄漏事故的影響之中。老師們對此多有顧慮,所以最終祇有我 1 人報名,從而順利入選。

2012 年 4 月～ 2013 年 4 月,我在大東文化大學教學一年,每周承擔兩個校區共 6 節漢語課(一節課 90 分鐘)。雖然教學工作量不小,但因工作性質比較單純,備課量也小,所以在這一年當中,我利用工作之餘基本搜集齊全了現存琉球官話課本原件複本以及相關的研究文獻。搜集資料的過程充滿欣喜與艱辛,至今仍然清楚記得多次在法政大學冲繩文化研究所查閱赤木文庫本琉球官話課本時,圖書管理人員對我的友好和慷慨。也清楚記得東京大學圖書館將四册琉球寫本《人中畫》誤識作一般清代小説,竟然可直接借閲的竊喜。更難忘記的是自己孤身一人乘坐新幹線,到關西大學圖書館查閱長澤文庫本琉球官話課本後,持續一個月的重感冒。

2013 年 4 月回國後,我開始整理相關資料,首先撰成了較爲詳盡的琉球官話課本目錄提要及研究文獻總目,并陸續完成天理本《人中畫》《廣應官話》《官話問答便語》《白姓官話》《學官話》,赤木本《廣應官話》,長澤本《中國語會話文例集》等代表性課本的校理工作。與此同時,根據整理過程中發現的問題,完成了本書第三章"文獻學考察"和第五章"中琉交流史考察"的寫作,并將部分研究結論在學術會議和刊物上發表。

鑒於前期的研究積累,2015 年底我以"琉球官話課本整理與研究"爲題申報教育部哲學社會科學研究後期資助項目,幸得評審專家不棄,於2016 年 7 月獲得立項。近兩年來,我根據立項時的計劃又着重補寫了第四章"國際漢語教育史考察"的内容,并對全書進行了全面修改增補,同時也將部分内容在刊物上發表。

現在書稿終於完成,但并非我一人之功,在此我要衷心感謝在查閲

資料過程中給予我莫大幫助的諸位先生。他們是：大東文化大學瀨户口
律子教授、丁鋒教授、識名愛美小姐，關西大學内田慶市教授、奧村佳代子
教授，京都大學木津祐子教授，琉球大學石崎博志副教授，二松學舍户内
俊介副教授，中山大學曾憲通教授，廣東金融學院韓一瑾老師，暨南大學
李丹丹副教授，北京外國語大學楊玉玲博士，南京林業大學汪然博士，中
國科學院自然科學史研究所圖書館孫顯斌館長。除此之外，瀨户口律子
教授和本系黄仕忠教授爲我寫了項目推薦意見。我的博士導師陳偉武教
授、碩士導師喻遂生教授對於我在國際漢語教育史領域的探索多有鼓勵，
在此也一并深謝。

　　這本小書衹是我整理琉球官話課本時的一些個人思考，非常零碎，不
成系統，謬誤之處，也在所難免，懇請方家不吝教正。

范常喜

2019 年 12 月 30 日

　　後記之後記：本書稿基本上完成於 2018 年底，2019 年 7 月，作爲“教
育部哲學社會科學研究後期資助一般項目”（16JHQ042）結項成果通過
了專家鑒定，順利結項。隨後我又根據鑒定意見，將書稿稍作修改後提交
給了教育部規定的出版社，然而一直未能出版。2021 年底，蒙中華書局
不棄，小書方得以進入出版程序。

　　受近年來的疫情影響，再加上我生性疏懶，校稿進度緩慢，影響了出
版時間。若没有責編張可女士的劬勞勤力，我想還會繼續拖延下去。在
此，我向她表示誠摯的感謝。再次感謝我的博士導師陳偉武教授，他不但
審閲了全書結構，提出了寶貴修改建議，最後還惠題了書名，令小書榮光
陡增。

　　此外，本書部分内容曾發表在《文獻》《國際漢學》《漢學研究》《華
學》《文化遺産》《域外漢籍研究集刊》《北京大學中國古文獻研究中心集
刊》等刊物。這些刊物的匿名審稿專家提出過許多寶貴修改建議，令我

避免了不少錯誤,提升了書稿的質量,在此我向他們表示衷心感謝。最後還要説明的是,由於小書完稿較早,近幾年發表的重要研究成果,如陳澤平先生所著《琉球官話課本三種校注與研究》(福建人民出版社 2021 年)等未能吸收進來,恭請學界同道見諒。

2023 年 4 月 30 日